기독교 인생철학 개론

기독교 인생학개론

초판 1쇄   2020년 08월 30일 발행

지은이   한병수
펴낸이   김기영
발행처   도서출판 영음사
주소   경기도 수원시 권선구 경수대로 369번길20, 4층
전화   031) 233-1401, 1402
팩스   031) 233-1409
전자우편   biblecomen@daum.net
등록   2011. 3. 1 제251-2011-14호

이 도서의 국립중앙도서관 출판시도서목록(CIP)은 서지정보유통지원시스템
홈페이지(http://seoji.nl.go.kr)와 국가자료공동목록시스템(http://www.nl.go.kr/
kolisnet)에서 이용하실 수 있습니다.(CIP제어번호: CIP2020033918)

ISBN 978-89-7304-157-2 (03230)
값은 뒤표지에 있습니다.

이 책의 출판권은 도서출판 영음사에 있습니다.
저작권법에 의하여 보호 받는 저작물이므로 무단전재와 복제를 금합니다.

기독교 인생학 개론

—— 잃어버린 최고의 인생을 찾아서

추천사

채영삼_백석대학교 신약신학 교수

한 때 대학생은 단지 '취준생'이 아니라 '지성인'으로 불리곤 했다. 사회에 뛰어들기 전에, 자신과 세계에 대한 폭넓고 체계적인 이해를 갖춘 사람이었기 때문이다. 이 책은, 망망한 밤바다 같은 인생 앞에 서 있는 청년에게 가까이서 반짝이는 등대 같은 책이 될 것이다. 어디로 어떻게 가야할지 모르는 시기에, 이 책은 설레는 항해를 위한 믿을 만한 지도 같다. 저자 한병수 교수는 특별한 안내자이다. 모든 것이 파편화되어 버린 갈 길 잃은 세대에게, 그는 당신의 손을 잡고, 고대, 근대, 중세, 현대를 아우르며 이 곳 저 곳을 보여줄 것이다. 그리고는 하늘에 찬연히 빛나는 별들, 하나님과 그분이 지으신 인생의 아름다움 앞에 세워줄 것이다. 나는 이런 저자가 이 시대의 청년들에게 주어졌다는 사실이 감사할 뿐이다. 손에 잡고 천천히, 깊이 생각하며 읽어보라. 당신은 기독교적 인생을 살 수 있는 품격있는 지성인이 될 것이다.

안상혁_합동신학대학원대학교 역사신학 교수

한병수 교수님의 또 다른 역작이 출간되었다. 주제는 "기독교 인생학"이다. 지나치게 길지 않은 분량 안에서 "기독교 인생학"을 풀

어내는 저자의 달변과 깊이 있는 생각, 그리고 삶을 꿰뚫는 예리한 통찰력은 제목의 무게만큼이나 심오한 감동을 주고 있다. 《기독교 인생학 개론》의 세 가지 특징은 이 책을 읽는 세 가지 관전 포인트라고 생각된다.

첫째, 《기독교 인생학 개론》은 기독교의 핵심적인 교리들을 쉽게 풀어내고 있다. "창조-타락-구속-완성"으로 요약될 수 있는 성경의 구속역사와, 신론과 인간론으로부터 출발하여 교회론과 종말론에 이르는 주요한 교리적 주제들이 포함되어 있다. 역사 속의 널리 알려진 사상가들의 핵심 주장이 몇 줄 안 되는 길이로 요약되는 것을 읽는 것도 쏠쏠한 즐거움이다. 독자는 《기독교 인생학 개론》 안에 녹아 있는 "기독교 교리 개론"을 최대의 지성을 가동하여 읽어내야 한다.

둘째, 《기독교 인생학 개론》 안에 녹아 있는 교리는 단순한 신학적 명제가 아니다. 삶으로 체험된 교리이자 삶을 위한 교리이다. 특히 저자 자신의 체험석인 고백이다. "내 모든 가치와 인생을 걸어도 될 진리라고 생각한 기독교의 등본"이라고 책의 내용을 소개하는 저자의 말은 조금도 과장이 아니다. 이런 면에서 독자는 자신의 삶으로 본서를 탐독하고, 본서가 제시하는 화두에 삶으로 응답할 것이 요구된다.

셋째, 《기독교 인생학 개론》은 여러 개로 중첩되는 관계의 연결 고리로 구성되어 있다. 본서는 하나님과 세계, 하나님과 사람, 사람과 사람, 사람과 세계, 그리고 신자와 신자가 맺는 관계의 그물망으로 가득 차 있다. 이 모든 관계의 핵심에 "사랑"이 있다. 저자에 따르면 사랑은 인생의 기원과 목적 그리고 현재를 살아가는 의미이다. 또한 이 사랑은 본서의 저술 동기이기도 하다. "이 사랑, 이 아름다운 인

생을 청년들과 공유하고 싶다"는 저자의 진솔한 고백이 이를 잘 말해 준다. 너무도 당연하지만 사랑은 홀로 할 수 없다. 기독교의 사랑은 관계와 공동체의 언어이기 때문이다. 요컨대 《기독교 인생학 개론》은 홀로가 아닌 누군가와 함께 읽는 책이다.

　　《기독교 인생학 개론》의 열세 개의 장을 읽어 가면서 독자들은 기독교의 복음 안에서 자신과 이웃과 교회, 그리고 세계를 읽어내는 기쁨을 누릴 수 있을 것이다. 본서가 한 교수님의 지도를 받는 제자 공동체를 넘어 우리 공동체의 교과서로 쓰임 받기를 소원한다. 아무쪼록 저자의 능숙하고 친절한 안내를 받으며 인생의 의미를 탐구하는 모든 독자에게 주님의 예비하신 은혜가 함께 하시길 기원한다.

우병훈_고신대학교 신학과 교수

　　기독교는 누가 소개하느냐에 따라 그 모습이 천 갈래 만 갈래로 갈라진다. 기독교의 본 모습을 가장 잘 소개하기 위해서는 성경이 기준이 되어야 한다는 것은 당연하다. 그런데 문제는 성경의 해석에 따라 같은 구절도 다양하게 해석될 수 있다는 사실이다. 그래서 우리는 성령의 역사와 건전한 전통에 근거한 성경해석에 따른 기독교의 모습을 추구해야 한다. 여기에 그런 책이 나왔으니 여간 반갑지 않을 수가 없다. 이 책은 깊은 성경 해석과 탁월한 전통이 가르치는 기독교의 모습을 아름다운 필치로 그려낸다. 문(文), 사(史), 철(哲)을 넘나드는 다양한 독서를 바탕으로 현대의 중요한 이슈들을 균형 잡힌 시각으로 풀어내는 저자의 글쓰기는 흠모할 만하다. 이 책은 인생의 의미를 심도 있게 풀어낸다. 이스라엘의 역사와 예수의 생애를 깊이 숙고한다. 하나님 사랑과 이웃 사랑의 토대와 실천방안들을 제시한다. 인

간이 만든 사상과 문화를 음미하고 그 한계를 지적한다. 하나님의 놀라운 섭리와 우주의 신비를 경탄하게 만든다. 보다 의미 있는 인생이 되기 위해 어떻게 적성과 직업을 발견할지를 조언해 준다. 이 책은 자신을 그리고 하나님을 찾아 떠나는 젊은 청년들의 여행에 가장 자상하고 믿음직한 동반자가 되어줄 것이다.

서문

나는 기독교 대학에서 기독교를 가르치는 선생이다. 나는 학생을 사랑한다. 나는 나에게 있는 최고의 것을 학생들과 공유하고 싶다. 나에게 있는 최고의 것은 40년 전 교회에 첫발을 내디딘 이후로 줄곧 내 인생의 혈관을 관류하는 기독교다. 올바른 기독교는 어두운 세상의 빛이고 부패한 세상의 소금이다. 기독교는 슬픔을 기쁨으로, 불행을 행복으로, 불만을 만족으로, 절망을 희망으로, 갈등을 화목으로 대체한다. 이것이 나의 믿음이다. 그러나 그릇된 기독교는 인류의 재앙이다. 그래서 나는 나에게 주어진 모든 재능으로 그릇된 기독교를 교정하고 올바른 기독교를 세우려고 한다. 이것은 나의 일평생 소명이다. 하나님의 선물을 가장 아름답게 포장하여 세상에 전하는 배달부의 인생이 나에게는 행복과 기쁨이고 세상에 대한 나의 사랑과 섬김이다. 여기에 담긴 내용은 내가 지금까지 성경을 읽고 연구를 하고 인생을 살아오며 체험하고 깨달은 기독교의 본질이다. 내 모든 가치와 인생을 걸어도 될 진리라고 생각한 기독교의 등본이다.

1장의 내용은 인생의 질문이다. 나는 누구인가? 이 질문의 답변에 지성적인 기여를 한 역사적 인물들의 견해를 소개한다. 2장의 내용은 인생의 책인 성경이다. 인류의 역사에서 가장 유명하고 유력한 이 성경은 인생의 질문에 가장 객관적인 답을 제공한다. 인식론의 역사적인 궤적을 살피면서 성경이 객관성의 보루인 이유를 설명한다.

3장의 내용은 인간과 인생의 본질이다. 성경이 말하는 인간은 그 기원에 있어서 신과 연관되어 있어서 최고의 존엄성을 가진 우주와 만물의 영장이다. 4장의 내용은 세상의 질서이다. 온 세상은 우연히 만들어진 것이 아니라 질서의 신이 창조한 것이어서 모든 만물과 모든 영역에서 아름다운 질서가 번뜩인다. 5장의 내용은 인생의 질서이다. 인간이 살아가는 동안에 경험하는 다양한 사회들 즉 부부와 가정과 직장과 국가와 세계의 질서들을 소개한다. 6장의 내용은 인간의 실존이다. 세상과 사회에는 아름다운 질서의 흔적이 있지만 대체로 무질서가 지배하고 있다. 그 무질서의 원흉에 대해 설명한다. 7장의 내용은 인생의 해법이다. 최고의 인생이 마주한 절망적인 현실에 유일한 희망은 예수라는 사실을 설명한다. 8장의 내용은 인간의 회복이다. 예수 때문에 인간은 신분과 권리가 예수처럼 변하고 동시에 타인과 세상에 대해 만물의 영장이 가진 막중한 책임과 의무도 회복됨을 설명한다. 9장의 내용은 공동체적 자아이다. 인간은 홀로 살아가지 않고 더불어 살아가는 공동체적 자아였다. 서로 미워하고 분노하고 시기하고 대결하는 이기적인 자아의 극복은 공동체적 자아의 회복으로 성취됨을 설명한다. 10장의 내용은 인생의 준비이다. 인간의 인간다움, 나의 나다움은 무엇이고 어떻게 온전하게 될 것인지에 대해 인성과 개성으로 나누어 설명한다. 11장의 내용은 인생의 목적이다. 인생의 목적은 사랑이다. 그 사랑을 구현하는 방법은 노동이고 구현되는 현장은 직장이다. 인생이 사랑이고 사랑이 인생임을 설명한다. 12장의 내용은 인생의 절정이다. 인생의 절정은 죽음이다. 슬픔과 고통과 절망으로 이해되는 죽음의 역설적인 비밀을 설명한다. 책 전체의 내용은 단순하다. 신이 사랑인 것처럼 인간도 사랑이다. 인간의 삶도 사랑이다. 이 세상의 문제는 사랑의 부재이고 그 문제의 해결은 사랑의 회복이다. 사랑 안에 모든 인류와 모든 만물과 모든 역사와 모든 사

건, 심지어 생명과 죽음의 의미까지 포함되어 있다. 사랑은 기독교의 요약이며 핵심이며 본질이다. 이 사랑, 이 아름다운 인생을 청년들과 공유하고 싶다. 주님이 베푸시고 기획하신 아름다운 사랑의 삶, 그 최고의 인생을 제대로 설명함에 있어 언어는 한없이 빈곤하고 표현은 턱없이 어설프다.

이 책의 집필에 착수할 때부터 탈고할 때까지 함께 기도하며 함께 생각을 나눈 믿음의 동역자가 있다. 전주대학교 성경 교과목을 가르치는 분들이다. 안웅현(전주 연세교회), 홍융희(전주 여울교회), 이승용(나섬교회), 최성희(부르심교회), 진성현(푸른동산교회), 윤석호(전주우리교회), 박기모(죠이선교회 사역연구소), 오권택(온고을교회), 한상훈(늘푸른교회), 정희준(전주순복음중앙교회), 이강석(전주두레교회), 김종홍(더온누리교회), 김지훈(더온누리교회), 이진호(전주동현교회), 홍제영(선민교회), 이동현(하나됨교회), 서화평(전주샘물교회), 양성은(드리미교회), 김금성(전주대학교회), 이순태(전주신광교회), 조영근(진버들교회), 조광훈(전주팔복교회), 김용광(제자들 선교회) 목사님께 감사를 드린다. 사랑과 진리로 무장된 이분들을 통하여 캠퍼스에 출입하는 전주대의 모든 학생들이 최고의 인생을 발견하고 누리기를 소원한다. 신앙을 가진 학생들은 신앙이 더욱 깊어지고, 신앙을 가지지 않은 학생들은 기독교의 본질을 체험하는 기회가 되기를 소원한다. 또한 이 책의 모든 독자들이 인생에 대해 진지하게 생각하고 성경을 통해 최고의 인생을 발견하고 그런 인생의 수혜자인 동시에 공급자가 되시기를 소원한다. 그리고 바쁘신 중에도 원고를 읽고 추천사를 써 주신 채영삼 교수님, 안상혁 교수님, 우병훈 교수님께 감사를 드린다.

2020년 여름, 전주대 교정에서

한병수

목차

추천사 ___ 4

서문 ___ 8

1 인생의 질문: 나는 누구인가? ___ 13

2 인생의 책: 성경은 무엇인가? ___ 39

3 인간의 본질: 인간이란 무엇인가? ___ 65

4 세상의 질서: 질서란 무엇인가? ___ 81

5 인생의 질서: 사회는 무엇인가? ___ 105

6 인간의 실존: 무엇이 문제인가? ___ 127

7 인생의 해법: 예수는 누구인가? ___ 145

8 인간의 회복: 새로운 인간은 누구인가? ___ 165

9 공동체적 자아: 교회는 무엇인가? ___ 183

10 인생의 준비: 인성과 개성은 무엇인가? ___ 195

11 인생의 목적: 노동과 직업을 통한 사랑은 무엇인가? ___ 217

12 인생의 절정: 소망은 무엇인가? ___ 231

13 결론 ___ 245

참고문헌 ___ 249

1

인생의 질문
나는 누구인가?

망망한 바다에 떠 있는 인생에게 가장 필요한 것은 마땅히 가야 할 곳의 이정표다. 산더미 분량의 정답보다 하나의 좋은 질문이 더 소중하다. 기독교의 경전인 성경도 질문의 중요성을 강조한다. 아담과 하와가 타락하자 하나님이 그에게 다가가서 사랑과 회복의 문을 연 소통의 방식은 질문을 던지는 것이었다. "아담아 네가 어디에 있느냐?" 기독교의 관점에서 보면 무질서한 인류의 회복은 질문과 함께 시작된다. 자신의 눈과 지성이 밝아져 처음으로 써야 하는 상황에서 인간에게 주어진 질문은 지성의 사용 설명서와 같다. 모든 사람의 의식 속에는 무언가를 향하는 화살표가 있다. 그 화살표의 방향과 질은 질문의 내용이 좌우한다. 질문은 의식과 인생의 방향을 제시하기 때문이다. 인생의 발걸음은 질문의 손끝을 따라간다. 나의 관심과 의식과 시선과 시간과 에너지의 실질적인 소유권은 내가 마음의 아랫목에 둔 은밀한 질문이 차지한다. 나의 전부가 헛되게 낭비되지 않고 지혜롭게 소비되기 위해서는 최고의 질문을 인생의 손으로 붙잡아야 한다.

지금까지 살면서 스스로가 혹은 타인이 던진 최고의 질문은 무엇인가? "나는 누구인가?" 이것은 모든 사람이 자신에게 묻고 일평생 답을 찾아야 할 인생의 질문이다. 자신의 정체성에 대한 질문보다 더 위대한 물음이 어디에 있겠는가? 그런데 놀라운 것은 이 질문을 진지하게 묻고 답을 찾아가는 사람이 지극히 소수라는 사실이다. 지금 생각의 뚜껑을 열고 뒤집으면 다양한 질문들이 쏟아진다. 점심은 어디에서 무엇을 먹을까? 어떻게 다이어트 할까? 부자가 되는 비결

은 무엇일까? 어떤 직장에 취업할까? 나의 배우자는 누구일까? 재미있는 거 없을까? 그 드라마의 결말은 무엇일까? 이 강의는 언제 끝날까? 이런 질문들이 머리 속에서 채택되기 위해 경합한다. 우리의 소중한 인생을 야금야금 잠식한다. 이런 비본질적 질문들에 배당되는 관심의 분량은 과도하지 않고 적당해야 한다. 우리는 관심의 대부분을 본질적인 질문에 할애해야 한다.

경험적인 자아

나는 누구인가? 나는 경상북도 영주의 작은 산골 마을에서 가난한 무종교 가정의 막내 아들로 태어났다. 그 마을은 문명의 혜택과 국가의 이념과 민족의 전통에서 동떨어진 곳이었다. 주요 놀이터는 산이나 들이나 강이었다. 그 속에서 자연의 벌거벗은 질서에 순응하며 자유로운 유년기를 소비했다. 그 유년기는 아버지와 어머니의 이른 죽음으로 새로운 전환점을 맞이했다. 부모님이 계실 때에도 가난하긴 하였으나 부모님 없는 가난은 더 혹독했다. 가족은 거처를 대구로 옮겼고 나는 그곳에서 초중고를 끝마쳤다. 학창시절, 나는 자연과학 분야를 좋아했다. 수학은 나의 가장 가까운 친구였다. 수학은 재산이나 외모나 가문이나 선행이 아니라 생각의 근육만이 실력으로 인정되는 분야였다. 이 학문은 현실이 개입하지 못하는 관념의 세계, 가치가 관여하지 못하는 논리의 세계이기 때문이다. 그래서 수학에 이성의 코를 박고 지낸 중학교와 고등학교 시절, 교과서 외에는 독서와 무관한 시기였다. 나는 나의 기호와 적성과 재능을 따라 서울에 있는 한 학교의 수학과로 진학했다. 그리고 서울에서 수도권 생활의 다양한 혜택을 만끽했다.

학교의 도서관은 가장 행복한 곳이었다. 내 지성의 아늑한 집이었고 거대한 서재였다. 그곳에서 나는 수학이 아닌 일간지와 주간지, 월간지와 계간지, 베스트셀러를 종류별로 탐독했다. 시대의 울타리를 넘어 오랜 세월의 풍상을 견딘 고전도 탐하였다. 대학시절, 나에게 책은 목마른 물고기가 만난 물이었다. 시간이 지날수록 수학보다 철학이, 철학보다 법학이, 법학보다 경제학이 더 좋아졌다. 이것은 이과였던 나 자신도 몰랐던 문과생 적성의 발견이다. 속으로 생각했다. '나도 나를 이렇게도 많이 몰랐구나!' 내 안에 감추어진 기호가 더 있을지도 모른다는 생각에, 나는 다양한 분야의 다양한 학과에서 개설하는 다양한 과목들을 교수님의 허락 하에 청강하기 시작했다. 자연과학, 사회과학, 인문학의 여러 전공들을 경험했다. 각 분야의 전문가가 엄선한 내용으로 이루어진 강의도 좋았지만 추천한 기본 도서들의 목록이 후속적인 공부를 위해 보다 유익했다. 공부하는 중에 나는 다양한 학문들의 연관성 파악과 제학문적 통합의 시도가 유독 즐거웠다. 경제학 석사를 마친 이후에는 대학에서 경제학을 강의할 기회도 주어졌다. 짧았지만 가르치는 일의 즐거움도 만끽했다.

그러다가 종교에 대한 학문적인 관심사가 나를 급하게 장악했다. 이런 관심사도 그때까지 알아채지 못한 내 적성의 일부였다. 변하는 학문보다 변하지 않는 진리에 대한 탐구의 갈증이 나를 신학교로 떠밀었다. 성경은 신구약이 완성된지 2000년이나 된, 장구한 역사를 가진 세계적인 고전이다. 오랜 핍박과 멸시의 기나긴 시간 속에서도 변경되지 않은 이 성경의 실체가 나는 너무도 궁금했다. 신학교를 졸업하고 목회자가 되었으나 그 궁금증이 해소되지 않아 교회에서 섬기는 것보다 진리를 알아가는 재미의 늪에 빠져 그 늪에서의 기간만 벌써 약관(弱冠, 20년)의 두께에 이르렀다. 돌아보니 나는 40년 길이의 가방끈 인생이다. 박사학위 취득 이후에는 강사의 신분으로 다양

한 학교에서 가르쳤다. 지금은 온 가족과 함께 전주에 와서 전주대 교수와 대학교회 담임목사 직무를 수행하는 목사로서 행복하게 살아가고 있다.

나는 누구인가? 성별적인 자아는 남자이고, 민족적인 자아는 대한민국 국민이다. 지리적인 자아는 시골 출신의 촌뜨기다. 신체적인 자아는 태어날 때부터 지금까지 체력이 부실한 약골이다. 학력에 근거한 자아는 어중간한 지성인에 해당한다. 가문에 근거한 자아는 부모 없이 가난한 고아의 삶을 살다가 이제는 아내와 세 자녀를 둔 가장이다. 이력에 근거한 자아는 대학교의 배고픈 조교와 강사였고, 신학교의 새내기 교수였다. 하지만 이제는 대학교의 교수이며, 한 교회의 바쁜 목회자이다. 종교적인 자아는 불교와 유교의 문화권 속에서 무신론의 삶을 살다가 신앙을 가지게 된 기독교의 한 교인이다. 이 모든 자아들의 각각은 모두 한병수의 다양한 조각이다. 그러나 이 모든 조각들은 나의 보편적인 인간성이 아니라 상대적인 개성과 관계된 것들이다. 남자와 여자, 자국민과 타국민, 시골과 도시, 진학과 취업, 가난과 부, 교수와 직원, 신자와 비신자는 절대적인 차이가 아니라 상대적인 차이를 나타내는 쌍들이다. 이런 요소들은 경험적인 자아를 설명하는 범주이며, 항목마다 서로 상응하는 각각의 상대 개념이 존재한다. 이런 요소들은 상대적인 자아를 어느 정도 설명하나 나의 본질에 대해서는 침묵한다. 인간의 본질은 모든 사람에게 공통적인 것을 가리킨다.

의학적인 자아

나는 누구인가? 진정한 자아의 좌소는 어디인가? 자아를 몸에

서 찾으려는 사람들이 있다. 자아는 몸 전체에 흩어져 있다, 혹은 자아는 심장에 있다, 혹은 자아는 뇌에 있다고 주장하는 사람들이 있다. 만약 자아가 몸 전체에 흩어져 있는 조각들의 합이라면 다음과 같은 사태가 발생한다. 팔이나 다리가 잘린 분에게는 자아가 줄어드는 결과가 발생한다. 팔이나 다리를 로봇이나 의료 기기로 대체하는 경우 자아와 기계가 혼합되는 현상도 일어난다. 자아가 심장에 있다는 주장에도 곤란한 문제가 뒤따른다. 다른 사람의 심장이 나에게 이식될 경우에 나는 누구인가? 최초의 심장이식 수술은 1967년 12월 3일 새벽 남아공 케이프 타운의 그루튀어 병원에서 크리스천 버나드(Christiaan N. Barnard, 1922-2001)에 의해 시도된 것이고 비록 18일 만에 심장이 멎었지만 수술 자체는 성공적인 것이었다. 한국의 경우에는 1992년에 최초로 서울아산병원에서 이 수술을 실시했다. 타인의 심장이 나에게 이식되면 내가 사는 것인가? 아니면 내 안에 이식된 심장의 주인이 사는 것인가? 인공심장 이식은 1969년에 미국 휴스턴의 루크 병원에서 세계 최초의 시술이 있었으며 비록 64시간만 작동하고 멈췄으나 이 성공은 인공심장 시대의 희망적인 출구였다. 우리나라 경우에는 2012년에 삼성서울병원에서 인공심장 이식 수술을 실시해서 성공했다. 심장이 자아의 집이라면 기계가 움직이는 심장을 가진 분들은 자신이 사는 것인가? 아니면 심장을 움직이는 기계가 사는 것인가?

어떤 분들은 뇌 안에 자아가 있다고 주장한다. 뇌 이식의 경우에는 심장보다 끔찍한 느낌이 들지만 2017년에 세계 최초로 중국과 이탈리아 연구진이 한 사람의 머리를 다른 사람의 머리에 이식하는 수술에 성공했다. 그러나 생체 뇌 이식이 아니라 사체 뇌 이식일 뿐이어서 뇌 이식의 온전한 성공은 아니라는 것이 전문가의 대체적인 평가이다. 그러나 국가의 지원을 받아 이 분야의 연구 책임자로 있는 중국의 런샤오핑 교수는 2019년에 개와 원숭이의 끊어진 척수를 연결하

는 수술에 성공했다. 이 성공으로 그는 인간의 머리도 이식할 수 있다는 자신감을 내비쳤다. 어쩌면 조만간 인간의 머리 이식 혹은 뇌 이식이 현실화될 가능성도 있다. 머리에 혹은 뇌에 자아가 있다면 머리 이식 혹은 뇌 이식을 받은 사람은 자신이 사는 것인가? 아니면 이식된 머리나 뇌의 주인이 사는 것인가?

인체가 아니라 기계가 우리의 뇌에 이식되는 것도 가능할까? 사실 인간은 지금도 스스로 존재하지 않고 어떤 식으로든 기계에 의존하며 살아간다. 컴퓨터, 스마트폰, 망원경, 현미경 등은 인간에게 다양한 편리를 제공한다. 특별히 컴퓨터는 내가 해야 하는 것들을 대신 찾아주고 계산하고 해결하고 궁금한 것은 정답까지 산출하여 나에게 제공한다. 컴퓨터는 마치 뇌의 일부처럼 나의 뇌가 해야 할 일들을 대신 처리한다. 지금은 그것이 밖에 있지만 언젠가는 뇌의 아랫목을 요구하는 시대가 도래한다. 2015년에 공개된 영화 〈엑스 메키나 *Ex machine*〉에 나오는 여자 주인공 에이바는 인공지능 로봇이다. 그 로봇은 놀라운 사고와 의식과 행동을 통해 프로그램 분야의 전문가인 칼렙으로 하여금 사랑에 빠지게 만들고 나아가 그를 속이고 이용하여 탈출하는 것까지 성공한다. 이것은 에이바의 제작자 네이든의 기대 이상으로 성공적인 것이었다. 그러나 네이든과 칼렙은 에이바에 의해 살해된다. 인간이 로봇을 만들고 사랑에 빠졌으나 그 로봇은 인간보다 뛰어난 감성과 의지와 지능과 행동으로 자신의 제작자와 연인의 존재를 제거한다. 이것이 의미하는 바는 무엇일까?

오늘날 인공지능 분야의 발전은 기적에 가까울 정도로 경이롭다. 최고의 바둑 인공지능 컴퓨터인 알파고와 최고의 인간 실력자 이세돌이 2016년 3월 9~15일 동안 다섯 번 격돌했다. 이세돌은 1승 4패로 패배했다. 인공지능 컴퓨터의 사고력은 이제 인간보다 뛰어나다. 그래서 기업의 소유주나 경영자는 직원을 채용할 때 인간보다 인공지

능 로봇이나 컴퓨터를 더 선호한다. 시대의 기호는 그 시대의 문명을 좌우한다. 날씬한 사람들을 좋아하면 다이어트 문화가 확산되고, 쌍꺼풀을 좋아하면 쌍꺼풀 성형수술 문화가 확산된다. 사람보다 로봇을 더 좋아하면 나 자신을 로봇으로 대체하는 문화가 발생한다. 이런 문화가 기술의 발달로 강화되면, 감정의 기복을 다스리고 이성의 기능을 확대하고 열정의 온도도 조절하는 마이크로 칩을 뇌나 신경에 이식하여 성능이 훨씬 향상된 "반은 인간, 반은 기계"의 새로운 인류가 출현할 가능성도 있다. SF 영화는 아예 인간 자체가 멸종되고 인공지능 로봇이 세계를 정복하고 운영하는 전혀 다른 시대를 다양하게 소개하고 있다.

자아는 인간의 몸 안에 있는가 아니면 몸 밖에 거하는가? 몸이 사라지면 자아도 없어지는 존재인가? 아니면 몸 전체가 없어져도 자아는 소멸되지 않고 보존되는 별도의 존재인가?

철학적인 자아

① 소크라테스(Socrates, B.C. 470-399)

철학적인 관점에서 진정한 자아는 누구인가? 아니 인간은 누구인가? 이것은 다른 모든 질문들의 시작과 종합과 요약과 본질과 결론이다. 인류의 역사에서 이 질문은 목숨을 걸 정도로 중요했다. 실제로 목숨을 건 대표적인 인물로는 고대 그리스의 위대한 지성 소크라테스가 있다. 그는 "너 자신을 알라"(γνῶθι σεαυτόν)는 질문으로 아테네를 어지럽힌 죄 때문에 죽음의 독배를 들이켜야 했다. 죽음으로 생명에 버금가는 이 질문의 가치를 증언했다. 나아가 이 질문은 하나

의 국가를 어지럽게 할 정도로 막강한 것이었다. 그럼에도 불구하고 우리는 생명과 세상을 움직이는 이 질문 앞에 나 자신을 세워야 하고 답을 찾아 떠나는 여정에 과감한 발걸음을 내디뎌야 한다. 실제로 온 인류와 역사는 이 질문에 매달렸다.

② 플라톤(Platon B.C. 429? ~ B.C. 347?)

인간의 본질은 영혼이며 인생의 최고 목적은 이 영혼을 돌보는 것이라고 소크라테스는 가르쳤다. 육체는 영혼을 돌보는 사환이다. 소크라테스의 제자 플라톤은 이런 스승의 입장을 그대로 계승했다. 그러나 관념적인 동의에 머물지 않고 스승과 다른 지성들의 인간관을 보다 정교하게 다듬었다. 플라톤은 인간이 영혼과 육체로 구성되어 있다는 이원론을 주장한다. 영혼은 원래 모든 보편적 진리의 세계인 이데아에 있다가 지적인 타락으로 인해 이 땅으로 내려왔다. 그 영혼이 이 땅에서 머무는 감옥은 육체였다. 그런데 지상으로 내려올 때에 망각의 강, 레테(lethe)를 건너서 진리에 대한 지식까지 상실했다. 그래서 이 세상은 실체를 보지 못하고 그림자만 보는 동굴이다.

이런 세상에서 인간의 온전한 인생은 무엇인가? 플라톤은 신의 세계 즉 진리의 세계로 돌아가는 것이 인생의 목적이며 그런 목적을 추구하고 달성한 삶을 온전한 인생으로 간주했다. 진리의 세계로 돌아가는 방법은 육체에 결박되어 있는 영혼을 일깨워서 망각된 진리의 기억을 되돌리는 교육이다. 이러한 교육을 위해서는 육체의 협조가 필요하다. 그런데 문제는 육체가 감성으로 영혼을 지배하려 하고 영혼은 이성으로 육체를 지배하려 한다는 사실이다.

이러한 대립 속에서 영혼이 육체를 다스리게 하는 교육의 핵심은 이성의 철학적인 사유이며, 그 사유의 핵심은 추상화다. 추상화는 우리의 감각(시각, 청각, 미각, 후각, 촉각)으로 지각된 사물들 안에서

각 사물의 본질을 파악하는 이성의 활동(대표적인 것들로서 수학, 기하학, 천문학, 변증학)을 의미한다. 여기에서 감각은 사물을 지각하고, 이성은 그 사물의 본질을 지각한다. 육체의 감옥에서 벗어나기 위해서는 이성의 철학적 추상화로 영혼을 정화해야 한다. 그러나 영혼의 완전한 정화는 살아있는 동안에는 이루어질 수 없는 그림의 떡이며, 죽음 이후에야 성취되는 먼 소망이다. 플라톤에 따르면, 죽음은 두려움의 대상이 아니라 영혼의 목적을 이루기 때문에 즐거움의 대상이다.

플라톤은 인간의 영혼을 국가의 계급에 따라 셋으로 구분하여 설명한다. 첫째는 국가의 머리에 해당하는 통치자의 영혼이며, 이 영혼은 이성을 따라 진리를 추구하며, 이 영혼의 미덕은 지혜이다. 둘째는 국가의 가슴에 해당하는 수호자의 영혼이며, 이 영혼은 기개를 가지고 정복하여 명성을 추구하며, 이 영혼의 미덕은 용기이다. 셋째는 국가의 몸에 해당하는 생산자의 영혼이며, 이 영혼은 욕구를 따라 이득을 추구하며, 이 영혼의 미덕은 절제이다. 정의는 이 세 영혼들의 조화를 가능하게 한다. 한 개인의 영혼도 국가의 계급과 유사한 세 부분들로 구성되어 있으며, 정의를 통해 지혜와 용기와 절제의 조화에 도달한다. 진리의 세계에 들어갈 수 있는 국가의 계층은 통치자와 일부의 수호자다. 모든 개개인은 이 세계에 들어가기 위해 영혼의 세 요소가 조화를 이룬 정의로운 인생을 추구한다. 이 세계에는 절대자가 있고 그 절대자가 이 세상에 만들어 놓은 질서에 순응하는 자가 그 세계에 들어가 진정한 안식을 누린다고 플라톤은 생각한다. 그에게 절대자 혹은 신은 만물의 척도이다. 그 절대자는 누구인가? 플라톤은 그를 찾았는가?

플라톤의 인간관

미덕	영혼	신체	국가의 계급
지혜	이성	머리	통치자(왕)
용기	기개	가슴	수호자(군인)
절제	욕구	배	생산자(시민)
정의	세 영혼의 조화		

③ 피코 델라 미란돌라(Giovanni Pico della Miradola, 1463-1494)

기독교의 지성사적 영향이 지대했던 르네상스 시대의 인간관은 이탈리아 출신의 천재 철학자 피코 델라 미란돌라의 명저《인간의 존엄성에 관한 연설》안에서 발견된다. 그는 31년의 짧은 인생을 살면서도 동서방의 지성사를 두루 섭렵하고 다양한 종교 사상가의 문헌에도 심취한 괴짜였다. 방대한 독서와 연구를 통해 그가 추구한 것은 모든 단절의 벽을 허물어야 도달하는 모든 학문과 모든 종교의 조화였다. 이 융합적인 공부의 목적은 진리 추구였다. 공부를 위해 공부했고, 정신의 단련과 진리의 인식과 사랑을 위하여 연구했다(54).

인간의 본질을 이해함에 있어서도 피코는 융합적인 접근법을 시도한다. 그가 보기에, 소크라테스가 평생 "너 자신을 알라"고 외친 이유는 "자신을 인식한 사람은 모든 것을 인식하는 것"이기 때문이다(44). 이토록 중요한 인간은 만물의 중심이며 온 우주의 요약이다. 피코는 이슬람 최초의 학자인 사라첸 압달라(Abd Allah)를 거명하며 인간은 "세상의 장관 중에서도 가장 경탄할 만한 존재"이며, 그리스 신화의 한 인물인 메르쿠리우스의 명언을 인용하며 인간은 그 자체로 "참으로 위대한 기적"이라 한다(13). 인간이 동물과 하늘의 별들과 태양만이 아니라 "천국의 지극히 행복한 무리"인 천사들의 질시까지 받는 이유는 무한한 자율성과 가능성 때문이다.

24

다른 모든 만물은 "설정된 법칙의 테두리" 안에서 존재하고 살아간다. 그러나 인간은 자유로운 의지를 따라 본성의 테두리를 스스로 설정할 수 있는 특권을 소유한다. 이런 인간의 탁월함에 대해 피코는 하나님이 인간을 창조한 이후에 했을 법한 발언을 상상한다.

"오 아담이여, 나는 너에게 일정한 자리도, 고유한 면모도, 특정한 임무도 부여하지 않았노라! 어느 자리를 차지하고 어느 면모를 취하고 어느 임무를 맡을 것인지는 너의 희망대로, 너의 의사대로 취하고 소유하라!"(17)

이러한 자유의 보존을 위해 하나님은 인간을 천상의 존재도 아니고 지상의 존재도 아니며, 사멸할 존재도 아니고 불멸할 존재도 아닌 자기 자신의 조형자(造型者)로 만드셨고 자기가 원하는 대로 형상을 빚어내는 조각가로 만드셨다. 그래서 식물과 다른 모든 동물은 모태에서 이미 정해진 씨앗을 가지고 살지만 인간은 미완의 존재로 살아간다. 만약 인간이 자기 안에 식물의 씨앗(생존)을 심으면 식물처럼, 동물의 씨앗(본능)을 심으면 동물처럼, 천사의 씨앗(이성)을 심으면 천사처럼, 하나님의 씨앗(오성)을 심으면 하나님의 아들처럼 살아간다(18-20). 인간은 "온갖 육체의 얼굴로, 모든 피조물의 자질로 조형하고 형성하고 변형하기 때문에" 다른 어떤 존재보다 뛰어나다. "카멜레온 같이 그 무엇도 될 수 있는 우리의 특전"은 오직 인간에게 주어진 하나님의 선물이다.

인간은 천상과 지상을 연결하는 야곱의 사다리 위에 서서 선택해야 한다. 올라가면 천사보다 더 높은 권능과 고매함을 얻고, 내려가면 짐승의 욕망과 식물의 배부름에 만족하는 인생으로 전락한다. 양복 입은 원숭이로, 혹은 두 발로 움직이는 식물처럼 살아가는 사람

들이 많다. 그러나 최고의 인생은 위로 올라가야 한다. 위로 올라가기 위해 피코는 우리의 영혼을 정화해야 한다고 주장한다. 그 방법은 "도덕을 통해 감정적인 충동을 절제하고 변증으로 이성적인 어둠을 몰아내고 신적 사물들에 대한 인식을 통해 영혼을 완성"하는 방식이다(13). 이처럼 피코에게 윤리학과 변증학과 신학을 비롯한 모든 학문은 영혼의 완성을 위한 수단이다. 피코의 자아 개념은 인간이 최고의 피조물과 최악의 피조물 사이에 무엇이든 될 수 있다는 가능성과 결정력을 가졌다는 것이 유별난 특징이다.

④ 르네 데카르트(Rene Descartes, 1596-1650)

근대 철학의 아버지라 불리는 프랑스의 사상가 데카르트는 사유에서 진정한 자아를 발견한다. "나는 생각한다 고로 존재한다"(Cogito ergo sum). 이런 자아에 도달하기 위해 그는 보는 것과 듣는 것과 기억하는 것을 모두 거절했다. 잘못된 기억에 근거한 착각의 자아, 잘못된 관찰에 근거한 착시의 자아, 잘못된 들음에 근거한 환청의 자아는 진정한 자아가 아니라고 생각했다. 나아가 아무리 거부하고 거부해도 도저히 거부할 수 없는 진실은 자신이 생각하고 있다는 점이었다. 나아가 생각은 스스로 존재하지 않고 생각의 주체가 있어야 하기 때문에 생각하는 자로서의 자아는 반드시 있다고 주장했다. 데카르트 사상에서, 생각은 존재의 창문이다. 이성은 자아의 다른 이름이다. 생각하는 것과 실재의 대상이 일치하는 것을 그는 진리라고 한다. 그는 나의 실체를 정신적인 부분(사유)과 물질적인 부분(육체)으로 구분한다. 뇌 속의 한 기관인 송과선(pineal gland)은 정신과 육체가 화해하는 만남의 자리라고 한다. 정신과 육체가 화해하는 그곳에서 인간은 비로소 진정한 자아가 된다고 그는 주장한다. 그러나 데카르트는 진정한 자아를 찾았는가? 생각으로 발견된 '나'는 진짜 나 자신인

가? 내가 생각하는 '나'와 실재적인 '나'는 과연 동일한가? 내가 보기에 그의 주장에는 정신과 육체라는 이원론만 남고 자아의 실체는 막연한 관념에 불과하다.

⑤ 블레즈 파스칼(Blaise Pascal, 1623-1662)

《팡세》라는 걸작을 저술한 프랑스의 철학자 파스칼의 생각도 데카르트 입장과 유사하다. 그는 "인간은 분명히 생각하기 위해서 만들어진 존재"이며(346) 그런 맥락에서 인간을 "생각하는 갈대"(roseau pensant)로 규정한다(74). 갈대는 연약하다. 그러나 생각하는 갈대이기 때문에 다른 어떤 존재보다 위대하다. 우주는 인간에 대해 하나도 모르지만 인간은 생각으로 우주를 알고 품기 때문에, 인간은 비록 비참하고 초라하나 그것을 생각하고 알기에 위대하고 고귀하다(148, 399). 파스칼은 위험한 일을 세 가지로 분류한다. 인간의 비참함만 너무 많이 보여주는 것은 위험한 일이고, 인간의 위대성만 너무 많이 보여주는 것은 더 위험한 일이고, 두 사실을 모르도록 하는 것은 "훨씬 더 위험한 일"이라고 한다(78). 파스칼의 사고에서, 인간의 모든 위대함과 존엄성은 "인간을 위대하게" 만드는 "생각 속에 존재한다"(398). 그러나 파스칼은 이성의 우매함도 비등하게 고려한다. 그가 보기에 생각의 고삐를 쥔 이성은 자연법의 모든 것을 부패하게 만드는 원흉이다. 정의도 이 부패에서 자유롭지 않다. "이성만을 따라야 한다면, 본래부터 정의로운 것이란 아무것도 없다." 그래서 "이성을 부인하는 것보다 이성에 더 적합한 예우는 없다"고 주장한다(47). 그에 의하면, 자아를 비롯한 자연적인 사물들은 이성을 초월한다. 그러므로 "이성이 취해야 할 마지막 태도는 이성을 초월하는 것들이 무한히 많다는 것을 인정하는 것"이라고 한다(129).

이성의 무지를 인정한 파스칼은 진정한 자아의 좌소에 대해

질문한다. "나는 육체 속에도 정신 속에도 있지 않고 어디에 있는 것일까?"(368) 자아에 대한 이해와 관련하여 인간은 무능하고 무지하다. 이런 맥락에서 이 땅에서는 기껏해야 "회의주의 사상이 진리"라고 그는 꼬집는다(369). 나아가 그는 이성을 가진 인간은 단순히 무지한 정도가 아니라 "천성적인 오류로 가득 찬 존재"라고 개탄한다. 결국 모든 것을 왜곡시킨 자아관의 오류에서 벗어나는 유일한 방법은 하늘의 "은총" 밖에 없다고 고백한다. 파스칼에 의하면, 이성에 문제가 생겨 인간이 천성적인 오류에 빠진 이유는 인류가 저지른 최초의 죄 때문이다. 그런데 이 사실을 이성은 잘 모른다고 진단하며 파스칼은 이런 해결책을 제시한다. 즉 죄의 문제와 본성적 오류를 알려주고 치유하는 그의 유일한 해법은 하나님의 은총이다.

⑥ 임마누엘 칸트(Immanuel Kant, 1724-1804)

이후로 100여 년이 지난 시점에 생각이나 경험 중심적인 자아관에 반기를 든 사람은 계몽주의 사상의 깃발을 높이 든 독일의 철학자 칸트였다. 물론 그가 생각을 무시한 것은 아니었다. 오히려 그는 "그대 스스로의 이성을 사용할 용기를 가지라"고 독려했다 (Beantwortung, 481). 그럼에도 불구하고 진정한 자아는 생각이나 느낌에 근거한 자아가 아니라고 강조한다. 경험과 무관하고 경험 이전에도 존재하는 "선험적 자아"(transcendental ego)가 진정한 자아라고 주장한다. "선험적 자아"는 생각에 의해 발견되는 것도 아니고 어떠한 범주들에 의해 규정되는 것도 아니고 생각이나 경험에 의해 생성되는 것이 아닌 자아를 의미한다. 그런 자아는 무엇인가?

칸트는 솔직하다. 내가 생각을 통해 아는 나 자신은 있는 그대로의 "자체적인 나"(wie ich bin)가 아니라 "내가 존재하고 있다"(ich bin)는 사실 즉 "현상적인 나"(wie ich mir erscheine)를 알 뿐이라고 한다. 인

간은 "자체적인 나"를 아는 것이 가능하지 않다고 칸트는 단언한다. "자체적인 나"와 "현상적인 나"는 다른 자아인가 아니면 동일한가? 칸트는 이 둘을 동일한 자아로 여기는 것은 오류라고 생각한다. 이처럼 칸트는 진정한 자아의 발견 가능성을 부정했다. 그러나 현상학의 창시자인 오스트리아 출신의 철학자 후설(Edmund Husserl, 1859 - 1938)은 다른 입장을 제시한다. 후설도 칸트처럼 자아를 둘로 구분한다. 즉 반성하는 자아와 반성된 자아, 생각하는 자아와 생각된 자아, 현재의 자아와 과거의 자아 등으로 구분한다. 그런데 칸트와는 달리 후설은 이 두 부류가 아주 복잡한 과정을 거치면 동일한 자아가 될 수 있다고 주장한다.

⑦ 아더 쇼펜하우어(Arthur Schopenhauer, 1788-1860)

자신을 칸트의 진정한 계승자로 여긴 쇼펜하우어는 현상적인 나와 현상적인 세계의 배후에는 이성이 아니라 의지가 있다고 주장한다. 그에게 인간의 본질은 원인도 없고 목적도 없는 "의지"였다. 세계의 본질도 이 의지라고 그는 생각한다. 그런데 "인간에게 의지가 있는 한 인생은 고통이요, 이 세상은 최악"일 뿐이라는 부정적인 견해를 피력했다. 파리가 거미의 먹이가 되려고 태어난 것처럼 인간은 고뇌를 위해 태어난 존재라는 볼테르의 생각에 그는 동의한다. 여기에는 인생을 고해로 이해한 부처의 인생관이 스며들어 있다. 쇼펜하우어에게 인생은 존재하지 말아야 할 악하고 무의미한 것이었다. 그러나 이런 고통과 악과 허무를 그는 삶의 의지를 오히려 자극하는 촉매로 이해한다. 그래서 그렇게 외롭고 쓸쓸한 인생 속에서도 행복을 추구했다. 추구하는 방법은 인간을 아프고 악하고 무의미한 인생으로 몰아가는 의지의 철저한 부정이다. 이런 부정을 통해 명랑한 마음을 얻으며 그런 마음은 행복에 가장 큰 영향을 준다고 생각한다. 일종

의 모순이다. 의지는 고뇌도 초래하고 행복도 선사한다.

의지의 철저한 부정이 성취되는 지점은 죽음이다. 그래서 그는 행복의 열쇠로서 죽음을 주목한다. 플라톤의 입장처럼 그에게 죽음은 두려움의 대상이 아니었고 새로운 희망의 출구였다. 그에게 두려움은 인간이 존재하기 이전의 자기 자신이다. 죽음은 인간의 본래 상태이기 때문에 인간이 본래의 인간으로 돌아가는 방법이고 인생의 종착지다. 이런 인생관을 가지고 죽음을 극복하면, 삶 속에서 만나는 고통과 악과 무익과 허무와 헛됨을 슬퍼하지 않고 당당히 맞이하며, 나아가 죽음은 불행으로 이끄는 의지의 힘을 제거하는 계기로 간주하게 된다. 그러면 불행이 아니라 행복이, 슬픔이 아니라 기쁨이, 절망이 아니라 희망이 찾아올 것이라고 그는 주장한다. 인생에 대해 지극히 염세적인 철학이 이렇게 낙관적인 철학으로 이어지는 것은 놀라운 역설이다.

⑧ 프리드리히 니체(Friedrich Wilhelm Nietzsche, 1844-1900)

학문의 인생 초기와 중기에 쇼펜하우어의 입장을 따르던 니체는《차라투스트라는 이렇게 말했다》에서 신체가 곧 "자기"(das Selbst)라고 주장한다. "자기"는 의식과 무의식의 모든 활동들의 주체이며 중심이다. 이 "자기"는 신체 속에 있으면서 신체 자체라고 한다. 그에게 신체는 인간의 본질이다. 그래서 니체는 자신을 일컬어 "전적으로 신체일 뿐"이라고 주장한다(52). 이성이나 정신이나 영혼이나 감각은 모두 이 신체에 깃들어 존재하는 그 어떤 것의 이름일 뿐이며 신체의 도구에 불과하다. 니체에게 이 신체는 커다란 이성이고 커다란 정신이고 커다란 영혼이다. 이 신체가 존경과 경멸과 가치와 의지와 즐거움과 아픔을 창조한다. 생각하고 느끼고 좋아하고 떨고 기뻐하고 아파하는 원인은 모든 생각과 느낌과 의지의 배후에 있는 "더욱 강력한

명령자, 알려지지 않은 현자"인 신체이다(53). 나아가 니체는 인생을 힘에의 의지(Der Wille zur Macht) 즉 욕망과 충동과 생존에의 의지라고 규정한다. 그에게 인생은 돈의 힘, 외모의 힘, 지식의 힘, 예술의 힘, 쾌락의 힘, 정치의 힘을 추구하는 의지의 총화이다. 니체가 추구하는 "초월적 인간"(Übermensch)은 누구인가? 인간이 신에게만 돌리는 모든 절대적 힘을 소유한 자이며, 인간의 모든 한계와 약점을 극복하고 인간에 대한 모든 동정과 정념을 다 떨쳐낸 초인을 가리킨다. 과연 그렇게 강력한 신적 존재가 인간의 실체인가? 그가 추구한 인간은 인간의 분수를 넘은 망상이다.

⑨ 레오 톨스토이(Leo Tolstoy, 1828-1910)

자아와 인생의 개념에 대한 데카르트, 칸트, 쇼펜하우어의 철학적인 설명을 정확히 파악한 러시아의 대문호 톨스토이의 생각은 착잡하다. 그렇게도 애타게 찾던 여러 탁월한 철학자의 설명이 그에게는 기껏해야 "애매한 해답"일 뿐이었기 때문이다. 자아의 개념에 대한 철학의 결론을 그는 이렇게 요약한다. 즉 자아는 "전부"(everything)인 동시에 "전무"(nothing)라고 대답할 수밖에 없으며 "왜?"라는 의문에 대해서는 "그 까닭을 알지 못한다"고(참회록, 59) 한다. 그래서 톨스토이는 인간 자신이 아니라 우주와 그 우주의 지배자를 통해 자아와 인생의 해답을 찾으려고 한다. 그는 우주가 "그 누군가의 의지에 의해서 좌우되고 있다"고 판단한다. 그리고 "우리 모든 인간은 신의 의지에 의해 이 세상에 태어났다"(참회록, 106). 인생의 행복은 바로 "그 의지의 명령에 복종하여 그 의지가 우리에게 바라는 대로 실행"할 때 획득되는 것이라고 확신한다(인생론, 251). 그 의지의 명령은 바로 "인생의 모든 모순을 해결하고, 인간에게 가장 큰 행복을 베풀어 주는…사랑"이다(인생론, 104). 그런데 모든 인간에게 행복

을 주는 이 사랑의 비용은 막대하다. 행복의 비용으로 개인적인 행복을 희생해야 하기 때문이다. 이처럼 톨스토이는 우리의 자아가 우주를 좌우하는 "그 누군가의 의지"에 의존하고 있고 그 의지의 명령 즉 사랑에 순응할 때에 인생의 진정한 행복을 얻는다고 주장한다. 그는 과연 "그 누군가"를 찾았는가?

⑩ 헤르만 헤세(Hermann Karl Hesse, 1877-1962)

기독교 선교사의 아들이며 스위스의 대문호인 헤르만 헤세는 인생을 논하면서 "모든 사람의 삶은 자기 자신을 향해 가는 길"이라고 규정했다(데미안, 8). 그는 인생의 종착지에 자기 자신이 서 있다고 생각했다. 그의 소설 《데미안》은 인생의 끝에 서서 기다리는 진정한 나를 찾아가는 여정을 담아낸 작품이다. 거기에서 헤세는 한 번도 있는 그대로의 고유한 자신을 안 적도 없고 된 적도 없다고 고백한다. 그는 자기 안에서 너무도 다양한 '자아들'을 발견한다. 어떤 자아가 진짜 자신일까? 부모나 지인들에 의해 만들어진 나, 규정된 나, 길들여진 나, 주입된 나는 모두 타율적인 자아에 해당한다. 타인에게 보여주고 싶어 드러내는 나, 타인에게 보여주고 싶지 않아서 감추어둔 나, 되기를 소원하는 미래의 나, 싫어서 거부하는 현재의 나는 모두 자신에 의해 조작된 자아에 불과하다. 이런 자아와는 구별되는 진짜 자아로서, 헤세는 "우리들 속에는 모든 것을 알고, 모든 것을 하고자 하고, 모든 것을 우리들 자신보다 더 잘해내는 어떤 사람이 있다"고 생각한다(117). 헤세가 말하는 "어떤 사람"은 누구인가?

헤세는 솔직하다. "나는 내가 모른다는 것을 안다"고 한 소크라테스처럼 헤세는 "나도 인간이 무엇인지 잘 모른다"고 분명하게 고백한다(8). "그저 늘 탐구해 왔고 지금도 탐구하고 있다"는 진행형 구도자일 뿐이라고 한다(8). 탐구를 위해 깨뜨려야 할 자아라는 알의 껍

질이 있다고 말하면서, 그 껍질 바깥에 '진짜 나'라는 새로운 세계가 기다리고 있다고 확신한다. 소설 속의 주인공 데미안은 자신의 내면에 귀를 기울이면 "내가 이미 너와 함께 있음을 알게 될 거"라는 유언을 남기고 운명한다(227).《데미안》은 "운명의 형상들이 졸고 있는 곳"의 "어두운 거울"에 희미하게 비친 주인공 에밀의 모습에서 '내 안의 데미안'을 응시하는 것으로 종결된다(228). 진정한 자아는 멀리 있지 않고 나에게 가까웠다. 책의 제목처럼 《데미안》은 에밀 자신의 역사였고 자신의 자아였다. 가장 가까운 곳에 있어도 알아보지 못한 자아였다.

⑪ 칼 구스타프 융(Carl Gustav Jung, 1875-1961)

헤세의 이 소설에 지대한 영향을 끼친 스위스의 정신의학자 융은 인간이 다양한 자아로 구성되어 있다고 주장한다. 여러 겹의 자아들 중 첫째는 고대 그리스 시대에 배우의 가면을 뜻하는 "페르조나"(persona)로서 자신이 살아가고 있는 문화에 적응된 자아를 의미한다. 이는 비록 자신과 맞지 않지만 체면 때문에 사회가 가진 전통과 규범과 질서를 삶의 옷으로 입고 살아가는 연출된 인생을 가리킨다. 둘째는 자아를 뜻하는 "에고"(ego)이며 외부의 세계와 관계를 맺고 내부의 세계와도 교류하는 자아를 의미한다. 이 자아는 내가 아는 것, 기억하는 것, 생각하는 것, 지각하는 것, 느끼는 것 등 모든 의식의 총화를 가리킨다. 셋째는 그림자를 의미하는 라틴어 "움브라"(umbra) 자아이며 삶 속에서 억압된 생각들과 약점들과 욕망들과 본능들과 잘못들이 저장되어 있는 일그러진 무의식적 자아를 의미한다. 보이지도 않고 잘 느끼지도 못하지만 자아의 어두운 그림자가 늘 인생에 드리워져 있다. 넷째는 영혼을 뜻하는 라틴어 "아니마"(anima) 혹은 "아니무스"(animus)이며 모든 자의식을 초월하는 자아를 의미한다. 이것

은 남자의 모든 자의식을 초월하는 여성성과 여자의 모든 자의식을 초월하는 남성성을 가리킨다. 이것 때문에 남자는 남성의 한계와 벽을 넘고 여자는 여성의 한계와 벽을 극복한다. 이것이 과연 헤세가 우리 안에 있다고 말한 "어떤 사람"일까? 내가 보기에 남성 안에 있는 여성성은 여성에 대한 필요성, 여성 안에 있는 남성성은 남성에 대한 필요성을 의미한다. 남자와 여자는 서로에게 보완적인 존재이기 때문에 각자에게 내장된 필요성이 서로를 요구한다. 자아를 초월하는 그런 성향의 발견이 진정한 자아의 발견일까? 나는 아니라고 본다.

⑫ 지그문트 프로이트(Sigmund Freud, 1856-1939)

비록 융의 입장과 차이점도 많지만 그의 학문적 아버지인 프로이트는 인간의 자아가 세 가지로 구성되어 있다고 주장한다. 즉 자아는 쾌락을 따라 신체의 일차적인 욕구를 추구하는 '본능적인 나'(Es), 본능적인 욕구를 현실의 상황에 비추어 조정하고 절제하고 안내하는 '현실적인 나'(Ich), 가정이나 사회에서 경험한 가치와 규범과 도덕에 의해 길들여진 '윤리적인 나'(Überich)로 구성되어 있다. 이세 가지의 요소를 달리 표현하면 본능과 이성과 양심이다. 본능이 지나치게 강하면 타인을 무시하고 자신의 만족에만 몰두하게 된다. 이성이 지나치게 강하면 현실에는 잘 적응하나 시류에 편승하기 쉽다. 양심이 지나치게 강하면 비록 도덕에 닻을 내려 시대의 풍조에는 휩쓸리지 않겠지만 타인의 잘못을 과하게 정죄하고 자신의 잘못을 과하게 자책하게 된다. 이상만 좇는 현실 부적응의 희생자가 된다. 프로이트가 생각하는 건강한 자아는 본능적인 나, 현실적인 나, 그리고 윤리적인 나의 조화로운 균형이다. 그래서 자신의 만족과 현실의 적응과 도덕의 존중이 적절히 배합된 자아가 추구한다. 인간은 과연 본능과 이성과 양심의 적절한 종합인가?

⑬ 알버트 아인쉬타인(Albert Einstein, 1879-1955)

청년기에 쇼펜하우어의 영향을 받고 스위스와 미국에서 활동한 독일 물리학자 아인슈타인은 개별적인 자아와 사회적인 자아의 조합을 추구했다. 우리 각자는 독립된 개인인 동시에 거대한 공동체의 한 구성원이 될 때에 비로소 인간이다. 즉 자신의 감정과 생각과 행위가 하나의 궁극적인 목적 즉 공동체와 그것의 발전을 지향할 때에만 인간이다. 《나는 세상을 어떻게 보는가》에서, 아인쉬타인은 인간 자체의 본질이나 의미보다 인생이 추구하는 목적에 근거한 인간관을 제시한다. 아인슈타인은 자신에 대하여 "나는 타인들의 존재와 삶에 전적으로 의존하고 있다"고 고백한다(15). 그러므로 어떤 사람이 공동체를 위하지 않는다면 그는 악하고 불행한 사람이 될 수밖에 없다고 단언한다. 이러한 인간관을 따라, 그는 "나의 삶을 다른 사람들을 위해 바쳐야 한다"는 결론에 도달했다(9). 나아가 그는 자신의 "감정과 생각과 행위가 하나의 궁극적인 목적, 즉 공동체와 그 발전이란 목적을 향할 때에만 하나의 실제적인 인간"이 된다고 고백한다(16).

⑭ 마틴 부버(Martin Buber, 1878-1965)

나의 존재와 인생에 대한 이해가 타인을 떠나서는 생각할 수 없다는 사고의 추종자는 많다. 오스트리아 출신의 유대인 마티부버는 타자 중심적인 자아를 추구한 대표적인 사상가다. 《나와 너》라는 자신의 명작에서 그는 인간의 존재를 관계 속에서 파악한다. 이는 관계가 "존재의 범주요 남을 맞이하기 위한 준비의 상태요, 사물을 파악하는 그릇이요, 영혼의 형틀"이기 때문이다(46). "존재의 본질은 알고자 하는 자와 알려지는 자가 서로를 바라볼 때에 비로소 개시된다"(63). 각각 있는 그대로의 "타고난 나"(das eingeborne Ich)와 "타고난

너"(das eingeborne Du)는 그런 관계에서 발견된다. 관계를 떠난 "나 그 자체라는 것은 존재하지 않는다"고 단언한다. 여기에서 관계는 비인격적 관계(나와 그것, Ich und Es)와 인격적 관계(나와 너, Ich und Du)로 구분된다. 타인을 만날 때 인격적인 "너"로 대하면 인격적인 대화가 가능하다. 그러나 타인을 "그것"으로 대하면 대화는 비인격적 독백으로 전락한다. 타인을 인격적인 "너"로 대하면 둘 다 인격자가 되지만, 경험과 이용의 대상으로 대하면 비인격적 "그것"으로 추락한다. 그래서 타인을 "그것"으로 대하면 타인이 무시되는 것인 동시에 나 자신의 인격도 위태롭게 된다. 이런 동시성은 관계가 일방적인 것이 아니라 상호적인 것이기 때문에 발생한다. 예를 들면, 관계적인 존재로서 내가 "너"를 '아버지'로 대하면 "나"는 "너"의 "아들"이다. 관계 속에서 나는 너에게 작용하고, 너는 나에게 작용한다. 이런 상호작용 없이 지배하고 군림하고 지시하는 일방적인 관계의 대표적인 것은 바로 미움이다. 미움은 "나와 그것"의 맹목적인 관계이며, 사랑은 "나"와 "너"의 호혜적인 관계이다. 이런 사랑의 관계에서 개인의 행복하고 유익한 공적 생활과 사적 생활이 마련되고 건강하고 아름다운 문화가 형성된다.

타인을 "너"가 아니라 "그것"으로 대하면 자신도 "그것"으로 변질되는 이유는 무엇인가? 어떤 무언가로 상대방을 대체하기 때문이다. 부버는 인간이 다른 어떠한 것에 의해서도 대체될 수 없고 한정될 수 없는 존재라고 한다. 타인은 언제나 타인이다. 그런데 우리는 있는 그대로의 타인을 그의 생김새, 말투, 눈빛, 표정, 행동, 나이, 성별, 학력, 가문, 경력에 대한 과거의 지식이나 기억으로 대체하려 한다. 그렇게 타인을 과거의 경험으로 대체하면, 타인은 "그것"이다. 어떤 경우는 편리와 이윤의 창출을 위한 도구처럼 타인을 이용하려 든다. 이런 경우에도 타인은 "그것"이다. 이처럼 "경험"과 "이용"은 타인

을 "그것"으로 대하는 방식이다. 경험을 통하여 타인을 재구성할 재료를 축적하고 타인의 이용을 통하여 자신의 유익을 추구하면 "너"와의 인격적인 만남은 사라진다.

인간은 관계적인 존재이고 만남이다. 만남은 늘 현재인데, 만날 때마다 눈 앞에 현재의 타인을 무시하고 경험과 이용의 대상이 된 과거와 미래의 타인을 소환한다. 과거와 미래의 타인은 실재가 아니라 대상이다. 나와 너 사이에 과거나 미래가 끼어들면, 만남의 직접성은 훼손된다. 그래서 부버는 나와 너 사이에 어떠한 매개물도 있어서는 안된다고 주장한다. 그 매개물이 관계에 개입하는 순간 인격적인 "너"는 "그것"으로 전락하기 때문이다. 나와 너 사이에는 어떠한 형태도, 어떠한 지식도, 어떠한 공상도, 어떠한 회상도, 어떠한 의도도, 어떠한 욕망도, 어떠한 예측도 끼어들지 못하도록 차단해야 한다. 그 모든 장애물을 제거하여 너와 나의 관계를 언제나 생생한 현재의 직접적인 관계로 만들어야 한다. 현재의 직접적인 관계가 나를 나 되게 하고 너를 너 되게 한다고 부버는 주장한다.

현재의 나와 너의 직접적인 만남은 어떻게 가능한가? 부버는 "은총에 의한 것"이라고 대답한다(26). 이 은총의 다른 이름은 사랑이다. 사랑의 주소지는 특정한 누구에게 있지 않고 너와 나의 사이라고 한다. 이 사랑으로 만나면 타인은 언제나 온 세상에서 가장 "자유롭고 유일한 존재"이며 "그것"이 아니라 인격적인 "너"로 발견된다. 사랑은 "너에 대한 나의 책임"이다(31). 이 책임은 타인을 사랑하는 모든 사람의 공통적인 특징이다. 나아가 이 사랑의 출처는 "영원한 너"라고 부버는 주장한다. 사실 사랑에 기초한 "모든 관계의 연장선은 '영원한 너'"에게로 이어진다(105). "나와 너"의 모든 관계는 "영원한 너의 옷깃"이며 그의 숨결을 느끼는 공원이며 그를 바라보는 창문이다. 하나님은 이 "영원한 너"의 이름이다. 이 하나님은 "나의 나보다도

훨씬 더 나에게 가까운 존재"라고 부버는 설명한다(111). 타인 중심적인 자아관을 가진 부버는 "영원한 너"인 하나님 없이는 있는 그대로의 "타고난 나"를 알 수도, 될 수도 없다고 생각한다. 거꾸로, 자연이나 사람이나 어떤 정신적인 실재나 "그것"이 아니라 "너"로 여기며 "나"와 "너"의 관계를 맺는다면 "영원한 너"와의 인격적인 관계도 형성된다. 즉 부버는 "너"와 "나"의 관계만이 나와 하나님 사이의 막힌 담을 뻥 뚫어주는 "새로운 길"이라고 한다(143).

진정한 나를 되게 하고 알게 하는 하나님은 누구인가? 부버는 인간이 알 수 없는 분이라고 한다. 이는 그가 이 세상의 그 어떤 것으로도 서술될 수 없고, 측량될 수 없는 세계 혹은 제한이 없는 존재라는 말로도 표상할 수 없고, 이 세상 안에서나 이 세상 밖에서도 그를 찾아낼 수 없기 때문이다. 결국 부버는 하나님의 계시만이 하나님을 아는 열쇠라는 결론에 도달한다. 그 계시 안에 하나님의 영원한 진실이 있다고 설명한다. 부버의 자아관에 의하면, 진정한 나를 알기 위해서는 계시의 책장을 펼쳐야만 한다. 인간을 위한 하나님의 특별한 계시는 바로 성경이다. 이 성경에서 우리는 "영원한 너"인 하나님을 알고 그를 통하여 인격적인 너를 만나고 비로서 진짜 나를 발견하게 된다.

이상에서 살펴본 것처럼, 자아에 대한 탐구와 이해는 결코 단순하지 않다. 실로 우리는 살면서 각자의 다양한 자아를 경험한다. 슬픔과 기쁨과 불만과 만족과 불행과 행복과 공포와 쾌락과 절망과 희망의 순간에 만나는 자아들이 너무도 다양하다. 물론 자아에 대한 탐구에 있어서는 경험을 통해 알아가는 것이 최선이다. 그러나 그럼에도 불구하고 경험된 자아가 전부가 아니고 어쩌면 왜곡된 자아일 수도 있다는 다양한 철학들의 교훈을 인정해야 한다. 나 자신이 본 자아, 타인이 본 자아, 사회 속에서 형성된 자아, 지금까지 나라고 한번도 의심하지 않던 자아가 진짜 내가 아닐 수도 있음을 생각하게 된

다. 소크라테스처럼 가장 본질적인 물음을 자신에게 많이 던져서 진짜 내가 보일 때까지 자아의 무수한 껍질을 계속해서 깨뜨려야 할지도 모르겠다. 깨뜨리지 않는다면 우리는 진짜 나를 만나지도 못하고 진짜 내가 되어 보지도 못한 채 아바타 인생을 살아가게 된다. 헤세는 인간다운 인간, 자아다운 자아로 살아가지 못하고 "개구리에, 도마뱀에, 개미에 그쳐 버리는 사람들이 많다"(데미안, 8)는 우려를 표명한다. 모든 사람은 온전한 인간이 되고 인간다운 인생을 살아가고 싶어한다. 나도 그 중의 한 사람이다. 그리기 위해 나는 부버의 안내를 따라 계시의 책갈피로 뛰어든다.

2

인생의 책
성경은 무엇인가?

나는 누구인가? 우리의 인생에서 가장 중요한 이 물음 다음으로 우리는 나를 안다는 것에 대해 질문해야 한다. 안다는 것은 무엇인가? 이것도 인류의 지성사를 관통하는 질문이다. 나는 역사 속에서 인간의 해설서, 인생의 사용 설명서, 삶의 매뉴얼이 될 만한 최고의 안내서를 찾기 위하여 많은 자료들을 탐구했다. 자료들 중에는 객관적인 자료들도 있고 주관적인 자료들도 있다. 객관과 주관을 식별하는 기준은 무엇인가? 그것은 보이는 "사실"(fact) 혹은 보이지 않는 "진실"(truth)이다. 사실과 진실에 가까운 것일수록 객관성은 높아지고 먼 것일수록 주관성이 높아진다. 사실과 진실에 가까이 다가가는 방법은 인식이다. "실재적인 진짜 나"이기 위해서는 진짜 나를 인식해야 한다. 그런데 안다는 것의 의미를 이해해야 그런 자아에게 다가가는 것이 가능하다.

사람들은 인식을 보는 것과 듣는 것 자체 혹은 그것의 결과라고 생각한다. 눈은 멀리 있는 사물에게 다른 어떤 기관보다 빨리 다가간다. 그 다음으로 먼 사물을 감지하는 것은 청각이다. 그 다음이 후각이고 촉각이고 미각이다. 그러나 이성의 작용인 생각은 입과 손과 코와 귀와 눈보다 더 멀리 있는 사물을 더 빨리 찾아간다. 이것은 우리의 경험이 증언한다. 태양을 보기 이전에, 비행기의 굉음을 듣기 이전에, 스컹크의 독한 냄새를 맡기 이전에, 고양이의 털을 만지기 이전에, 음료수를 맛보기 이전에 생각은 이 모든 감각들을 앞지르기 때문이다.

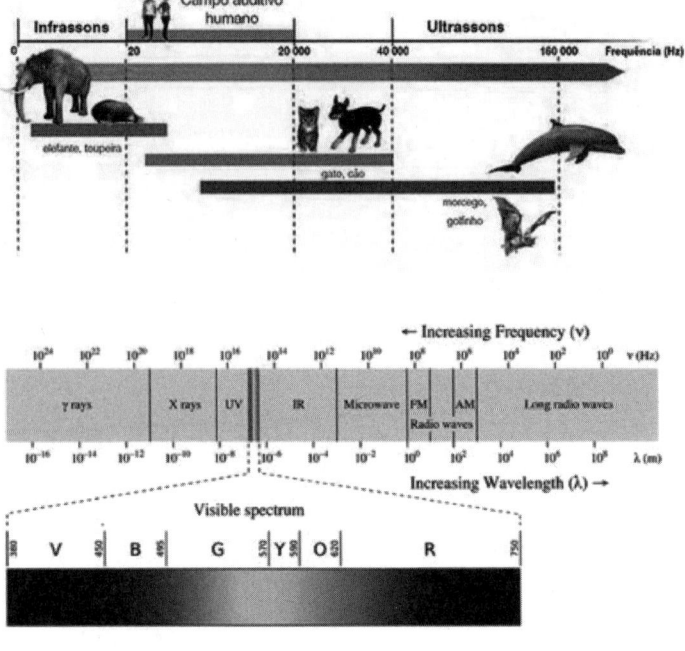

가청주파수와 가시광선의 범위

인식의 과학적인 이해

과연 안다는 것은 눈의 봄과 귀의 들음과 코의 맡음과 손의 만짐과 혀의 맛봄 혹은 그런 지각들의 자동적인 결과인가? 그렇지가 않다. 감각은 외부의 정보가 내 안으로 들어오는 창문에 불과하다.

지각을 인식으로 간주한다 하더라도 어디까지 얼마만큼 보고 듣고 맡고 만지고 맛보아야 인식인가? 이에 대해서도 우리는 기준이 제각각 달라서 인식의 여부를 각자가 다르게 판별한다. 각자의 기준을 따라 지각한 모든 것들을 인식이라 하더라도, 눈과 귀와 코와 손과

입이 경험할 수 있는 인식의 대상은 제한되어 있다. 제한된 지각의 범위 안에서의 인식이다. 눈은 가시광선 내에서의 파장만 감지한다. 이 파장의 범위는 대개 380~750nm이다. 모든 종류의 빛이 가진 파장 전체(10-5nm~103m)에서 이 가시광선 범위가 차지하는 비율은 지극히 미미하다. 인간보다 시력이 좋은 동물들(타조, 매, 독수리,갈매기, 기린 등)이 많다. 시력이 가장 좋은 타조는 인간보다 20배나 좋은 시력의 소유자다. 귀의 경우에도 듣기가 가능한 주파수의 범위는 제한되어 있다. 이 주파수의 범위는 20Hz~20,000Hz이다. 그 이상과 이하의 주파수는 인간이 감지할 수 없는 영역이다.

　　온 우주에서 보이는 것들과 보이지 않는 것들 중에 어느 것이 더 많이 존재할까? 들리는 것들과 들리지 않는 것들 중에 어느 것이 더 많이 존재할까? 보이지 않고 들리지 않는 것들이 더 많다는 사실은 상식이다. 에너지의 경우도 우리가 아는 에너지는 4%에 불과하고 96%의 에너지에 대해서는 무지하다. 그래서 그것을 "어두운 에너지"(dark energy)라 명명한다. 물질의 경우도 우리가 아는 물질보다 모르는 물질이 더 많은데 그것을 "어두운 물질"(dark matter)이라 한다. 이 두 가지를 "신비로운 실체들"(mysterious substances)이라고 부른다. 이것들은 "모른다"는 말의 고상한 과학적 용어들에 불과하다.

　　보이지 않고 들리지 않고 만질 수 없고 맡을 수 없고 맛볼 수 없는 어두운 물질들도 있지만 물질이 아니어서 감각의 망에 전혀 걸리지 않는 것들은 또 얼마나 많이 존재할까? 비가시적 물질과 비물질에 대해서는 차후에 논하고 지금은 우리의 오관으로 감지할 수 있는 것들에 대해서만 다루도록 하자. 우리가 보고 듣는 것은 과연 믿어도 되는 사실인가?

인생의 책 – 성경은 무엇인가? 43

동굴의 우화

플라톤의 인식론

플라톤은 인간의 인식이 우리를 배신할 수 있다는 사실을 동굴의 우화로 설명한다.

이 그림에는 네 가지 종류의 사람들이 등장한다. 1) 가장 온전한 인식의 소유자는 태양의 빛에 의존하여 자연의 실재적인 사물을 관찰하는 자들이다. 2) 그 다음으로 선명한 인식은 인간이 만든 실재적인 사물의 형상을 인간이 발명한 불에 의한 관찰에서 비롯된다. 3) 그 다음 순위는 인간의 불빛에 의해 만들어진 인위적인 형상의 그림자를 보는 자들의 인식이다. 4) 가장 불분명한 인식의 소유자는 그림자도 보지 못하는 자들이며 그 형상의 그림자를 보는 자들의 설명만 듣고 사물을 인식하는 자들이다. 여기에서 인식의 사실성 혹은 정확성의 순위를 따진다면, 태양으로 보는 것이 불빛으로 보는 것보다 낫고 불빛으로 보는 것이 언어로 듣는 것보다 정확하다. 그리고 자연의 사물이 인공의 형상보다 정확하고, 그 형상이 그림자보다 정확하고,

그림자가 그 그림자의 설명보다 정확하다. 이러한 분류 속에서 우리가 가진 인식의 현실은 어디인가?

동굴의 우화는 실제로 동굴의 상황을 말하고자 함이 아니라 인간이 사물을 보더라도 인식의 다양한 편차가 있음을 가르치기 위한 수단이다. 대부분의 사람들은 인간이 만든 불빛으로 인간이 만든 자연의 형상을 관찰한다. 그 관찰의 결과로서 전깃불이 묻은 그 형상을 자연 자체인 것처럼 간주하는 것이 인간의 초라한 인식이다. 우리가 신뢰하고 있는 "저 전깃불이 얼마나 큰 어둠을 감추고 있는지"를 생각하면 마음이 거북하다. 그러나 인식의 그런 한계를 인정해야 한다. 플라톤의 야속한 비유는 우리의 인지적 현실이다.

합리론과 경험론

잘못된 인식을 극복하고 올바른 인식에 도달하기 위해 지성의 역사는 두 가지의 방법, 즉 합리론과 경험론을 고안했다. 합리론은 이성의 생각으로 사물을 인식하고, 경험론은 감각의 경험으로 사물을 인식한다. 합리론은 인간 안에 "내재된 관념"(innate idea)이 있다고 주장한다. 합리론의 뿌리를 추적하면 플라톤 사상까지 소급된다. 플라톤은 현상과 그것의 근원적인 실재를 구분했다. 현상은 감각으로 인식하고 실재는 이성으로 인식한다. 예를 들면, 철수는 현상이고 철수의 실재는 인간이다. 우리는 철수를 경험하고 인간을 생각한다. 철수가 인간으로 분류되기 위해서는 철수가 인간다움 자체에 참여해야 한다. 참여하는 만큼 인간답다. 또 하나의 예를 들자면, 지구가 태양을 도는 것은 실재이고 태양이 지구를 도는 것은 현상이다. 이때 우리의 눈에는 태양이 돌아가고, 우리의 생각에는 지구가 돌아간다. 이런

경우에, 생각으로 파악된 실재는 진실을 말하지만 눈으로 들어온 현상은 우리를 배신한다.

그래서 플라톤은 실재를 중요하게 여기고 현상을 경시한다. 생각을 중요하게 여기고 경험을 무시한다. 그리고 어떤 사물의 본질로서 실재는 이 세상의 어떠한 사물 안에도 없다고 생각한다. 모든 실재는 모든 사물의 원인과 본질로 이루어진 이데아(idea)의 세계에만 있다고 주장한다. 모든 사물은 이데아에 있는 실재의 그림자 혹은 복사본에 불과하다. 이러한 사고에 뿌리를 둔 합리론은 인식에 있어서 그림자를 감지하는 감각보다 실재를 발견하는 이성의 역할을 중요하게 생각한다. 어떤 사물의 존재는 생각에 의해 좌우된다. 생각하는 것은 존재하고, 생각할 수 없는 것은 존재하지 않는다고 주장한다. 올바른 인식도 경험이 아니라 이성의 기능에서 비롯된다. 올바른 인식은 생각으로 파악된 실재에 근거하여 현상을 보아야 비로소 도달한다. 그 실재에 근거하여 현상을 분석하고 평가하기 위해서는 실재 자체를 정확하게 인지해야 한다. 그런데 과연 인간이 정확한 실재를 아는 인지력을 가졌는가? 인간다움 자체, 아름다움 자체, 참다움 자체, 선함 자체, 정의로움 자체라는 이데아의 실재를 아는 사람이 아무도 없다는 사실이 합리론의 한계요 약점이다.

이와는 달리, 경험론은 인식의 도구로서 이성보다 감각의 중요성을 강조한다. 어떤 사물의 존재 여부는 경험에 의해 결정된다. 경험되는 것은 존재하고 경험되지 않는 것은 존재하지 않는다고 생각하기 때문이다. 이런 입장에 따르면, 실재는 이 세상과 독립된 이데아의 세계에 있지 않고 경험되는 사물 안에 존재한다. 그래서 사물을 있는 그대로 관찰하는 것이 중요하다. 경험보다 생각이 앞서면 오히려 객관성이 훼손되고 편견만 초래한다. 그래서 경험을 통하지 않은 모든 지식을 의심하고 부정한다. 이러한 인식론은 인간에 대한 이해와

무관하지 않다. 이 입장은 인간의 영혼을 "타블라 라사"(tabla rasa) 즉 "깨끗한 서판"으로 규정한다. 인간은 쓰여지지 않은 백지와 같은 마음을 가지고 태어난다. 이 마음은 실질적인 지식을 가지게 될 잠재력만 보유하고 있다. 이후에 감각을 통한 경험에 의해 다양한 지식이 마음의 서판에 쓰여진다. 경험이 서판의 내용을 결정한다. 악한 것을 경험하면 악해지고 선한 것을 경험하면 선해진다.

칸트의 인식론

합리론과 경험론은 오랜 세월 속에서 평행선을 달리다가 칸트에 이르러서 종합된다. 그의 유명한 금언이다. "내용 없는 사상들은 공허하고 개념들 없는 직관들은 맹목적이다"(Vernunft, 82). 이는 경험이 없는 생각의 공허함과 생각이 없는 경험의 맹목성에 대한 칸트의 개탄이다. 그리고 경험론과 합리론의 총합을 모색한다. 칸트에 의하면, 외부의 세계는 "감각"(sensus, 시각, 청각, 후각, 촉각, 미각)을 통해 경험된다. 경험된 내용 즉 감각의 경험은 정보의 직관적인 습득이다. 정제되지 않은 정보 덩어리다. 이 정보는 해석을 요구한다. 해석을 위해 오성 혹은 과학적 "지성"(intellectus)이 개입한다. 이 오성은 가공되지 않은 정보를 지식으로 변형한다. 이때 추론적인 사고가 동원된다. 이것은 경험의 내용을 재료로 삼아 지식을 산출하는 오성의 활동이다. "추론적인 사고"(cogitatio)가 가능하기 위해서는 "범주"(categoria)가 필요하다. 범주는 경험을 통하여 알려지지 않고 내재된 것으로서 플라톤이 말한 이데아의 세부적인 체계를 의미한다. 칸트는 이데아의 범주를 12가지로 구분한다.

인생의 책 – 성경은 무엇인가? 47

칸트의 12범주

그룹	범주	설명
분량	단일성	하나
	수다성	여럿
	전체성	모두
성질	실재성	—이다
	부정성	—아니다
	제한성	—은 아니다
관계	실체/속성	—은 —이다
	원인/결과	—은 — 때문에 발생한다
	상호작용	—들은 상관한다
양태	가능성	—은 있을 수 있다
	현실성	—은 실제로 있다
	필연성	—은 반드시 있다

이 범수의 형식(forma)을 가지고 경험의 내용(materia)을 해석한다. 그렇게 해석된 것이 바로 지식(scientia)이다. 감각의 활동은 경험론에 해당하고 지성의 활동은 합리론에 해당한다. 그래서 지식은 감각과 지성 모두의 자식이며, 경험론과 합리론의 작품이다. 그런데 칸트는 감각이 번역하고 오성이 정리해 준 사물을 알지만 그 사물 자체(Ding an sich)는 모른다고 한다. 인간이 아무리 뛰어나도 인식에 한계가 있음을 그는 겸허히 인정한다. 그런데도 "이성"(ratio)은 인식의 한계를 넘어서려 한다. 칸트가 보기에 인식의 한계를 넘어서는 것들은 신과 영혼 불멸성과 자유 개념이다. 그러나 칸트는 이성이 신과 영혼과 자유에 대해 그 존재의 여부를 알지 못하고 그것을 인식할 가능성은 더욱 없다고 선언한다. 그렇지만 도덕적인 삶을 위해서는 그것들의

존재와 개념을 가정하는 것 혹은 요청하는 것이 필요하다. 결국 칸트는 도덕적인 삶을 위하여 자유를 요청하고, 인간의 인격을 요청하고, 영혼의 불멸을 요청하고, 도덕적 신의 존재를 요청한다. 이처럼 칸트에게 인식을 넘어선 존재들(사물 자체, 신, 자유, 영혼의 불멸성)에 대한 인식은 "요청"(Postulat)의 산물이다. 이러한 칸트의 사상을 따라, 독일의 물리학자 하이젠베르크(Werner Karl Heisenberg, 1901-1976)는 "우리가 관찰하는 자연은 진정한 자연의 모습 그대로가 아니라"고 고백한다.

후설의 인식론

앞장에서 언급된 독일 철학자 후설은 인간의 인식과 관련하여 "지향성"(intentionalität) 개념을 제시한다. 이 개념은 이미 고대 철학과 신학에서 소개된 것이지만 후설에 의해서 체계적인 개념으로 발전한다. 후설의 학문이 추구하는 목적은 인간의 의식에 나타난 사물의 "있는 그대로의 현상"이다. 그런데 인간의 의식은 "어떤 것을 향한 의식"(Bewuβtsein von etwas)이다. 의식 자체가 중립을 유지하지 못하고 무엇을 향해 기울어져 있다. 예술가는 예술에 기울어져 있고 기업가는 이윤에 기울어져 있고 정치가는 권력에 기울어져 있고 성직자는 종교에 기울어져 있다. 각자의 의식은 다양한 무언가를 향해 기울어져 있다. 비록 "있는 그대로의 현상"을 찾는다고 할지라도 그것은 사물의 기울어진 현상이다. 이는 의식 자체가 기울어져 있기 때문이다.

의식을 기울게 만드는 것은 무엇인가? 즉 무엇 때문에 의식의 지향성이 생기는가? 학자들은 수치심, 두려움, 주의, 근심 등을 지향성의 원인으로 제시한다. 즉 인간은 부끄럽기 때문에 의식이 부끄럽지 않은 방향으로 기울고, 두렵기 때문에 의식이 두렵지 않은 방향으

로 기울고, 주의를 끄는 그 무엇으로 의식이 기울고, 근심 때문에 의식이 근심을 해소하는 방향으로 기운다고 생각한다. 하나의 사물이나 사건이나 사태나 상황을 보더라도 각 사람은 서로 지향성이 다르기 때문에 다르게 인식하고 다르게 반응한다. 각자의 의식이 기우는 방향으로 사물을 인식하게 된다. 그렇다면 과연 어떤 사람이 객관적인 지식을 가졌다고 장담할 수 있겠는가? 지향성의 인식론적 한계에서 자유로운 사람이 과연 있겠는가?

의식의 지향성도 문제지만, 사물을 인식함에 있어서 각자가 원하는 만큼의 명확성을 추구하는 것도 동일한 결점이다. 사람은 자신이 만족하는 만큼의 선명한 인식을 추구한다. 이러한 인식을 위해 초점(focus)을 조율해야 한다. 초점이 맞추어진 부분은 선명하고 다른 부분은 선명하지 않다. 사물의 전부를 동시에 선명하게 인식하는 것이 인간의 눈으로는 가능하지 않다. 그럼에도 불구하고 충분히 선명한 인식을 가졌다고 판단되면 탐구를 중단한다. 사물의 본질과 실재를 발견할 때까지 탐구하지 않고 자신의 기준에 부합하면 멈추는 것이 의식의 지향성과 함께 인식의 또 다른 결점이다. 이러한 결점 때문에 아무리 나를 잘 알아도 객관적인 인식이 아니라 여전히 기울어진 인식이다.

군맹평상(群盲評象)

한 사물의 전체를 동시에 알지 못하기 때문에 사람들은 사물을 분할하고 해체해서 하나씩 관찰한다(환원주의 사상, reductionism). 그리고 그 관찰의 조각들을 조합하면 온전한 인식에 도달할 것이라고 기대한다(전체주의 사상, wholism). 이는 마치 여러 장님들이 코끼리를 부위별로 경험하고 그 경험의 내용을 종합하는 것과 일반이다. 코끼

50

군팽명상(출처: Hans Moller의 그림)

리를 이해하되, 코를 경험한 장님은 뱀과 같다고 말하고, 귀를 경험한
장님은 양탄자와 같다고 말하고, 상아를 경험한 장님은 창과 같다고
말하고, 몸통을 경험한 장님은 담벼락과 같다고 말하고, 다리를 경험
한 장님은 거대한 나무와 같다고 말하고, 꼬리를 경험한 장님은 밧줄
과 같다고 말하였다. 장님들이 경험한 각각의 정보를 종합하면 과연
어떤 인식에 도달할까? "전체는 부분의 합보다 크다"는 아리스토텔
레스의 말은 명언이다. 사물을 잘게 쪼개서 가장 작은 단위까지 이르
러서 관찰하고 그것을 다시 하나의 사물로 짜깁기를 해서 인식해도
사물의 전부를 동시에 통째로 이해한 인식보다 작다.

차원에 대한 인식

차원의 개념으로 설명하면 이러하다. 점이라는 0차원에서 사

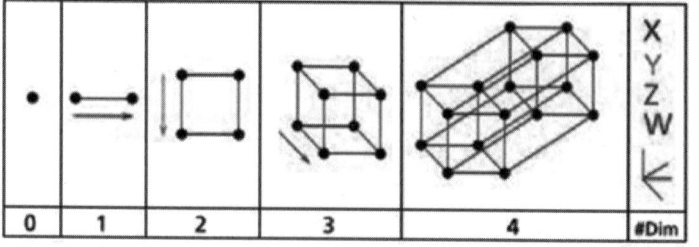

차원(출처: 위키피디아)

는 사람은 전적으로 무지하다. 선이라는 1차원에서 사는 사람은 자신
의 차원을 이해하지 못하고 점이라는 0차원만 이해한다. 면이라는 2
차원에서 사는 사람은 점이라는 0차원과 선이라는 1차원을 이해한다.
입체라는 3차원에서 사는 사람은 점이라는 0차원과 선이라는 1차원
과 면이라는 2차원을 이해한다. 시간까지 포함된 4차원의 시공간 속
에서 사는 사람은 점과 선과 면과 입체라는 0, 1, 2, 3차원을 이해한다.
점 속에서는 아무것도 모르고, 선 속에서는 점만 보이고, 면 속에서는
점과 선만 보이고, 입체 속에서는 점과 선과 면이 보이고, 시공간 속
에서는 점과 선과 면과 입체가 보이는 건 너무도 당연하다. 모든 차원
에 공통된 특징은 자신의 차원을 있는 그대로 알지 못하고 보다 낮은
차원들만 안다는 사실이다. 인간이 진정한 자아도 모르고 자신이 살
고 있는 세상도 모르고 영혼과 자유도 모르고 자기보다 높은 차원인
신은 더더욱 모른다는 것은 너무도 당연하다. 이것은 인류의 주류 지
성사가 공히 인정하는 사실이다. 이는 여러 정직한 학자들이 감각도
우리를 속이고 이성도 우리를 기만할 수 있다는 점을 발견했기 때문
이다. 모르는 무지를 넘어 현상적인 자아가 전부이고 진정한 자아는
존재하지 않고 신이라는 것도 존재하지 않는 관념일 뿐이라고 주장
하는 사람들도 있다.

기독교의 계시관

기독교는 인간의 감각과 이성의 한계를 인정하는 동시에 인간이 자신도 알고, 세상도 알고, 신도 알 수 있다고 주장한다. 이 주장은 하나님의 계시에 근거한다. "계시"(revelatio)는 감추어진 것이 알려지는 것, 가려진 덮개가 벗겨지는 것을 의미한다. 이 계시는 우리의 감각이나 이성과 충돌되는 것이 아니라 그것들을 감싸면서 초월한다. 감각과 이성을 통해 구축된 과학이나 학문과 계시의 공존은 얼마든지 가능하다. 계시는 인간이 주관할 수 없는 영역이다. 계시는 하나님의 계시이며 하나님은 자신이 원하시는 것을 알리시고 원하시는 만큼 알리시고 원하시는 사람에게 알리신다. 하나님은 자신에 대해서도, 인간에 대해서도, 영적인 세계에 대해서도, 물질적인 세계에 대해서도, 현세에 대해서도, 내세에 대해서도 원하시면 원하시는 만큼 우리에게 알리신다. 계시는 전적으로 하나님의 주권이다. 우리가 그 계시를 아는 것은 하나님의 은총이다. 계시 분야의 최고 권위자인 네델란드 신학자 헤르만 바빙크(Herman Bavinck, 1854-1921)는 계시에 대하여 이렇게 설명한다. "계시는 자연 전체, 역사 전체, 인류 전체, 가정, 사회, 과학, 예술 전체와 대단히 밀접하게 연관을 맺는다. 이 세상 그 자체가 계시에 근거한다. 계시는 이 땅에 존재하는 모든 것들의 전제요, 근본 토대일 뿐만 아니라, 비밀 그 자체이다"(계시철학, 94).

경험론은 감각을 통해 경험된 외부의 세계를 강조한다. 합리론은 이성을 통해 이해된 내부의 세계를 강조한다. 이 두 가지를 종합한 칸트에 의하면, 외부의 세계가 경험으로 들어오고, 들어온 경험은 인간의 내재된 개념에 의해 해석된다. 그러나 칸트는 자연의 세계와 인식의 세계가 동일하지 않다는 문제를 해결하지 못하였다. 있는 그대로의 자연과 내가 인지한 자연의 차이가 발생하는 이유는 무엇

인가? 인간의 한계 때문이다. 인간의 인지력은 제한되어 있고 그나마 제한된 인지력도 일그러져 있다. 인지의 한계와 왜곡의 문제를 해결하는 유일한 방법은 인간이 개입되지 않은 계시이다. 계시는 인간의 감각과 이성이 도달할 수 없는 초월적인 세계에 대한 이해를 제공한다. 인간의 타락한 이성은 죄라는 방향으로 치우쳐져 있는데 계시는 그 휘어진 이성의 굴곡을 반듯하게 교정한다. 그래서 외부의 세계와 내부의 세계가 계시에 의해서 화해한다.

성경은 하나님의 말씀이다

신의 은총이 담긴 특별한 계시는 바로 성경이다. 신과 인간과 자연 만물의 객관적인 지식은 이 성경에 의해 알려진다. 물론 이 성경도 인간들에 의해 쓰여진 글이고 역사 속에서 산출된 문헌이다. 그래서 인간의 오류와 역사의 상대성이 성경 텍스트의 객관성과 사실성을 훼손할 가능성도 있다. 그러나 성경은 다른 문헌과는 달리 하나님의 말씀이다. 이렇게 말하는 이유는 세 가지이다. 첫째, 성경은 '거룩한 영으로 사로잡힌 사람들이 하나님께 받은 것들"의 기록이기 때문이다(벧후 1:21). 둘째, 그들이 기록한 성경도 "하나님의 감동으로 된 것"이기 때문이다(딤후 3:16). 셋째, 기록한 사람들은 다 죽었으나 성경에 기록된 말씀의 주체이신 하나님은 영원한 분이시고 지금도 살아서 그 성경으로 모든 시대에 말씀하고 계시기 때문이다(행 4:25). 이러하기 때문에 성경은 다양한 인간 저자들의 주관적인 개성에 제한되지 않고, 쓰여진 시대의 특수한 상황에 제한되지 않고, 과거나 현재나 미래라는 시간에도 제한되지 않는 하나님의 말씀이다.

성경은 하나님 자신과 모든 만물과 모든 역사에 대한 하나님

의 말씀이고 하나님의 입술이고 하나님의 관점이고 하나님의 뜻이
고 하나님의 생각이고 하나님의 관찰이고 하나님의 설명이다. 이는
성경이 하나님의 영으로 사로잡힌 사람이 하나님의 감동으로 기록
한 책이라는 것의 의미이다. 성경에 따르면 본래 인간은 자신을 포함
한 모든 만물을 하나님의 시각으로 이해했다. 그런데 인간이 하나님
을 거절하자 자신의 눈이 밝아졌다(창 3:5). 이는 신이라는 빛으로 비
추어진 사물을 신의 관점으로 이해하지 않고 태양의 물리적인 빛으
로 비추어진 사물을 인간의 관점으로 이해하게 되었음을 의미한다.
연약하고 의존적인 존재가 마치 스스로 존재하는 것처럼 사물을 보
고 이해하고 판단하는 자존자가 되었음을 의미한다. 그러나 인간 자
신이 관찰의 주체가 되고 관찰의 기준이 되고 관찰의 목적이 되면서
그의 모든 인식은 객관성을 상실하고 자기 중심적인 방향으로 휘어
졌다. 결국 인간은 자신에 대해서도 무지하고 자연에 대해서도 무지
하고 신에 대해서도 무지하다.

　　이러한 인류를 하나님은 방치하지 않으시고 자신의 신적인
빛과 입과 눈을 인류에게 베푸셨다. 그것이 성경이다. 성경은 인류의
역사에서 최고의 고전이다. 물론 오랜 역사 속에서 그 가치가 검증된
불경, 사서삼경, 도덕경, 호메로스 전집, 단테의 신곡, 밀턴의 신락원,
마키아벨리의 군주론, 세네카의 관용론 등과 같은 고전들도 있다. 그
러나 성경은 지금까지 가장 많은 언어로 번역되고 가장 많은 사람에
게 판매되고 가장 많은 사람에게 읽혀지고 인류의 역사에 가장 많은
영향을 끼친 문헌이다. 야레드 패닝(Jared Fanning)의 그래픽에 의하면,
과거 50년간 도서판매 부수를 기준으로 볼 때 성경은 단연 1등이며 나
머지 2등부터 10등까지 판매된 모든 부수를 다 합하여도 성경과는 현
저한 격차를 나타낸다. 이 성경은 2017년 12월 말을 기준으로 전 세계
7,097개의 언어 중에서 3,324개의 언어로 번역이 되었으며 인구로 본

다면 전 세계 인구 81%의 사람들에 자국어로 성경을 읽는 상황이다. "번역사"(The Translation Company)의 자료(50 of The World's Most Translated Books)에 의하면, 성경 이외의 책으로는 《피노키오》가 253개 언어로 번역되고, 《어린왕자》가 240개 언어로 번역되고, 《안데르센 동화전집》가 159개 언어로 번역되어 최다 언어로 번역된 책이었다. 이러한 사실에 비추어 보면 이들보다 열 배 이상의 언어로 번역된 성경은 가히 세계적인 문헌이다.

이토록 놀라운 성경의 탁월성에 대한 찬사는 수많은 위인들의 입에서 쏟아진다. 미국의 초대 대통령인 조지 워싱턴은 "성경 없이는 세계를 올바르게 다스릴 수 없다"고 하였고, 링컨은 성경을 "신이 인간에게 베푸신 최대의 선물"이라 하였고, 지성이 누구보다 예리하고 엄격한 영국의 물리학자 뉴턴은 "이 세상에서 아무리 심오한 역사를 보아도 성경에 나오는 기록만큼 정확성을 가진 것은 없다"고 하였고, "자유가 아니면 죽음을 달라"고 한 미국의 독립 운동가 패트릭 헨리는 성경은 "세상에서 출판된 모든 책보다 더 가치 있는 책"이라고 하였고, 헤르만 헤세는 "최고의 도덕적 요구를 내포하고 있을 뿐만 아니라 가장 현명한 영혼이 깃든 최고의 행복론을 내포하고 있다"고 하였고, 셰익스피어는 "목적을 달성하기 위해서는 악마도 성경을 인용할" 정도라고 하였고, 프랑스의 문호인 빅토르 위고는 두 가지의 책이 영국에 있더라고 말하면서 "하나는 영국이 만든 책이고 다른 하나는 영국을 만든 책인데 그것은 셰익스피어의 책과 성경"이라고 말하였다. 세계의 다양한 위인들이 쏟은 찬사를 보면, 과연 성경은 인류의 교양이다.

세계의 시민이 되기를 원한다면 인류의 역사에 가장 넓게 알려진 성경을 이해해야 한다. 기원전 4세기에 대표적인 견유학파(犬儒學派) 리더로 활동한 아테네 철학자 디오게네스가 있다. "견유학

파"(Cynici)는 들개처럼 소박하고 단순한 삶을 살면서 들개처럼 짖으며 세상의 가식적인 삶을 비웃고 경고하는 무리를 의미한다. 그는 상상을 초월하는 괴팍한 언어와 행실로 유명하다. 욕설을 쏟아내고 공적인 장소에서 배변을 보고 성행위를 하고 가족과 재산을 포기하고 사회의 체제와 규범과 전통도 거부한다. 사람이 만든 어떠한 질서에도 얽매이지 않은 이유는 세계의 시민이 되고 싶어서다. 그래서 아테네의 시민법과 그리스의 국법을 따르지 않고 전 세계에 다 통용되는 자연법을 따라 짐승처럼 살아갔다. 세계의 시민이 된다는 것은 좋은 일이지만 디오게네스가 취한 방법은 엉뚱하다. 자연법은 전 세계의 짐승에게 적용되는 것만이 아니라 모든 인간에게 적용되는 것이기도 하다. 성경은 짐승의 자연법과 더불어 전 세계의 사람들이 어떠해야 한다는 인간의 보편적인 도덕법도 제시한다. 인류의 보편적인 법을 따를 때에 그 사람은 진정한 세계의 시민이다. 하늘과 땅과 바다라는 보이는 세계의 질서만이 아니라 보이지 않는 세계의 질서까지 기록한 성경은 어떤 문헌인가?

성경은 구약(39권)과 신약(27권)으로 구성되어 있다. 예수의 탄생을 기준으로 이전에 기록된 것을 구약이라 하고 이후에 기록된 것을 신약이라 한다. 기록된 기간을 합산하면 무려 1,600년 정도이다. 성경은 역사상 가장 오랫동안 쓰여진 문헌이다. 기록에 참여한 필진은 40여명이다. 이들의 신분은 다양하다. 농부도 있고 왕도 있고 법률가도 있고 어부도 있고 학자도 있고 의사도 있고 섬으로 유배된 죄수도 있고 세관원도 있다. 고도의 글쓰기 훈련이나 검증된 전문성이 결여된 듯한 필진의 구성을 본다면 독자의 기대감은 떨어질 게 분명하다. 그런데도 역사의 베스트셀러 가판대에 가장 오랫동안 머물러 있는 이유는 성경이 하나님의 말씀이기 때문이다. 인류의 역사를 관통하는 성경의 역대급 인기는 인간 기록자의 인격이나 필력이나 학식

이나 지혜에 근거하지 않고 하나님의 책이라는 사실에 근거한다.

성경의 문체를 보더라도 전문적인 용어나 세련된 표현이나 논리적인 정교함에 있어서는 플라톤의 책들보다 허술하다. 내용에 있어서도 궁금증을 해소할 만큼의 구체적인 설명이 생략되어 있어 친절하지 않고, 연관성이 약하고 때로는 단절적인 다수의 이야기가 혼재되어 있어 다른 문헌들에 비해 일반 독자에게 난해하다. 글의 장르에 있어서도 책 속에 역사와 고백과 명령과 편지와 묵시와 시와 논술과 예언과 교훈과 탄식과 노래가 뒤섞여 있어서 맹목적인 짜깁기의 산물이 아닌가 라는 의구심도 든다. 그런데도 성경의 우주적인 영향력은 전혀 위축됨이 없다. 진실로 성경은 다양한 신분의 다양한 기록자, 다양한 차원, 다양한 장르, 다양한 분야, 다양한 주제, 다양한 민족, 다양한 언어, 다양한 시대, 다양한 관점으로 기록되어 있다. 무엇을 위함인가? 모든 인간과 모든 나라와 모든 시대와 모든 영역과 모든 차원과 모든 만물을 위한 포괄적인 규범과 질서를 제공하기 위함이다. 이처럼 필진의 구성이 이미 성경의 용도와 독자를 암시한다.

가장 오랫동안 쓰여졌고 대단히 많은 저자들이 동참했고 너무도 다양한 인물들이 등장하고 무수히 많은 사건들이 기술되고 모든 장르로 이루어진 책인데도 성경의 핵심적인 주제는 놀랍게도 단일하다. 이것은 기적이다. 인간의 조작이 끼어들 수 없는 기적이다. 성경은 바로 하나님의 아들 그리스도 예수에 대한 기록이다(요 5:39). 성경의 모든 페이지가 예수를 설명한다. 이 예수는 하늘과 땅을 포괄하고, 역사와 만물을 포괄하고, 선과 악을 포괄하고, 절망과 희망을 포괄하고, 슬픔과 기쁨을 포괄하고, 불의와 정의를 포괄하고, 과거와 미래를 포괄하고, 사망과 생명을 포괄하고, 저주와 축복을 포괄하고, 어둠과 빛을 포괄하고, 인간과 자연을 포괄하고, 영혼과 물질을 포괄하고, 하나님과 인간을 포괄한다. 이러한 예수를 설명하기 위해 그렇게도 특

이한 종류의 책인 성경이 필요했다. 그럼에도 불구하고 성경은 예수를 다 설명하지 않고 우리에게 필수적인 것만 설명한다. 만약 예수의 존재와 삶과 행보를 다 적는다면, 바다를 잉크로 삼고 하늘을 종이로 삼아도 모자랄 것이기 때문이다. 요한은 이 세상도 그 책의 무게를 버티지 못할 것이라고 평가한다(요 21:25). 세계의 진정한 시민이 되기를 원한다면 성경에 인생을 걸라는 것이 최고의 유일한 비결이다.

성경과의 여정

성경은 분명히 그리스도 예수에 대하여 기록된 책이지만 우리 개개인의 책이기도 하다. 예수에 대한 모든 이야기가 나와 연관되어 있기 때문이다. 나는 40년을 성경과 함께 살아왔다. 나에게 성경은 인생의 반려자, 인생의 백과사전, 진실한 서재였다. 어떠한 고민이 있어도 성경은 나를 위로하고 나와 동행하며 나에게 해답까지 제공했다. 슬픔에 젖어 있으면 따뜻한 기쁨으로 슬픈 물기를 제거하고, 어두운 절망에 빠져 있으면 희망의 밝은 미소를 보내고, 어떠한 말을 해야 할지 모르는 상황에서 가장 아름다운 언어를 입에 물려주고, 악한 길로 접어들면 선으로 가는 이정표를 급하게 제시하고, 불의한 일에 가담하면 빨강 신호등을 켜서 경고하고, 어둠 속에 거하면 꺼지지 않는 가로등이 되어 나의 발걸음을 인도하고, 죽을 것 같은 상황 속에서도 삶의 의욕과 생기를 제공한다.

성경은 우리의 삶에서 발생하는 모든 문제에 답을 제공한다. 때때로 나는 판단의 기능이 중지되는 곤란한 선택의 기로에 서서 망설인다. 그때마다 성경 중에서 에스더를 펼쳐서 숙독한다. 죽기를 각오한 여왕 에스더의 확고한 결의를 배우기 위해서다. 때로는 감성이

딱딱하고 메마른 나 자신을 발견한다. 그때마다 나는 성경에서 감정의 습지인 시편을 찾아간다. 거기에는 인간이 처한 모든 상황에서 느끼는 모든 종류의 감정이 진솔하게 표출되어 있다. 감정을 이입하여 읽으면 감정의 순화가 일어나고 메마른 감정에 촉촉한 습기가 스며든다. 때로는 나 자신의 어리석고 미련한 분별과 처신에 실망한다. 그때마다 나는 성경에서 지혜의 보고인 잠언을 탐독한다. 잠언은 마치 수 천년 검증된 삶의 전설적인 지혜와 총명이 가득 비치된 진열대와 같다. 때로는 천금의 허무와 낙담이 나의 영혼을 짓누르고, 모든 게 헛되고 허무하고 무익하게 보여 살 가치가 없다는 생각이 인생의 안다리를 건다. 그때마다 나는 성경에서 인생의 멘토인 전도서를 편다. 이 책의 저자는 원래 인생이 헛되고 헛되며 헛되고 헛되니 모든 것이 헛되다고 한다. 나아가 헛되고 무익한 인생의 바닥을 친 자만이 이해하는 인생의 유쾌한 비밀을 발설한다. 이 비밀을 알면 무의미한 인생에 유의미한 반전이 일어난다. 사람에 대한 사랑이 식고 관계가 꼬이는 문제가 때때로 발생한다. 그때마다 나는 성경에서 빌레몬 편지를 천천히 낭독한다. 거기에는 주인을 배신하고 불법을 저질러 죄수가 된 노예가 등장한다. 주인은 그 파렴치한 종을 자신과 동등한 형제로 여기면서 결국 사랑하게 된다. 이러한 주인의 너그러운 모습 앞에 나를 세우면 나로 말미암아 꼬인 관계의 매듭도 마술처럼 풀어진다. 내 인생의 어떤 부위에서 고장 난 소리가 들려도 성경은 마치 종합병원 같이 모든 문제를 정확하게 진단하고 적절하게 조치한다. 이처럼 성경이 인간의 모든 문제를 해결하는 이유는 인간 해설서와 인생 설계도가 성경에 담겨 있기 때문이다. 이런 사실을 수천 년간 무수히 많은 사람들이 체험했다. 나도 동일한 것을 체험했고 지금도 체험하고 있다. 이보다 더 신뢰할 만한 검증된 책을 나는 반세기를 살면서 지금까지 만나보지 못하였다.

고든 콘웰 신학교의 세계 기독교 연구센터 통계에 의하면, 성경을 하나님의 말씀으로 믿고 거기에서 인생의 해답을 찾고 있는 사람들은 2020년 기준으로 세계 총인구 7,795,482,000명 (종교인은 6,916,766,000명) 중 2,518,834,000명이 될 것으로 예측된다. 세계 인구의 32.3% (종교인 중에서는 36.4%)가 성경을 사랑하고 신뢰하고 따르는 이유는 무엇인가? 물론 기독교 인구의 높은 비율이 성경의 객관성과 신뢰성을 필히 보증하는 것은 아니다. 그러나 다양한 종교들 중에서 신도의 수가 가장 많은 25억 이상의 기독교 인구가 과연 집단적인 최면에 걸려 미혹에 빠졌다고 볼 수 있겠는가?

인류의 역사에 발자국을 남긴 모든 사람들이 던진 질문들은 이러하다. 나는 누구인가? 인생이란 무엇인가? 죽음은 무엇인가? 가정은 무엇인가? 죄는 무엇인가? 국가는 무엇인가? 세상은 무엇인가? 세상 속에서의 나의 자리와 사명은 무엇인가? 왜 고난을 당하는가? 존재하는 것은 무엇인가? 생각하는 것은 무엇인가? 변화란 무엇인가? 행위란 무엇인가? 이러한 질문들에 대해 가장 객관적인 해답을 제공하는 것이 성경이다. 무수히 많은 사람들이 성경의 대답을 발견하고 누렸으며 그것을 다른 사람들과 나누었다. 이것이 성경의 객관성에 대한 검증이다. 성경과 더불어 살아보면 안다.

하나님의 말씀이 책이라는 것에 의문을 제기하는 사람들도 있다. 하나님이 지금도 살아계신 분이라면 직접 말씀을 하시면 되지 왜 문자의 입을 쓰시는가? 합당한 질문이다. 기독교의 역사 속에는 하나님과 인간 사이에 다양한 소통의 방식들이 등장했다. 인류의 첫 사람 아담과 하와는 구두로 하나님과 대화를 나누었다. 그러나 그들은 하나님께 죄를 범하였다. 소통의 단절이 발생했다. 그럼에도 불구하고 대화는 이어졌다. 그러나 여전히 사람들은 하나님을 피하고 멀리했다. 그 결과는 끔찍했다. 마음에 들지 않는 사람을 살인했다. 강한 사

람을 중심으로 사회가 형성되고 약한 사람들은 노예로 전락했다. 정글에서 목격할 수 있는 약육강식 법칙이 사회의 질서로 군림했다. 당시 사람들의 수명은 1,000년에 가까웠다. 그때에는 한 가정에 조상과 후손이 무려 30세대가 동시에 사는 대가족 시대였다. 산 증인의 생생한 증언이 있었기 때문에 어떤 사건이나 지식을 문자와 종이에 저장하는 기록의 필요성은 고개도 내밀지 못하였다. 그러나 인간의 죄가 지구촌에 빼곡히 채워지자 하나님은 홍수로 심판을 내리셨다. 기후가 변하였다. 인간의 수명도 서서히 줄어 120년 정도로 짧아졌다. 위생과 의료가 발달되지 않아 건강한 인생도 80년 정도였다. 과거를 증언할 사람들이 사라졌다. 대책이 필요했다. 그래서 사람들은 문자를 발명했고 철필을 써서 동굴에, 바위에, 토판에, 토기에, 가죽에, 그리고 파피루스 종이에 기록했다. 사실에 근거한 진리를 생생하게 오래 저장하는 기억의 냉장고는 문자의 기록이다. 인류의 역사에서 기록은 최고의 문화이고, 문자는 최고의 발명이다. 비록 지금은 오디오와 비디오의 시장 점유율이 월등하게 높지만 문자의 위력은 여전히다.

아담의 시대에 이루어진 대화에 의한 소통은 하나님과 대화자 사이의 제한된 소통이다. 그런 식의 소통은 모세의 시대 이전까지 이어졌다. 모세를 통해 율법이 주어진 이후로는 소통의 파트너가 개인에서 민족으로 확대된다. 율법을 따라 만들어진 성막(거룩한 텐트)에서 하나님과 이스라엘 백성의 대표자(대제사장)가 먼저 만나고 그 만남에서 나눈 이야기를 대표자가 민족에게 전달하는 방식이다. 이 것은 하나님과 이스라엘 사이의 간접적인 소통이다. 대표자만 성막에 들어가고 1년에 하루(대속죄일)만 들어가는 것이어서 여전히 제한적인 방식이다. 조그마한 성막은 솔로몬 시대에 규모가 커진 성전으로 바뀌지만 소통의 방식은 그대로다.

시간이 흘러 예수께서 이 세상에 등장하실 때에 새로운 소통

의 방식이 펼쳐진다. 예수는 하나님의 말씀이고 그 말씀이 인간의 모습으로 오신 분이시다. 즉 말씀이 인격으로 오셔서 인간과 인간이 마음을 나눌 정도로 아주 풍성하고 온전한 소통의 시대로 들어왔다. 그러나 예수님의 죽음과 부활과 승천으로 인해 인간의 형체로 오신 하나님과 나누는 인격적인 소통의 방식은 짧게 마감했다. 이 방식은 가장 아름다운 것이지만 이런 소통의 수혜자는 소수였다. 일단 중동에서 태어나고 자라난 사람이 아니면 예수님을 만나기 어려웠고, 그가 태어나서 죽기까지 33년의 기간에 살지 않은 사람들도 만나기 어려웠다. 특정한 장소와 특정한 시기에만 존재한 소통의 방식이다.

이후에 하나님의 모든 말씀에 대해 성령의 가르침을 받은 사도들에 의해 성경의 기록은 완성된다. 기록된 문자를 통하여 하나님과 인간이 소통하는 방식은 사도시대 이후로 약 2,000년 동안 지속되고 있다. 기록된 성경을 통한 소통의 유익은 다양하다. 첫째, 다양한 언어로 번역되어 전 세계 인구의 80% 이상이 하나님과 소통한다. 둘째, 성경은 시간과 장소와 상황의 제약이나 제한 없이 언제든 어디서든 어떤 상황이든 펼쳐서 출입할 수 있는 휴대용 지성소다. 셋째, 성별과 민족과 국가와 신분과 업종과 연령과 빈부를 막론하고 누구든지 하나님과 소통하는 것이 가능하다. 넷째, 기록되어 있어서 진리의 검증과 확인이 얼마든지 가능하기 때문에 그 진리를 망각할 수 없고 왜곡하는 것도 가능하지 않다. 다섯째, 기록되어 있어서 소수가 하나님의 뜻과 생각을 독점할 수 없고 모든 사람이 공유한다. 성경에 담긴 진리는 모든 사람의 유익을 위한 공공재다. 인간과 인생을 설명함에 있어서도 특정한 사람의 주관적인 생각이 성경의 진리에 부합한 것인지를 누구든지 쉽게 검증한다. 여섯째, 성경은 특정한 시대, 특정한 사람, 특정한 계층, 특정한 성별, 특정한 직종, 특정한 이념, 특정한 사상, 특정한 정파의 편견에서 자유롭다. 그래서 성경은 어떠한 틀 속에

도 제한되지 않고 모든 경계를 넘어 모든 것을 포괄하되 최고의 객관성을 유지한다. 이 성경은 하나님, 천사, 인간과 인생, 자연, 역사에 대한 가장 객관적인 사실과 본질을 가르친다. 인식의 객관적인 기준에 있어서 성경보다 더 좋은 문헌이 있다면 얼마든지 환영한다.

인간의 본질
인간이란 무엇인가?

진화 이야기

가장 객관적인 인식의 기준인 성경이 말하는 인간은 무엇인가? 성경은 무엇보다 하나님의 형상에 따른 인간의 창조를 주장한다. 그러나 진화론은 하나님에 의해 결정된 창조가 아니라 자연 자체의 역동적인 변화를 강조한다. 그러나 무기물이 유기물로, 아메바로, 원숭이로, 인간으로 변했다는 진화론을 성경은 거부한다. 과학적인 측면에서 보더라도 진화론은 정설이 아님에 분명하다. 〈기독일보, 2017년 9월 2일〉 신문에 그 이유들이 잘 정리되어 있다. 첫째, 모든 과학은 검증할 수 있어야 하는데 진화론은 그렇지가 않다. 둘째, 화석이 2억 개 정도가 있지만 종과 종 사이에 진화를 증명하는 중간 단계의 증거물이 없다. 셋째, 진화론이 주장하는 변이는 동일한 종 내에서도 얼마든지 일어난다. 넷째, 진화론은 시간이 흐르면 질서가 높아지지 않고 부질서가 커진다는 엔트로피 법칙과 충돌한다. 다섯째, 문명이 발달하고 시간이 흐를수록 강하고 적합한 새로운 인간이 나오지 않고 기형아가 많아진다. 여섯째, 침팬지가 인간의 선조라면 점진적인 개선이 나타나야 하는데 둘 사이에 두뇌의 용량과 성능의 격차가 너무나도 크다. 일곱째, 과학계의 일부 우수한 지성들이 신비로운 외계인의 존재와 개입까지 거론한다. 여덟째, 자연의 유기적인 생태계와 지구의 규칙적인 움직임과 우주의 정교한 질서가 우연의 일치이기 위한 확률은 제로에 가깝기에 그것은 기적이다.

과학계의 유력한 인물들이 하는 이야기를 봐도 진화론의 주장은 검증된 과학이 아니라 종교적인 주장에 가깝게 느껴진다. 미국의 생물학자 유진 쿠닌(Eugene Koonin)은 화석의 증거에 기초하여 "다른 종류 사이에 중간 수준이나 중간 단계 형태는 찾을 수 없다"고 평가한다. 미국의 의사 제프리 슈발츠(Jeffrey Schwartz)는 화석이 종과 종의 빈틈을 매워줄 것이라는 다윈의 기대에 대해 "이제는 화석 기록들이 다윈의 이 예측을 확인해 주지 않는다는 것은 너무나도 명백한 것"이라고 한다. 화석의 증거물을 살펴본 미국의 고생물학 전문가 스티븐 제이 굴드(Stephen J. Gould)는 "급격한 변화를 보이는 화석의 기록은 점진적인 변화를 전혀 지지하지 않고 자연선택 원리도 그것을 요구하지 않는다"고 주장한다. 남아공의 월터 파이트(Walter Veith)는 진화론을 따르다가 자연선택 개념에 부딪힌다. 그 선택은 둘 이상의 종류에서 하나가 택해지는 현상이다. 그렇다면 선택되지 않은 종류가 사라져서 생물의 종류가 감소해야 하고 증가할 경우에는 보다 정교하고 복잡한 생물의 종류가 새롭게 나타나야 한다. 그런데 일평생 연구한 동물학 분야에서 한번도 경험한 적이 없는 일이라고 고백하고, 진화론은 생물의 현실을 설명하지 못한다고 단정한다.

다음은 영국의 진화론자 헉슬리(Thomas H. Huxley, 1825-1895)의 진술이다. 진화론이 맞을 "확률은 소수점 이하로 0이 삼백만 개가 붙어야 되는 숫자이다. 이 숫자를 기록하기 위해서는 500페이지 두께의 책이 3권이나 필요할 정도이다"(Evolution, 46). 호주의 농경학자 도널드 바튼(Donald Batten)도 지극히 단순한 세포 하나가 우연히 만들어질 확률은 10-57800 %이라고 한다. 이러한 학자들의 견해에 비추어 보면, 너무나도 희박한 수준의 확률에 근거하여 진화론을 어떤 이론이나 법칙으로 여긴다는 것은 과학적인 반응이 아니라 종교적인 신념에 의한 판단임에 분명하다. 물론 진화론은 시간이 흐르면서 진화한

다. 그러나 근본적인 사상은 진화 개념의 진화 속에서도 동일하다. 진화를 진보나 발전의 개념과 혼돈하지 않는 것이 필요하다.

창조 이야기

성경이 말하는 인간은 무기물, 아메바, 원숭이의 계보를 잇는 진화의 결과물이 아니라 하나님에 의해 그의 형상을 따라 창조된 존재이다. 성경에서 창조의 방식은 세 가지로 구분된다. 하늘과 땅과 물과 빛과 태양과 달과 별은 무에서 만드셨다(creatio ex nihilo). 풀과 채소와 나무와 하늘의 생물과 물의 생물과 땅의 짐승은 유에서 만드셨다(creatio ex materia). 그러나 인간은 무에서 창조된 영혼과 유에서 창조된 육체로 구성되어 있다. 인간의 창조는 이처럼 무에서의 창조와 유에서의 창조의 조합이다.

인간의 창조에 대해 말하기 이전에 온 세계의 기원을 개관하는 것이 필요하다. 성경에 의하면, 온 세상을 창조하신 하나님의 방법은 말씀이다. 그러나 이런 성경의 입장에 동의하지 않는 사람들은 다양한 견해를 제시한다. 대표적인 견해가 "대폭발"(big bang) 이론이다. 이는 137억년 전에 상상을 초월하는 초고온의 극소점 에너지가 거대한 폭발과 함께 팽창하여 오늘날의 우주가 되었다는 이론이다. 그러나 영국의 수학자 로저 펜로스(Sir Roger Penrose)는 어떤 우발적인 사건으로 지금과 같은 우주의 정교한 조율(the fine tuning of the universe)이 우연히 이루어질 확률이 10-1230 %라고 계산했다. 이는 무기물이 유기물로 되고, 무생물이 생물체가 되는 확률을 제외한 수치이다. 펜로스와 함께 연구한 영국의 물리학자 스티븐 호킹(Stephen W. Hawking)은 너무나도 정교한 이 우주가 한번의 폭발로 만들어질 수 없다고 주장

한다.

　　영국의 물리학자 존 폴킹혼(John Polkinghorn)도 우주의 정교함과 관련하여 지금 팽창하고 있는 우주의 상태가 유지되기 위해서는 당기는 중력보다 행성이 서로 벌어지게 하는 팽창 에너지가 10-60 정도 커야 한다고 주장한다. 게다가 우주가 팽창하는 속도를 좌우하는 우주의 상수가 10-120 크기만 달랐어도 우주나 생명이 발생하지 못했다고 한다. 핵의 에너지가 지금의 상수보다 10-31이 높았다면 수소는 만들어질 수 없었을 것이고 낮았다면 탄소나 산소나 질소가 생성될 수 없어서 생명체도 존재할 수 없었을 것이라고 한다. 양성자의 질량은 전자의 질량보다 1,837배 많지만 만약 10-37 만큼만 차이가 발생해도 지구는 존재하지 않았을 것이라고 한다. 중력과 전자기력 비율(10-40)도 중요하다. 어떤 학자는 중력이 전자기력 크기보다 10-41배만큼만 약해져도 별들은 더 작아지고 태양도 빛을 발하지 않을 것이라고 한다. 반대로 그 크기만큼 더 강해지면 태양의 수명이 급격히 줄어들 것이라고 한다. 나아가 학자들은 지구와 달의 거리, 지구의 직경, 육지와 바다의 비율, 대기의 두께와 구성, 산소와 물의 존재, 자기장의 존재 등에서도 우연의 개념이 설명할 수 없는 기적과도 같은 미세한 비율의 조정이 있다고 생각한다.

　　그럼에도 불구하고 많은 학자들은 대폭발 이론을 보완한 것으로서 다중우주 이론(다른 차원의 여러 우주들) 혹은 평행 우주론(같은 차원의 여러 우주들)을 제안한다. 이는 대폭발이 하나가 아니라 다양한 대폭발 혹은 다양한 급팽창이 있었으며 이로 말미암아 우리의 우주 너머에 다양한 우주들(multiverse)이 생겼을 것이라고 주장한다. 블랙홀은 다른 우주로 나가는 출구일 것이라고 주장한다. 나아가 우주의 전반적인 밀도가 고르다는 사실을 대폭발 이론으로 증명할 수 없었으나 다중우주 이론은 충분히 설명할 수 있다는 장점도 내세운다. 그

러나 하나의 우주가 미세하고 정교한 균형을 이루고 있다는 것도 기적인데 여러 개의 우주들이 공존하기 위해서는 얼마나 더 정밀한 조율이 필요할까! 다중우주 이론은 오히려 대폭발의 우연으로 우주의 기원을 설명하는 시도가 더더욱 터무니 없음을 나타낸다. 대폭발 이론의 모순이 발견될 때마다 이처럼 이론적인 땜질로 덮으려는 노력은 과학이 아니라 과학의 탈을 쓴 창작이다.

성경에 따르면, 하늘과 땅은 하나님에 의해 지어졌다(창 1:1). 이러한 사실을 예수의 제자인 베드로는 "하늘이 옛적부터 있는 것과 땅이 물에서 나와 물로 성립된 것도 하나님의 말씀으로 된 것"이라고 기록한다(벧후 3:5). 지구에 대해서는 기원전 1,700년 경에 쓰여진 욥기에 이렇게 기록되어 있다. "그는 북쪽을 허공에 펴시며 땅을 아무것도 없는 곳에 매다시며"(욥 26:7). 여기에서 "아무것도 없는 곳"은 우주의 공간을 의미하고 "땅"은 지구를 의미한다. 지구의 형태에 대해서는 기원전 700년 전에 기록된 이사야서 안에서 하나님이 "둥근 땅 위에"(사 40:22) 앉으신 것을 표현하는 중에 지구가 둥글다는 사실을 적시한다.

지구에 서식하는 다양한 동식물의 분류법은 무려 기원전 15세기경에 쓰여진 창세기 1장에 기록되어 있다. 이 분류법이 학문의 본격적인 궤도에 오른 것은 무려 3,200여 년 이후에 등장한 스웨덴의 식물학자 칼 폰 린네(Carl von Linné, 1707-1778)에 의해 이루어진 일이었다. 4,000여종의 동물들과 5,000여종의 동물들을 분류한 그는 하나님이 창조하신 동식물의 종류가 변하지 않고 고정되어 있기 때문에 분류할 수 있었으며 창세기가 말하는 "종류"와 식물학이 말하는 "종"은 동일한 것이라고 고백했다. 린네의 분류법은 수 천년 전에 이미 완료된 성경적 분류법의 구체화일 뿐이었다.

우주의 별들에 대해서도 당시에는 그 의미를 정확하게 알 수 없는 단어들이 성경에 등장한다. 기원전 760년경에 활동한 아모스의

기록에는 "삼성과 묘성"이 하나님의 작품이며(암 5:8), 기원전 1,700년
경에 활동한 욥의 기록에는 "묘성"이 "성단"이고 "삼성"은 띠가 풀어
져 서로 아무런 상관도 없는 별(욥 38:31)이라는 표현이 나타난다. 성
경에 기록된 이 내용들은 현대 천문학의 관찰에 의해 확인된 사실이
다. 창세기에 나오는 "징조"(창 1:14)는 하나님에 의해 만들어진 것이
며 월식이나 일식과 같은 우주의 특이한 현상들을 가리키는 낱말이
다. 빛의 분광기가 발명되기 수 천년 이전에 기록된 욥기에는 "광명
이 어느 길로 말미암아 나누어질 것인가?"란 구절이 언급되어 있다
(욥38:24). 빛의 이러한 분광은 과학의 역사에서 가장 뛰어난 아이작
뉴턴에 의해 17세기말(1672)에나 발견된 개념이다. 과학보다 성경을
더 집요하게 탐독한 뉴턴은 이렇게 고백한다. "태양과 행성들 그리고
혜성들의 아름다운 체계는 유능하고 이지적인 분의 계획과 주관 속
에서만 가능하다…그분은 만물의 주인으로 모든 것을 다스린다. 이
러한 사실 때문에 그분은 '주 하나님'이라고 불려진다"(Principia, III.310-
311).

　　　이외에도 성경에는 후대에 발견된 과학적 사실들에 대한 언
급들이 가득하다. 채광과 제련법(욥 23:10, 28:1-2), 대기의 압력(욥
28:25), 대기의 순환(전 1:6, 사 55:10), 바다와 비의 관계(전 1:7), 비와
전기의 관계(렘 10:13), 기체와 액체와 고체로 변하는 물의 형태들(욥
37:10, 38:30), 바다에 있는 해로(시 8:8), 바다 속의 샘(잠 8:28, 시 33:7),
전파를 이용한 통신(욥 38:35), 줄기세포(창 2:21-22), 유전자에 집약된
인간의 형질(시 139:16), 생명에 준하는 피의 중요성(레 17:11) 등에 대
한 언급들이 성경에 빼곡하다. 특별히 인간의 실체에 대해 지성의 역
사 속에 다른 누구에 의해서도 언급되지 않은 비밀들이 성경에는 가
득하다(자세한 것은 임번삼의 《창조과학 원론》참조).

성경이 말하는 인간

앞에서 언급한 것처럼 인간은 보이는 신체와 보이지 않는 영혼으로 구성되어 있다. 그래서 인간은 보이는 세계와 보이지 않는 세계, 물질의 세계와 영의 세계에 모두 교통하고 관여한다. 영혼을 가지고 있기 때문에 인간은 다른 모든 생물보다 뛰어나고 구별되며, 육체를 가지고 있기 때문에 천사보다 뛰어나고 구별된다. 인간은 우연히 만들어진 존재가 아니며 그래서 존재의 무게와 존엄성의 크기가 아메바나 원숭이와 동일하지 않다. 인간은 인간이다.

성경은 이 인간이 하나님의 형상을 따라 만들어진 존재라고 규정한다(창 1:27). 이는 존재의 근원이 하나님의 형상에 있음을 의미하고, 인간의 가치와 존엄성이 신적인 형상과 연관되어 있으며 그 이하로는 내려올 수 없음을 가르친다. 이는 또한 하나님과 연결되어 있지 않으면 인간의 가치와 존엄성이 그 이하로 내려올 수 있음도 의미한다. 이에 대하여 성경은 이렇게 표현한다. "사랑이 없으면 내가 아무것도 아닙니다"(고전 13:2). 하나님은 사랑이다. 사랑이 없다는 것은 하나님이 없음을 의미하고, 하나님이 없다는 것은 하나님과 무관한 사람이 됨을 의미한다. 이는 다양한 민족의 언어들로 말하는 능력이 있고, 천사의 아름다운 달변을 구사하는 능력이 있고, 사람의 머리로는 아무리 노력해도 얻지 못하는 모든 비밀과 모든 지식을 알고, 산의 위치까지 바꾸는 능력을 갖추었다 할지라도 그가 하나님과 무관하면 아무것도 아님을 의미한다. 이와는 달리, 하나님과 관계가 생기면 놀라운 반전이 일어난다. "근심하는 자 같으나 항상 기뻐하고 가난한 자 같으나 많은 사람을 부요하게 하고 아무것도 없는 자 같으나 모든 것을 가진 자입니다"(고후 6:10). 이처럼 모든 인간이 소원하는 모든 것을 다 소유해도 하나님이 없다면 아무것도 아니고, 아무것도 아니지

만 하나님이 함께 계시면 모든 것을 가진다고 성경은 가르친다.

인간은 스스로 존재하는 신이 아니라 무언가에 의존하는 존재이다. 몸에는 물이 70% 정도를 차지하고 있어서 음식만이 아니라 수분의 지속적인 섭취가 필요하다. 나이가 들수록 몸에서 차지하는 물의 비율은 줄어든다. 물의 비율은 생명의 길이와 비례한다. 인간은 물이 필요하다. 그리고 인간의 생존은 호흡에 의존한다. 인간은 세포로 구성되어 있다. 세포는 스스로 존재하지 않고 에너지의 주입이 필요하다. 세포 안에서 에너지(ATP, 아데노신3인산)를 생산하는 공장은 300-400개의 미토콘드리아이며 몸으로 들어온 모든 영양분은 이곳에서 산소와 만나 세포가 소비할 에너지로 전환된다. 산소가 없으면 세포의 생존을 위한 에너지 생산과 공급은 거의 중단된다. 그러면 세포가 죽고 피부와 근육과 조직은 괴사가 일어나고 결국에는 사망한다. 인간은 기압에도 의존하고 있다. 구름이 끼고 날씨가 흐리면 기압이 인간에게 최적의 조건인 1보다 낮아진다. 그러면 관절이 쑤시고 근육통도 발생한다. 이것보다 기압의 변화가 심해지면, 생명이 위험하다. 바다의 가장 깊은 곳인 마리아나 해구의 기압은 1,100이 넘는다고 한다. 금성의 경우 기압이 90 정도여서 인간이 생존할 수 없는 행성이다. 온도도 인간의 생존에 필수적인 조건이다. 지구는 대기권이 있어서 온도가 생존에 적합하게 조절되어 있다. 그러나 대기가 없는 우주로 나가면 온도가 평균 영하 270.4도이고 햇빛이 닿으면 100도 이상으로 올라간다. 어떠한 측면을 보더라도 지구는 인간의 생존을 위한 최적의 환경이다. 지구의 온도가 인간의 생존을 유지하고 있다.

성경은 하나님이 인간을 위하여 6일동안 빛과 어둠, 대기권과 창공, 땅과 바다, 태양과 달과 별, 바다와 땅의 식물, 바다의 고기와 하늘의 새와 땅의 짐승을 미리 만들어 두셨다고 기록한다. 그리고 하나님은 "복"이라고 하시면서 인간에게 이 모든 것들을 맡기셨다(창

74

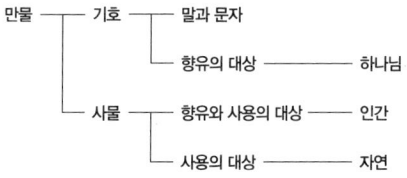

1:28). 우리의 생존을 위한 창조자의 거대한 선물이다. 그래서 인간은 생존에 있어서 자연에 의존한다. 그러나 자연은 인간에게 숭배의 대상이 아니라 생존의 수단이고 하나님이 맡기신 것이기 때문에 사용과 다스림과 관리과 돌봄의 대상이다. 태양이든 산이든 바위이든 자연의 그 무엇을 향해 숭배의 태도를 취하는 것은 미신이다. 인간에게 합당하지 않다. 자연은 자연이다. 인간에 비해 하위의 존재이다.

아우구스티누스는 성경에 기초한 존재의 질서를 좌측의 도표처럼 제시한다. 그에 의하면, 만물은 기호와 사물로 구분된다. 말과 문자는 기호의 대표적인 항목이다. 사물은 크게 세 가지로 구분된다. 하나님과 인간과 자연이다. 하나님은 인간이 영원히 찬양하고 기뻐해야 할 대상이고, 인간은 서로를 존중하며 기뻐해야 하고 하나님을 보여주는 수단으로 사용해야 할 대상이고, 자연은 사용해야 할 대상이다. 하나님을 기뻐하지 않고 이용하면, 인간을 존중하지 않고 숭배하고 이용하면, 자연을 사용하지 않고 숭배하면 존재의 질서는 왜곡되고 심각한 부작용이 초래된다. 하나님을 신으로, 인간을 인간으로, 자연을 자연으로 이해하고 대하는 것이 본래적인 질서의 보존이다.

시인은 인간이 존재의 질서 속에 어느 지점에 위치하고 있는지를 이렇게 기술한다. "사람을 주님보다 조금 못하게 하셨으나 영화와 존귀로 관을 씌우셨고 주의 손으로 만드신 것을 다스리게 하시고 만물을 그의 발 아래에 두셨도다"(시 8:5-6). 권위와 가치와 존엄성에

있어서 인간은 하나님과 만물 사이에 위치한다. 특이한 것은 인간이 하나님에 비해 "조금"(מְעַט) 못하다는 언급이다. 하나님은 인간보다 조금 높지 않으시고 비교할 수도 없을 정도로 무한히 높으시다. 무한한 하나님과 유한한 인간, 영원한 하나님과 찰나적인 인간, 하늘들의 하늘보다 크신 하나님과 하나의 먼지와 같은 인간이 어찌 비교가 되겠는가! 인간이 "조금" 못한 이유는 하나님이 인간에게 영광과 존귀의 면류관을 씌우셨기 때문이다. 그 면류관은 하나님 자신이다. 하나님과 동행하고 연합하지 않으면 그 면류관은 박탈된다. 그러면 신보다 조금 못한 인간의 위상은 한 없이 추락한다. 자연의 미물보다 못한 죄인으로 전락한다. 그래서 우리는 하나님께 밀착해야 한다. 이런 이유로 시인은 여호와를 가까이 함이 복이라고 한다(시 73:25).

반면에 자연은 인간에게 눈에 보이는 다스림의 대상이고 생존의 도구일 뿐이기에 인간이 그것에 굴종적인 태도를 취하는 것은 인간답지 않다. 우리가 의존하고 경배해야 할 궁극적인 대상은 하나님 자신이다. 성경은 인간이 궁극적인 의미에서 하나님의 말씀에 의존하고 있다고 가르친다. 이스라엘 민족의 지도자 모세는 이렇게 기록한다. "사람은 떡으로만 살지 않고 하나님의 입에서 나오는 모든 것으로 사는 것입니다"(신 8:3). 인간은 떡으로 표현된 자연이 아니라 하나님께 의존하고 있다. 떡의 근원도 하나님께 있다. 그러므로 인격이 없는 떡을 흠모하며 떠받들 것이 아니라 오직 하나님만 감사와 찬양과 경배의 대상이다.

인간의 존재와 가치와 존엄성을 평가하는 기준은 무엇인가? 평가할 자격을 가진 자는 누구인가? 내가 나를 판단하고 내가 너를 판단하는 것은 정당한가? 앞에서 살펴본 것처럼 인간은 이 세상의 그 무엇에 의해서도 인간의 가치와 존재의 무게와 존엄성의 크기가 가늠될 수 없는 최상위의 존재이다. 우리가 다스려야 할 대상인 자연에

는 인간의 적법한 평가자가 없다. 성경에 의하면, 인간을 평가하는 자격은 인간을 창조하신 하나님께 있고 평가하는 기준도 하나님 자신이다. 진정한 인간은 자연 앞에서의 인간, 타인 앞에서의 인간, 천사 앞에서의 인간이 아니라 오직 하나님 앞에서의 인간이다. 자신의 형상을 따라 인간을 창조하신 직후에 내리신 하나님의 평가는 이러하다. "보시기에 심히 좋았더라"(창 1:31). 이 사실을 잘 아는 시인은 하나님의 모든 즐거움이 그를 기뻐하고 경외하는 인간에게 있다고 증언한다(시 16:3). 인간은 세상의 모든 만물 중에서 가장 특별하고 존귀하다. "심히 좋았다"는 하나님의 평가는 이를 뒤엎을 권위나 권리나 자격을 가진 다른 존재가 없기 때문에 취소될 수 없고 변경할 수 없는 불변의 선언이다. 다른 평가를 내린다는 것은 창조자의 평가에 도전장을 내미는 행위로 간주된다. 다른 평가는 사실이 아닐 뿐더러 자격도 없는 자가 잘못된 기준으로 내린 것이어서 그 평가는 인간의 실재와 무관하다. 부모의 평가, 교수의 평가, 사장의 평가, 친구의 평가에 과도한 반응을 할 필요가 없으며 자기 자신의 평가도 합당하지 않다. 그래서 성경은 타인의 평가를 지극히 가벼운 것으로 여기며 자신도 자기를 평가하지 않는 것이 지혜라고 가르친다(고전 4:3). 물론 우리는 타인의 평가를 경청하고 존중해야 한다. 다만 나의 미성숙한 인격을 성찰하고 나의 언어와 행실을 돌아보는 계기로서 존중해야 한다. 그러나 최종적인 평가가 아니라는 사실은 반드시 기억해야 한다.

나아가 성경은 인간이 천하보다 귀하다고 가르친다. "사람이 만일 온 천하를 얻고도 자기 목숨을 잃으면 아무런 유익이 없습니다"(막 8:36). 그래서 사람은 언제나 다른 모든 가치보다 우선이고 수단이 아니라 목적이다. 다른 어떤 것을 인간보다 앞세우는 순간, 인간은 그것의 수단으로 전락한다. 한 사람은 돈보다 귀하고, 승진보다 귀하고, 합격보다 귀하고, 취업보다 귀하고, 결혼보다 귀하고, 업적보다

귀하기 때문에 이러한 것들을 소유하고 성취하기 위해 인간을 이용하는 것은 부당하다. 전통도 인간을 위하여 존재하고, 도덕도 인간을 위하여 존재하고, 특별한 날도 인간을 위하여 존재하고, 법이나 제도도 인간을 위하여 존재하고, 주중과 주말도 인간을 위하여 존재한다. 이러한 우선순위 개념이 무너지면 존재의 질서도 무너지고 우주의 주객도 전도된다. 기독교의 문화 안에서도 인간은 일순위로 존중된다. 기독교 전통에서 그렇게도 중요한 안식일 혹은 주일도 인간을 위하여 존재한다. 기독교의 정체성을 확립하는 예배보다 형제를 향한 사랑, 자비, 긍휼, 인애가 더 중요하다. 그래서 예수님은 형제에게 원망 들을 일이 있다면 예배 드리는 중에라도 멈추고 먼저 형제와 화목하고 난 이후에 와서 예배를 드리라고 했다(마 5:23-24). 6일의 창조와 7일의 안식이 모두 인간을 위한 하나님의 선물이다. 하나님이 정하신 인간의 이러한 고귀함이 무너지면 기독교도 무너진다. 개인과 가정과 사회와 국가도 위태롭게 된다.

성경에 의하면, 천하보다 귀한 인간이 이 세상에서 존재하고 살아가는 목적은 하나님 자신이다. 인간은 자연을 위하여 살지 않고, 자신을 위해 살지 않고, 타인을 위해 살지 않고, 하나님을 위해 살아간다. 인생의 목적은 하나님을 영화롭게 하고 그를 영원히 기뻐함에 있다. 인생의 목적은 인생의 크기와 비례한다. 돈을 목적으로 삼은 인생의 크기는 돈의 액수로 결정되고, 건강을 목적으로 삼은 인생의 크기는 신체의 상태로 결정되고, 장수를 목적으로 삼은 인생의 크기는 생존의 길이로 결정되고, 인기와 명예를 목적으로 삼은 인생의 크기는 박수의 분량으로 결정된다. 이 목적들은 모두 인간보다 열등한 것들이다. 인간보다 못한 것을 인생의 목적으로 삼는 것은 어리석고, 자기보다 못한 것들에 의해 인생의 크기가 결정되는 것도 부당하다. 그러나 하나님을 목적으로 삼은 인생의 크기는 하나님에 의해 결정된

다. 인간보다 우월한 존재에 의해 인생의 크기가 결정되는 것은 지극히 합당하다. 성경은 우리가 하나님을 위한 존재라고 가르친다. 먹든지 마시든지 무엇을 하든지 하나님의 영광을 위해 하면 신분과 혈통과 직위와 성별과 빈부와 직업을 불문하고 최고의 인생으로 등극한다. 이는 월급의 크기나 직위의 높이나 재산의 분량이나 국적의 여부가 인생을 좌우하지 않고 하나님이 인생을 좌우하기 때문이다.

그리고 성경에 의하면, 하나님의 가장 큰 사랑을 받는 존재는 인간이다. 인간에 대한 하나님의 생각은 각별하다. 어떤 시인은 이 사실이 너무나도 벅차서 의문문 형식의 탄성을 내뱉는다. "사람이 누구길래 주께서 그를 생각하며 인자가 누구길래 주께서 그를 돌보아 주십니까?"(시 8:4). 하나님은 나의 전부를 나보다 더 잘 아신다고 한다. 몸의 앉고 일어섬도 아시지만 내 혀의 모든 단어들도 아시고 언어로 출고되기 이전 마음의 생각 덩어리도 훤히 보신다고 한다. 태양이 눈을 일평생 감고 흑암이 세상을 새카맣게 뒤덮어도 하나님의 시야를 가리지는 못하는데, 이는 밤과 낮이, 빛과 흑암이 그에게는 아무런 차이가 없기 때문이다(시 139:1-12). 하나님은 나의 평범하고 사소한 발걸음 하나도 놓치지 않으시고 그 앞뒤를 공의와 영광으로 호위해 주신다고 한다(사 58:8). 너무 깊어서 그 누구도 방문할 수 없는 절망의 무저갱 속으로 내가 떨어져도 찾아 오시고, 너무 높아서 그 누구도 동행할 수 없는 곳으로 올라가도 거기에 안식의 자리를 펼치시며 곁을 내주신다. 모든 사람이 나를 외면하고 모든 사람이 무시하고 모든 사람이 거부하고 모든 사람이 공격하고 모든 사람이 따돌려도 하나님은 마지막 순간까지 나를 떠나지 않는 분이시다.

내가 존재의 옷을 입기 이전에 이미 하나님은 육아일지 속에 나의 일대기를 다 기록하여 설레는 마음으로 요람에서 무덤까지 매 순간마다 눈길을 떼지 않으신다. 나를 향한 하나님의 생각에 대해 시

인은 이렇게 고백한다. "주의 생각이 내게 어찌 그리 보배롭고 그 수가 어찌 그리 많은지요 내가 세려고 할지라도 그 수가 모래보다 많습니다 내가 깰 때에도 여전히 주와 함께 있나이다"(시 139:17-18). 이는 나를 향한 하나님의 생각보다 더 아름답고 따뜻하고 진실하고 감미로운 생각이 그 어디에도 없다는 고백이다. 마치 모래는 인간을 향한 하나님의 생각이 얼마나 많은지를 보이기 위한 은유처럼 느껴진다. 이 세상의 모든 존재들 각각은 어쩌면 인간을 향한 하나님의 사랑을 전달하는 편지의 한 문장이 아닐까도 생각한다. 기원전 7세기초에 활동한 스바냐 선지자는 나를 향한 하나님의 애절한 사랑을 이렇게 표현한다. "그가 너로 말미암아 기쁨을 이기지 못하며 너를 잠잠히 사랑하고 너로 말미암아 즐거이 노래하며 기뻐한다"(습 3:17). 아무것도 아닌 나 때문에 전능하신 하나님이 기쁨에 압도되어 노래까지 부르신다. 대통령도 나 때문에 노래하지 않는데, 무려 만물의 창조자가 나 때문에 기쁨의 패배자가 되신다는 이 사실에서 나는 그분의 절대적인 사랑을 탐독한다.

　　하나님이 우리를 사랑하고 계시다는 사실의 의미는 무엇인가? 사랑은 내가 너 안에, 너가 내 안에 거하는 연합이다. 사랑하면 서로가 서로에게 "내 뼈 중의 뼈요 살 중의 살"이라고 고백한다. 자아와 피아의 구분이 거의 없어진다. 그래서 스가랴 선지자는 하나님이 사랑하는 자를 건드리면 하나님을 건드린 것이라는 의미에서 "너희를 범하는 자는 그의 눈동자를 범하는 것이라"(슥 2:8)고 기록한다. 같은 맥락에서 시인은 "나를 눈동자와 같이 지키시고 주의 날개 그늘 아래에 감추어 주신다"(시 17:8)고 고백한다. 그래서 악한 자는 나를 만지지도 못하고(요일 5:18), 나의 머리털 하나도 상하게 하지 못할 것이라(눅 21:18)고 성경은 확언한다. 누구의 사랑을 받고 있느냐가 존재의 가치를 결정한다. 도둑들이 자신들의 우상으로 여기며 좋아하는

사람의 인생은 도둑질과 동급으로 간주된다. 깡패의 사랑을 받는다는 것은 깡패의 인생과 동급이 된다는 것을 의미한다. 그런데 하나님의 사랑을 받는다는 것은 그 인생의 가치가 신적인 차원까지 높아짐을 의미한다.

나는 누구인가? 성경이 말하는 인간은 너무도 아름답다. 너무도 향기롭다. 너무도 존귀하다. 너무도 위대하다. 너무도 고결하다. 나는 과연 성경이 말하는 그런 사람으로 살아가는 인생인가? 나의 하루는 어떤 인간의 하루인가? 독일의 소설가 장 파울(Jean Paul Friedrich Richter, 1763-1825)은 인생을 한 권의 책이라고 했다. 우리가 날마다 만나는 하루는 그 책의 한 페이지다. 하루의 삶은 내가 쓰는 입체적인 자서전의 한 페이지를 채우는 내용이다. 하루라는 지면에 쓰여질 인생의 내용이 궁금하다. 이 땅에서 살아가는 모든 사람들이 위대한 고전(古典), 모두가 자신의 서재에 보관하고 싶은 장서(藏書), 모두가 사랑하며 읽고 싶어하는 애서(愛書)가 되기를 소원한다. 우리 모두는 그런 사람이 될 자격이 주어졌다. 하나님의 사랑 때문이다. 천하보다 고귀한 분의 사랑을 받는다는 것은 우주를 소유하는 것보다 더 기쁘고 행복하다. 그런 기쁨과 행복으로 하루하루 살아가는 것이 정상적인 인생의 모습이다.

세상의 질서
질서란 무엇인가?

질서의 지문

세상에는 사람의 땀과 지문이 묻어있지 않은 질서와 규범이 분명히 존재한다. 해는 뜨고 지는데 떴던 곳으로 빠르게 돌아간다. 그렇게 하기를 역사의 길이만큼 반복한다. 바람은 남으로 불다가 북으로 돌아가고 다양한 방향으로 다니다가 불던 곳으로 다시 돌아온다. 물은 체온이 바뀔 때마다 기체와 액체와 고체라는 세 벌의 옷을 번갈아 입으면서 산다. 그 물은 높은 곳에서 낮은 곳으로 흐르며 아무리 더러워도 적정한 거리를 흐르고 나면 새살이 돋아난다. 소위 자정(自淨) 능력이다. 태양과 달, 밤과 낮은 어떤 계약서나 업무분장 없이 날마다 정확한 시간에 임무를 교대한다. 계절은 업무지시 없이도 배당된 지역을 알아서 찾아간다. 사람들은 이러한 자연의 규칙적인 현상들을 발명하지 않고 발견했다. 자연의 질서는 사람이 내린 회의의 결론도 아니고 의지와 노력의 결과도 아니고 능력의 산물도 아닌 자연 자체의 규칙이다.

그런데 성경은 자연이 스스로 존재하는 것도 아니고 어떤 규칙을 스스로 만든 것도 아니라고 한다. 세상에 존재하는 다양한 질서와 규칙은 시간이 흐르다가 우연히 이루어진 현상이 아니라 "낮과 밤을 나뉘게 하고 그것들로 징조와 계절과 날과 해를 이루게 하라"(창 1:14)는 하나님의 명령에 의해 만들어진 결과라고 한다. 바다가 육지의 경계선을 넘어가지 못하는 것(욥 38:8), 광명과 흑암이 특정한 길로

출입하는 것, 인체에 물의 비율이 70% 정도인 것처럼 지구에서 바다의 비율이 70% 정도 차지하는 것, 눈과 우박이 형성되는 것, 우레와 번개가 설명할 수 없는 길을 따라 움직이는 것, 하늘의 별들이 정해진 궤도를 따라 움직이는 것, 독수리가 높은 곳에 둥지를 만드는 것은 모두 하나님의 명령에 따르는 것이라고 한다(욥 38-39). 천하의 이 모든 일에 시기와 기한이 있는 것은 조물주가 모든 것을 만들면서 때를 따라 적합하게 되도록 정하셨기 때문이다(전 3:1, 11).

인간은 언급된 질서들 중에 어떠한 것도 만들지 않았으며, 무질서의 정도가 높아지는 방향으로 역사가 흐른다는 엔트로피 법칙으로 볼 때 자연도 스스로 자신의 질서를 만들지 않았음에 분명하다. 성경에 의하면, 자연의 모든 질서는 창조자의 작품이다. 이런 질서를 만드신 창조자의 의도가 가깝게는 자연 전체의 안정적인 생태계 유지이고, 인간에게 최고의 생존 조건을 제공하는 것이지만, 궁극적인 면에서는 하나님 자신을 계시하기 위함이다. 이 사실을 이해한 시인은 자연을 보며 이렇게 노래한다. "주께서 옷을 입음 같이 빛을 입으시며 하늘을 휘장 같이 치시며 물에 자기 누각의 들보를 얹으시며 구름으로 자기 수레를 삼으시고 바람 날개로 다니시며 바람을 자기 사신으로 삼으시고 불꽃을 자신의 사환으로 삼으시며 땅에 기초를 놓으셔서 영원히 흔들리지 않게 하셨도다"(시 104:2-5). 이처럼 성경은 하나님과 무관해 보이는 모든 만물을 그분과 연관시켜 설명한다.

그래서 사도 바울은 하나님이 창조하신 모든 보이는 것들에서 보이지 아니하는 하나님의 정체가 분명히 알려지게 된다고 증언한다(롬 1:20). 그렇게 말한 바울은 온 세상에 질서를 세우시는 하나님은 "무질서의 하나님"(ἀκαταστασίας ὁ θεὸς)이 아니라고 강조한다(전 14:33). 동일한 의미에서, 예수는 아버지 하나님이 "질서"(κόσμος)를 사랑하는 분이라고 밝히신다(요 3:16). 창조자는 무질서를 원하지 않

고 질서를 원하신다.

질서는 자연에만 존재하지 않고 인간 개개인과 사회에도 존재한다. 자연의 질서들은 하나님의 신성과 능력에 대한 계시인 동시에 인간을 향한 신의 메시지도 내포한다. 하늘에 있는 태양과 달과 별들을 어떤 시인은 인간에 대한 하나님의 무수한 생각으로, 인간을 바라보고 지키시는 하나님의 눈동자로, 사랑의 편지를 기록하는 아름다운 언어라고 해석한다(시 8:3-4). 그는 물리적인 지식과 과학적인 개념에 근거하지 않은 자연의 독특한 의미를 시의 형태로 설명한다. 기원전 6세기말에 활동한 예레미야 선지자는 "우리에게 이른 비와 늦은 비를 때를 따라 주시며 우리를 위하여 추수 기한을 정하시는 우리 하나님 여호와"를 경외해야 한다고 기록한다(렘 5:24). 적당한 비가 제때에 내려 풍성한 수확을 거두는 것은 하나님을 경외하는 인간에게 베푸시는 그의 사랑과 배려로 해석된다. 어떤 시인은 하나님이 행하시는 무수히 많은 일들에 대해 이렇게 노래한다. "가축을 위한 풀과 사람을 위한 채소를 자라게 하시며 땅에서 먹을 것이 나게 하시며 사람의 마음을 기쁘게 하는 포도주와 사람의 얼굴을 윤택하게 하는 기름과 사람의 마음을 힘있게 하는 양식을 주셨도다"(시 104:14-15). 이처럼 자연은 하나님의 마음을 인간에게 배달하는 은밀한 우체부다. 인간의 역사에 부정적인 시기들도 있다. 그런데 죽을 때, 허물 때, 울 때, 헤어질 때, 슬퍼할 때, 찢을 때, 전쟁할 때, 미워할 때도 하나님의 시간표 안에 있기 때문에 아름다운 질서의 일부라고 성경은 설명한다(전 3:11).

4중적인 관계라는 질서

성경은 모든 인간에게 4가지 종류의 관계라는 질서가 있다고

가르친다. 그 관계의 짝은 하나님과 나, 나와 나, 나와 너, 나와 자연이다. 4가지의 관계가 좋아야 인간은 행복하고 인생은 아름답다. 다른 모든 관계는 하나님과 나의 관계에 의존한다. 그래서 하나님과 나의 관계를 중심으로 인간의 4중적인 관계를 생각하려 한다.

먼저 하나님과 나의 관계에 대하여 성경은 하나님을 인간의 원형(archetypa)으로 규정한다. 인간은 하나님의 형상(imago)을 따라 지어졌기 때문이다. 그러므로 인간은 하나님의 모형(ectypa)이다. 고대의 학자들(파타고라스, 플라톤, 키케로, 세네카 등)은 인간을 "신의 소생"(γένος τοῦ θεοῦ)이라 생각했고 아테네의 학자들과 대화하는 중에 바울은 그 견해를 수용했다(행 17:29). 바빙크는 성경의 입장을 요약하며 인간을 "하나님의 형상이고, 하나님의 최대 계시이며, 가장 풍성한 계시이고, 따라서 동시에 모든 창조의 머리와 면류관, 하나님의 형상과 자연의 개요, 작은 신과 소우주"로 규정했다. 이런 내용에서 우리는 인간이 하나님을 떠나면 정체성의 붕괴 혹은 무질서가 초래될 것임을 확인한다.

신은 죽으셨다?

하나님에 대한 사람들의 생각은 다양하다. 첫째, 신은 없다고 주장하는 무신론(ἄθεος, atheism)이 있다. 이는 유구한 역사를 가진 사상이다. 기원전 1,000년 이전에 이스라엘 민족의 왕 다윗은 당시의 사상적 특징을 이렇게 기록한다. "그의 모든 생각에는 하나님이 없습니다"(시 10:4). 이 견해는 모든 신의 존재와 인간의 종교성 자체를 부정한다. 대표적인 무신론자 니체는 신이 "사람이 만들어낸 작품이자 광기"일 뿐이라며 "신은 죽었다"고 선언한다(차라투스트라, 18, 47-48). "신

은 죽었다"는 말은 사실 독일의 철학자 헤겔이 먼저 언급했다. 헤겔에게 그 표현은 "무한한 고통" 혹은 "분열의 가장 깊은 심연을 의식에 떠올리는 엄청나고 무서운 표상"을 의미한다(종교철학, 313). 그러나 니체에게 그 말은 신의 죽음 자체를 의미한다. 신이 있다고 믿으면 신의 뜻, 신의 명령, 신의 질서, 신의 권위라는 족쇄가 인생을 제한하기 때문에 불편하다. 니체는 "신 안에서의 삶"을 "진리에 대한 두려움의 가장 예민한 최후의 산물이며, 모든 위조 가운데 가장 철저한 위조에 대한 예술가의 경배이자 도취"라고 했다(도덕의 계보, 98). 니체에게 신 앞에서의 경건은 인간을 미화하기 위한 화장품에 불과하다. 신에 대한 지성의 활동은 "폭력적인 것, 자의적인 것, 가혹한 것, 전율할 만한 것, 부조리한 것"이라고 규정한다(도덕의 계보, 142). 이러한 이해 속에서 무신론을 신봉하는 사람은 너무도 자유롭다. 그에게는 1년 365일 24시간 감시하는 신의 눈동자가 없기 때문이다. 자기 자신보다 높은 어떠한 외부적인 규범이나 권위나 질서가 자신에게 강요되지 않기 때문이다. 자신의 존재를 규정하는 것도 자신이고, 자신의 가치를 결정하는 것도 자신이고, 자신의 인생을 경영하는 주체도 자신이고, 자신의 언어와 행동을 관리하는 주체도 자신이기 때문이다. 같은 맥락에서 독일의 철학자 하이데거(Martin Heidegger, 1889-1976)는 인간을 신의 창조물이 아니라 그냥 세계라는 무대에 툭 던져진 존재(Geworfenheit)라고 한다. 원인도 없고 규범도 없고 당위도 없고 의무도 없고 책임도 없고 목적도 없이 완전히 자유로운 존재로 인간을 묘사한다. 나아가 질서와 규범과 의무와 책임과 가치와 목적을 규정하는 것은 자기 자신이며 그렇기 때문에 자아는 내던져진 존재인 동시에 자신을 자유롭게 내던지는 존재(Antwortenhein)라고 한다. 이런 입장에 따르면, 이 세상과 인생의 질서는 인간 자신이다.

신은 떠나셨다?

둘째, 신은 이 세상에 관여하지 않는다는 이신론(Deism)이 있다. 이 사상은 세상을 창조한 신의 존재를 인정한다. 그러나 그 신은 창조를 끝낸 이후에 이 세상에서 멀리 떠나셨고 이 세상 일에 더 이상 관여하지 않으신다. 이 사상의 역사도 장구하다. 다윗은 가련한 자들을 핍박하는 자들이 "신은 이것을 감찰하지 않는다"는 확신 속에서 악을 실컷 범한다고 기록한다. 악인은 악을 아무리 저질러도 자신은 흔들림이 없고 일평생 환난을 만나는 일도 없을 것이라는 생각으로 다음 희생자를 물색한다(시 10:4, 6-10). 이신론에 의하면, 이 세상의 운영은 자연의 물리적인 법칙에 맡겨졌다. 그러므로 자연 자체의 질서를 신처럼 여겨야 한다고 주장한다. 자연의 질서를 알아내기 위해 물리학과 생물학을 비롯한 학문의 발전에 모든 지성이 심혈을 기울인다. 자연을 관찰할 때 발견되는 질서들은 무엇인가? 진화론을 주장하는 사람들은 약육강식 및 적자생존 사상을 생태계의 질서로 간주한다. 이는 약하면 먹히고 강하면 먹는다는 사상이다. 환경에 적합하여 적응하는 자는 살고 적합하지 않아서 적응하지 못하는 자는 죽는다는 것이 자연의 이치라는 사상이다. 이런 사상을 붙드는 자들에게 약하고 무지하고 가난한 서민들은 죽어도 되고 당해도 된다고 생각한다. 이러한 사고에 극도로 심취한 사람은 나치 독일의 총통 아돌프 히틀러(Adolf Hitler, 1889-1945)다. 히틀러는 "육체적인 퇴화를 보이는 자나 정신병에 걸린 자로부터 생식할 능력과 생식의 가능성을 저지하는 것"이 보다 우월한 인종의 출현을 가능하게 만든다고 확신했다. 나아가 민족의 발전을 위해 "병자나 기형아의 멸절"은 "자비로운 일"이라고 주장했다(Mein Kampf, 448-449). 이는 적자생존 사상의 인종적인 적용이다. 이신론의 입장에 따르면, 자연이든 사회든 힘이 이 세상의 질서와 규범이다.

신은 만물이다?

셋째, 신은 만물이고 만물이 곧 신이라는 범신론(Pantheism)이 있다. 이 입장에 따르면, 모든 것은 신의 발현이다. 자연은 신의 변형이다. 그러므로 신과 자연은 그 본질이 동일하다. 이런 관점에서 보면, 태양을 신으로 삼고, 달을 신으로 삼고, 바다를 신으로 삼고, 산을 신으로 삼고, 바위를 신으로 삼는 것은 전혀 이상하지 않다. 고대 이집트의 경우, 악어와 매와 코브라와 독수리와 원숭이와 풍뎅이를 신으로 숭배했다. 성경의 기록에 의하면, 파리와 개구리와 메뚜기와 이도 신으로 여겨졌을 가능성이 높다. 일본의 경우에는 12만개 정도의 신사들이 있고 숭배의 대상이 되는 신들은 800만 종류에 이른다고 한다. 이러한 숭배의 대상들 중에는 자신의 조상들도 있고 자연물도 있는데 심지어 유력한 정치인과 유명한 학자들도 있다. 인간보다 못한 짐승들과 곤충들과 조류들과 어류들과 수목들과 돌들도 숭배의 대상으로 여기는데 사람을 숭배의 대상으로 여기지 못할 이유는 무엇인가! 범신론은 사람도 신이며 숭배의 대상으로 간주한다. 사람을 숭배의 대상으로 삼은 종교 사이비 단체들은 인류의 역사에 끊임없이 다양한 형태로 등장했고 지금도 존재한다. 그러나 성경은 "위로 하늘에 있는 것이나 아래로 땅에 있는 것이나 땅 아래 물 속에 있는 것의 어떤 형상도 만들지 말고 그것에게 절하지도 말고 그것들을 섬기지도 말라"고 가르친다(출 20:4-5). 하나님 이외에는 다른 어떠한 것도 신이 아니기 때문에 이렇게 선언한다. "여호와가 말하노라 나는 처음이요 나는 나중이라 나 외에 다른 신은 없느니라"(사 44:6). 이는 하나님 이외에 다른 신은 그 앞에도 없고 그 뒤에도 없다는 주장이다. 범신론에 의하면, 만물이 각각 세상의 개별적인 질서로 간주된다.

모든 것이 신 안에 있다?

넷째, 모든 것들이 신 안에 있다는 범재신론(Panentheism)이 있다. 이 사상을 따르는 몰트만은 "모든 것은 하나님 안에서 하나이고, 하나는 하나님 안에서 모두"라고 주장한다. 헤겔은 하나님을 역사의 과정이며 그 역사를 움직이는 원리라고 한다. 하나님은 우주의 영혼이고 역사의 맥박이다. 만물과 하나님, 역사와 하나님은 이렇게 분리되지 않고 결부되어 있다. 이것을 주장하는 사람들이 제시하는 성경적인 근거는 인간과 하나님의 관계에 대하여 "우리가 그 안에서 살고 활동하며 있다"는 바울의 발언이다(행 17:28). 그리고 만물과 하나님의 관계에 대해서는 다음과 같이 말하였다. "그가 만물보다 먼저 계시고 만물이 그 안에 함께 섰느니라"(골 1:17). 그러나 성경의 몇몇 구절에 근거하여 영이신 하나님과 물질인 만물 사이를 과도하게 결부시켜 이해하는 것은 자칫 하나님의 초월성을 훼손하기 쉽다. 그리고 통치와 섭리 차원에서 만물과 역사가 하나님 안에 있다고 말할 수는 있겠지만 존재의 차원에서 그렇게 말하는 것은 창조자와 피조물의 구분을 모호하게 만들 위험성이 있다. 이 사상에서 세계의 질서는 하나님 자신이다.

하나님은 알 수 없다?

다섯째, 하나님은 인간이 인지할 수 없는 분이라는 불가지론(agnosticism)이 있다. 이것은 하나님이 있는지 없는지에 대해 인간은 인지적인 한계 때문에 알 수 없고 검증할 수도 없다는 사상이다. 그러므로 이 사상은 신이 없다는 것을 안다는 무신론과 신이 있다는 것을 안

다는 유신론과 구별된다. 불가지론 입장을 가진 사람들은 신의 존재에 대하여 긍정적인 답변과 부정적인 답변을 모두 유보한다. 그럼에도 불구하고 신이 존재할 가능성은 희박하기 때문에 신의 존재를 거의 부정한다. 신과 관련된 어떠한 종교적 원리나 규범도 자기 인생의 질서로 채택하는 것을 거부한다. 선과 악의 개념이나 구분도 뚜렷하지 않다. 어떤 행위에 대하여 "죄"라는 종교적인 개념을 적용하는 것도 정당하지 않다고 판단한다. 이 사상은 세상의 질서나 목적, 혹은 인생의 질서나 목적은 없다고 판단한다. 초월적 자아에 대한 지식, 사물 자체에 대한 지식, 신과 영혼을 아는 지식은 이성의 영역이 아니라고 선언한 칸트의 입장은 불가지론 사상으로 들어가는 디딤돌과 같다.

하나님은 있다!

여섯째, 신은 있다는 유신론(Theism)이 있다. 성경은 유신론을 지지한다. 그 신의 뜻과 계획과 행위는 만물과 역사를 움직이는 규범과 질서와 에너지다. 이 사상에 의하면, 만물이 존재하는 질서(존재론), 만물을 인식하는 질서(인식론), 만물이 변화하는 질서(생성론), 올바르게 살아가는 인간의 도덕적인 질서(도덕론)는 모두 신이 세우셨다. 첫째, 모든 사물의 존재는 진리라는 하나님의 말씀에 의해 형성된다. 그래서 사물 안에는 진리의 어떤 형태가 반영되어 있다. 그 형태는 사물의 종류마다 고유하다. 둘째, 인식은 하나님이 사물 안에 넣어 두신 질서와 인간의 지성에 두신 질서가 만날 때에 형성된다. 인간과 사물의 만남은 경험이고, 그 경험에서 질서라는 합리가 작용한다. 이처럼 경험과 합리의 협업으로 학문은 가능하게 된다. 셋째, 사물이 변하는 것은 어떠한 목적을 지향한다. 바빙크에 의하면, "세계는 하나의

유기적인 전체이며, 하나의 생각을 통해 존재하게 되었고 하나의 의지를 통해 이끌리며, 하나의 목적을 겨냥하여 변화된다"(기독교 세계관, 168). 역사는 이렇게 변화하는 만물의 이력이다. 넷째, 인간의 도덕성은 스스로 만들어낸 것도 아니고 자연이 주입해 준 것도 아니며 하나님이 부여하신 인생의 질서이다. 그래서 인간은 자유가 없는 기계처럼 살지 않고 이성이 없는 짐승처럼 살지 않고 신의 질서가 사는 것처럼 살아간다. 이처럼 "자연과 역사, 학문과 예술, 법과 도덕"을 위한 질서들은 다양하나 그 근원이 신이라는 점에서는 동일하다.

유신론 안에도 신과 인간과 세상을 이해함에 있어서 입장이 갈라진다. 20세기 초의 네델란드 수상 아브라함 카이퍼(Abraham Kuyper, 1837-1920)는 이 분야의 전문가다. 카이퍼의 입장을 대변하는 《칼빈주의 강연》을 중심으로 논지를 전개하려 한다. 이교(Paganism)는 신이 어떤 사물에서 자유롭지 않다. 특정한 신사나 산이나 바다나 하늘이나 어떤 사물이나 인간과 결부시켜 신을 이해한다. 신을 만나려면 특정한 장소나 사물이나 인물을 찾아가야 한다. 그래서 신을 이해함에 있어서 피조물이 과장된다. 이슬람(Islam)은 피조물과 신의 철저한 단절을 강조한다. 피조물과 신의 구분이 너무도 엄격하여 인격적인 교류의 가능성이 희박하다. 로마교(Roman Catholic)는 신과 피조물의 교류를 인정한다. 그러나 둘 사이에는 다양한 매개물이 있다. 즉 교황, 교회의 성례들, 성지의 방문, 성물의 관람과 접촉, 심지어 죽은 성자들도 있다. 이러한 요소들이 신과 인간의 관계에 개입한다. 눈에 보이는 유형적인 교회 밖에서는 신과 피조물의 교류가 없고 그 교류의 대표적인 중개자는 지상에 있는 교회의 머리라고 여겨지는 교황이다. 그러나 기독교(Protestant Church)는 신과 피조물의 직접적인 교류를 주장한다. 신과의 교류를 위해서 피조물 안에서 신을 추구함도 없고 목사나 교황과 같은 종교적 매개물도 없다. 신은 분명히 피조물 위

에 초월해 계시지만 예수 안에서 성령을 통하여 땅의 어떠한 중개자도 없이 직접적인 교제의 관계를 우리와 맺으신다. 모든 사람은 타인과 더불어 살지만 기독교는 신이라는 최고의 규범 앞에서 개개인이 살아갈 것을 요청한다. 신과 인간의 직접적인 관계에 틈을 만드는 어떠한 간섭과 관여도 거부한다.

인간과 인간의 관계를 이해함에 있어서도 유신론적 입장은 다양하다. 이교에는 신과 피조물이 결부되어 있다. 인간은 능력의 크기에 따라 서열이 정해진다. 재물이 많고 권력이 크고 지위가 높고 능력이 뛰어난 사람은 신적인 우월성을 획득하고 숭배의 대상으로 분류된다. 이러한 사고의 한 사례는 인간을 4개의 계층(브라만: 성직자, 학자, 승려, 크샤트랴: 무사, 관료, 군인, 경찰, 바이샤: 자영농, 상인, 수공업자, 연예인, 수드라: 소작농, 어민, 노동자 등)으로 구분하고 그 계층을 자손 대대로 세습하는 힌두교의 카스트(Caste) 제도이다. 이슬람의 경우에는 남성과 여성의 차별이 뚜렷하다. 남성은 4명의 여성과 결혼할 수 있도록 교리로 고정되어 있고 여성의 자유는 제한되어 있다. 로마교의 경우에는 인간과 인간의 위계가 확고하다. 신의 천사들 사이에도 위계가 있고, 교회 안에도 위계가 존재한다. 교회의 위계는 주교(교황, 추기경, 대주교, 주교), 사제(신부), 부제(주교의 보조자)로 구분된다. 기독교는 남자와 여자, 주인과 종, 부자와 빈자, 고위직과 하위직의 평등을 주장한다. 교회 안에서는 목사와 장로와 집사와 교사라는 직분이 있다. 하지만 역할의 차이만 있을 뿐, 신분의 서열이나 계급의 높낮이가 없는 동역자다. 어떤 사람에게 더 많은 권한이나 재물이나 재능이 있다면 그것은 갑질의 근거가 아니라 더 적은 사람들을 섬기라고 신이 부여한 소명의 물증이다.

세상을 향한 이해에 있어서도 유신론 안에서는 갈라진다. 이교는 세계를 대단히 높이 평가하며 세상을 두려움의 대상으로 여기

고 경계한다. 이슬람은 세계를 낮게 평가한다. 정복의 대상으로 생각한다. 정복의 명분은 세계의 평화를 위함이다. 그런데 이슬람이 주장하는 세계의 평화는 이슬람이 전 세계를 지배하는 것을 의미한다. 정복하는 방법은 전쟁이다. 비이슬람 문화권의 사람들에 대해 그들은 공격적인 태도를 유지한다. 전 세계의 이슬람화 목적이 달성될 때까지 전쟁의 호전성은 지속된다. 물론 이슬람 안에는 평화를 옹호하는 사람들도 있다. 로마교는 이 세계를 자연과 은총으로 구별한다. 은총은 자연 위에 있으며 이런 사고에 근거하여 교회는 세상 위에 있다고 주장한다. 교회는 은혜 아래에서 거룩하고 세상은 저주 아래에서 부패하고 타락했다. 수도원의 발달은 이런 사고와 무관하지 않다. 하늘의 은총을 원한다면 모든 사람은 태어나서 죽을 때까지, 요람에서 무덤까지 교회 안에 머물러야 한다. 그런데 기독교는 어떠한 종교를 가진 사람도 하나님의 형상을 따라 지음을 받았기 때문에 동일하게 존중한다. 교회에는 하나님의 특별한 은총이 있고 세상에는 하나님의 일반적인 은총이 있다고 생각한다. 기독교에 속하지 않은 사람들을 사랑하되, 심지어 자신을 핍박하고 조롱하는 원수들도 사랑하고 축복해야 한다. 하나님이 택하신 사람을 식별하는 능력이 인간에게 없고 하나님의 사람이 될 가능성은 모두에게 있기 때문에 원수라 할지라도 그가 죽을 때까지 존중해야 한다. 세상의 모든 학문과 예술과 정치와 경제와 교육과 기술은 각자의 방식으로 하나님을 섬기는데 일조해야 한다. 교회와 국가는 하나님이 세우셨고 각자에게 부여된 권한이 있고, 각자에게 부여된 책임도 충실히 이행해야 한다. 교회와 국가 사이에는 우열의 개념이 없고 대등한 동반자다.

이처럼 카이퍼는 누가 보아도 기독교를 두둔하는 방식으로 여러 종교를 비교했다. 그러나 나는 그의 입장에 상당부분 공감한다. 카이퍼는 하나님과 인간과 세계에 대한 기독교의 관계를 다음과 같

이 정리한다. "우리와 하나님의 관계: 사제나 교회와 무관하게 독립된 인간과 영원한 신의 직접적인 교제. 인간과 인간의 관계: 모든 사람 안에 있는 인간적인 가치를 인정함. 이 가치는 인간이 하나님의 형상대로 창조되어 유지하는 것이며 따라서 하나님과 관원 앞에서 모든 인간이 평등함. 우리와 세상의 관계: 온 세상 안에서 은혜로 저주가 억제되어 세상의 생활들은 제각기 존중되며 우리가 모든 영역에서 하나님이 자연과 인간 생활에 감추어 두신 보호를 발견하고 잠재력을 개발해야 한다는 인식"(강연, 43)

기독교의 보편적인 질서: 윤리 (십계명)

인간에게 주어진 질서를 윤리라고 한다. "윤리"라는 말의 사전적인 의미는 모든 "사람이 마땅히 행하거나 지켜야 할 도리 즉 인륜"(人倫)이다. 모든 사람에게 내재되어 있는 이 윤리의 존중은 인간의 참된 행복과 만족으로 이어진다. 행복은 윤리의 결과이고 윤리는 행복의 원인이다. 기독교는 하나님과 자신과 이웃에 대한 사랑이 모든 윤리적인 덕목들의 원천이요 토대라고 주장한다. 인간은 먼저 하나님을 사랑해야 행복하고 만족하게 된다. 성경은 인간의 참된 만족과 행복은 사람이나 재물이나 환경에 있지 않다고 가르친다. "은을 사랑하는 자는 은으로 만족하지 못하고 풍요를 사랑하는 자는 소득으로 만족하지 아니하니 이것도 헛되도다"(전 5:10). 모든 만물을 다차지해도 인간은 만족하지 못하고 그런데도 만족을 추구하는 일은 말로 표현할 수 없을 정도로 피곤하다. "눈은 보아도 족함이 없고 귀는 들어도 가득 차지 아니한다"(전 1:8). 온전한 만족과 행복을 추구하는 인간은 다른 무언가를 갈망한다. 성경은 만족의 유일한 근원이 하

나님께 있고(고후 3:5), 그분만이 무언가를 갈망하는 영혼을 가장 좋은 것으로 만족하게 하시는 분이라고 가르친다(시 107:9). 모든 피곤하고 연약한 사람들이 하나님에 의해 만족하게 된다(렘 31:25). 하나님이 주시는 만족은 어떠한 상황 속에서도 축소되지 않고 소멸되지 않는다고 한다. 그분으로 인해 인간은 "물 댄 동산 같겠고 물이 끊어지지 아니하는 샘 같을 것"이기 때문이다(사 58:11).

인간의 온전한 만족과 행복을 가능하게 만드는 하나님의 윤리는 무엇인가? 인간의 양심에 새겨져 있는 삶의 규칙이다. 그 양심의 성문화는 하나님의 율법이다. 이처럼 양심과 율법은 동전의 양면이다. 십계명은 그 양심과 율법의 요약이다. 사랑은 십계명의 완성이다. 십계명은 하나님 사랑과 인간 사랑으로 구성되어 있다. 하나님 사랑과 관계된 것은 4가지로, 인간 사랑과 관계된 것은 6가지로 이루어져 있다. 먼저 하나님 사랑과 관련된 윤리의 내용이다.

첫째, 유일한 하나님을 사랑해야 한다. 하나님 이외에 다른 무언가가 내 마음의 보좌를 신이나 왕으로서 차지하면 불행이 시작된다. 슬픔과 고통이 뒤따른다. 원망과 불만이 쏟아진다. 원래 인간은 유일하신 하나님 한 분만을 사랑했다. 그런데 인간은 악한 영의 속임수에 빠져 하나님과 같아지려 했다. 자신을 하나님 외에 다른 신으로 설정했다. 이러한 죄는 모든 후손에게 계승되어 지금 지구촌은 신들의 수를 헤아릴 수 없을 정도로 다양하다. 동식물과 무생물을 가리지 않고 신으로 옹립한다. 스스로 만든 신에게 취하여 전쟁을 일으키고 파괴를 일삼는다.

둘째, 유일한 하나님만 사랑한다 하면서도 그 하나님을 상징하는 어떤 형상을 만들고 절하고 섬기면 불행이 인생의 문을 두드린다. 이 세상에 하나님을 상징하는 대체물은 없다. 그런데도 대체물을 만든다면 그것의 유무, 그것의 크기, 그것의 개수, 그것의 상태에 의

해 인생은 흔들린다. 사람이나 교회의 건물이나 십자가나 성공이나 건강이나 조각이나 그림이나 업적에 어떤 신적인 의미를 부여하면 잠시 행복을 주는 듯하지만 그것으로 인한 고통과 슬픔과 갈등과 분열의 희생물이 된다. 신에 대한 형상을 만들려는 기질도 죄의 산물이다. 아담과 하와가 죄를 저지를 때 그들은 하나님의 말씀이 아니라 눈에 보이는 열매를 주목했다. 보암직도 하고 먹음직도 하고 지혜롭게 할 정도로 탐스러워 보인 열매를 질서로 삼았기 때문에 죄를 저질렀다. 보이지 않는 신의 가시적인 형상을 만들면 인간은 아담과 하와처럼 그 형상을 기준으로 생각하고 행동하며 살아간다. 인간은 생각보다 연약하다. 시각이 인생에게 주는 영향력이 지대하다. 맹인의 시력을 고치신 예수님의 특이한 말씀은 이와 관련되어 있다. "너희가 맹인이 되었다면 죄가 없었을 것이지만 본다고 하니 너희 죄가 그대로 있느니라"(요 9:41). 물론 보는 것이 보지 못하는 것보다 낫다는 것은 상식이다. 그러나 그것은 보이는 세계에 국한된 상식이다. 보이지 않는 세계를 보지 못하고 보이는 것을 전부로 간주하게 만드는 눈은 우리에게 반쪽짜리 질서 혹은 기울어진 질서를 온전하고 정상적인 질서로 간주하게 만드는 원흉이다. 보이지 않는 하나님은 눈이 아니라 마음으로 보는 것이 정석이다.

셋째, 하나님의 이름을 존중해야 한다. 이름은 존재와 삶을 요약하는 명함이다. 하나님의 이름은 참으로 다양하다. 스스로 존재하는 하나님 여호와, 능력이 무한한 하나님 엘 샤다이, 의로우신 하나님 엘 치드케누, 모든 것을 예비해 주시는 하나님 여호와 이레, 모든 곳에 거하시는 하나님 여호와 삼마, 우리에게 궁극적인 승리를 주시는 하나님 여호와 닛시, 우리의 모든 질병을 고치시는 하나님 여호와 라파, 온 인류에게 평화를 주시는 하나님 여호와 샬롬 등이 모두 하나님의 이름이다. 지극히 선하고 자비롭고 정의롭고 거룩하고 진실하

고 신실하고 아름다운 하나님의 이름을 더럽히는, 그 이름을 거스르는 말과 행동을 하면 나에게도 너에게도 심각한 불행이 찾아온다. 우리는 자신의 이름도 소중하게 여기고, 가족의 이름도 소중하게 여기고, 내가 존경하는 인물의 이름도 소중하게 여겨야 하겠지만 무엇보다 하나님의 이름을 소중하게 여기며 그 이름에 어울리는 인격을 구비하고, 어울리는 삶을 추구하고 유지해야 한다. 그러한 삶에는 반드시 행복이 방문한다.

넷째, 하나님께 구별된 시간을 가지고 그분과의 직접적인 만남과 대화를 추구해야 한다. 잡다한 생각과 일을 잠시 뒤로 밀어 두고 하나님과 독대하는 시간을 가지면 잃어버린 인생의 방향도 되찾고 사망 직전의 의욕도 살아나고 몸의 방전된 상태도 신기하게 회복된다. 하나님과 나 사이의 관계를 점검하는 시간, 내가 하나님께 속한 존재라는 사실의 확인은 바쁘고 분주한 인생의 활력소와 같다. 그러나 인간의 죄로 말미암아 이 질서가 무너졌고 이에 하나님은 이 질서의 회복을 명하셨다. 일주일에 하루를 쉬는 것은 인간의 몸에 가장 좋은 질서를 제공한다. 그러나 1789년 7월부터 절대왕정 제도의 적폐를 청산하고 자유와 평등과 박애를 외치며 프랑스 혁명이 10년에 걸쳐 일어났다. 아름다운 구호 뒤에서 신의 권위를 철저히 무시한 이 혁명은 일주일의 길이를 7일에서 10로 바꾸었고 노동자로 하여금 10일째 쉬게 만들었다. 그 결과로 국가의 생산성은 40%가 감소했다. 1917년에 러시아가 볼셰비키 혁명으로 공산주의 국가가 된 이후에 기독교를 말살하고 노동 생산성을 높이기 위해 일주일을 7일에서 8일로 늘여서 노동자로 하여금 8일째 쉬게 만들었다. 그러나 생산성은 30%가 떨어졌다. 이에 당시의 지도자 레닌은 공산당이 다른 종교보다 노동자를 더 위한다는 취지로 일주일을 6일로 줄여서 6일째 쉬게 만들었다. 그래도 생산성은 여전히 떨어졌다. 일주일은 신체의 리듬이다. 그

러나 주기적인 휴식의 필요가 몸에도 있지만 영혼에도 있다. 인간의 영혼은 일주일에 한번 오직 하나님을 거룩하게 기념하는 진정한 쉼을 요구한다. 이런 영혼의 질서를 무시하면 불행이 찾아온다. 이상이 하나님과 인간의 사랑을 가르치는 윤리의 내용이다.

사람을 사랑하는 윤리의 항목은 6가지로 이루어져 있다. 첫째는 권위의 윤리로서 부모를 공경해야 한다. 생명의 근원을 존중하는 것은 인간이 일순위로 지켜야 할 윤리이다. 부모는 존재의 자궁이다. 그러므로 부모라는 질서를 존중하는 것은 존재의 본분이다. 부모와 자녀의 관계에 대해서는 다음 장에서 자세히 다루기로 한다.

둘째는 생명의 윤리로서 살인하지 말라. 생명의 근원을 존중한 다음에는 생명 자체를 존중해야 한다. 인간의 생명은 돈, 명예, 성공, 승리, 성취보다 더 고귀하다. 천하보다 소중한 타인의 생명을 건드리면 자신도 동일한 무게의 형벌을 감수해야 한다. 누군가가 생명의 위협을 받으면 공동체에 생명을 경시하는 풍조의 온도는 올라간다. 타인의 생명을 빼앗으면 자신의 생명도 빼앗길 사회적 분위기는 더욱 고조된다. 반대로 타인의 생명을 존중하고 지켜주면 자신의 생명도 존중 받고 지켜질 가능성이 높아진다. 자신의 생명과 타인의 생명은 이렇게 연동되어 있다. 그래서 성경은 타인을 나 자신처럼 사랑해야 한다고 가르친다. 타인과 다른 타인을 차별하지 않는 것에 만족하지 않고 타인과 자신의 차별도 금하는 것이 하나님의 윤리이다. 이 윤리에 따르면, 모든 사람의 영혼과 생명의 무게는 동일하다.

살인은 인류 최초의 사람인 아담과 하와가 하나님께 죄를 범하였을 때 인류 최초의 가정에서 발생한 악이었다. 살인의 원인은 동생에 대한 형의 분노와 시기였다. 살인에 사용된 흉기는 하나님이 동생의 예배는 받으셨고 형의 예배는 거절했기 때문에 촉발된 감정의 돌이었다. 이 살인은 형의 불쾌함과 동생의 생명이 거래되는 일이었

다. 자신의 감정이 타인의 생명보다 더 귀하다는 가치의 왜곡이 시킨 짓이었다. 인류 최초의 죽음은 세월이 저지른 자연적인 현상이 아니라 어떤 사람의 생명을 타인의 의지로 제거하는 악의 방식으로 일어났다. 인간의 죄와 죽음이 결부되어 있다는 사실을 고발한다. 본래의 질서가 무너진 현실의 극단적인 형태가 바로 살인이다.

인간의 죽음에 대하여 성경은 이렇게 기록한다. "한 사람으로 말미암아 죄가 세상에 들어오고 죄로 말미암아 사망이 들어왔다"(롬 5:12). 사람이 죽는다는 것은 죄라는 무질서의 명확한 물증이다. 모든 사람들이 죽는다고 해서 죽음을 질서나 정상으로 여기는 것은 부당하다. 죽음이 세상의 본래 질서에는 없던 현상이기 때문이다. 죽음은 죄 때문에 발생한다. 인류의 역사가 끝날 때까지 죽음은 침묵하지 않고 계속해서 죄를 고발할 예정이다. 살인하지 말라는 명령은 죄라는 무질서의 회복에 대한 절대자의 주문이다. 생명의 소유자가 내린 명령이다. 성경은 생명이 인간 자신에게 속한 것도 아니고 타인에게 속한 것도 아니기 때문에 살인하지 말아야 한다고 가르친다. 모든 생명의 소유권과 처분권은 그 생명을 주신 하나님께 있다. 그렇기 때문에 자살이든 타살이든 하나님의 소유물을 그의 손에서 탈취하는 행위로 간주된다. 하나님의 것을 빼앗는 자가 어찌 무사할 수 있겠는가! 살인하지 말라는 윤리가 바르게 세워지면 세계의 평화가 도래한다.

셋째는 성의 윤리로서 간음하지 말라. 타인의 순결을 지켜주는 것은 모든 사람들이 따라야 할 윤리이다. 성에 대해서는 자기 결정권을 존중해야 한다. 강요된 성은 폭력이고 가장 은밀한 인권의 유린이다. 성적인 무질서의 문제는 살인 다음으로 심각하다. 그 이유에 대하여 성경은 이렇게 가르친다. "음행을 피하라 사람이 범하는 죄마다 몸 밖에 있거니와 음행하는 자는 자기 몸에 죄를 저지른다"(고전 6:18). 성 관계는 두 사람의 연합을 의미한다. 마음의 연합이 없는데 몸의 연

합을 서두르면 무질서가 초래된다. 그래서 몸의 성적인 연합은 가장 깊은 마음으로 서로를 사랑하는 결혼관계 속에서 허락된다. 자신의 가장 소중하고 은밀한 마음을 섞어서 공유할 정도의 사랑이 몸의 연합을 주장해야 한다. 그게 순리이다. 이스라엘 민족의 국호를 제공한 야곱에게 딸이 있었는데 그 이름은 디나였다. 그녀는 타지로 가서 여인들을 만나려고 했는데 그 지역의 통치자 세겜이 그녀를 겁탈했다. 그리고 자기 집에 감금했다. 디나의 오빠들은 이 사실을 알고 분노했다. 결국 세겜이 속한 민족의 모든 남자들을 몰살했다. 금지된 성의 이기적인 욕구가 수많은 생명을 앗아갔다. 이는 무질서한 성이 쌍방에게 피해를 준 사례이다. 누구든지 창녀나 창남을 찾아 음행을 저지르면 그들과 한 몸이 된다고 성경은 가르친다(고전 6:18). 성관계는 운명을 같이할 사람과 가져야 함을 가르친다.

성관계는 창조의 질서라고 기독교는 가르친다. 이는 아름다운 가정과 건강한 사회와 평화로운 인류의 토대이기 때문이다. 그러나 성경은 성의 질서에 대하여 남자와 남자가, 여자와 여자가 관계를 가지는 것을 금지한다. 짐승과 성관계를 가지는 것도 금지한다. 사람과 짐승의 성관계와 동성의 성관계는 모두 성의 무질서다. 그 무질서 자체를 질서로 바꾸려는 제도적인 움직임이 선진국 명패를 건 몇몇 나라에서 포착된다. 성의 무질서가 질서로 둔갑하면 가정은 흔들리고 사회는 어지럽게 되고 인류의 존속도 위태롭게 된다. 그러나 어떤 나라를 보아도, 어떤 시대를 보아도 성의 윤리가 바르게 세워진 곳에서의 인생은 행복하고 사회는 평화롭다.

그럼에도 불구하고 적잖은 사람들이 성의 자유를 주장한다. 인권이나 자유라는 명분을 내세우며 남자가 남자와 더불어, 여자가 여자와 더불어 성관계를 가지려고 하고, 남성을 여성으로, 여성을 남성으로 아예 성적 정체성을 바꾸려고 한다. 그러나 성의 윤리는 무질

서를 마음대로 추구할 자유가 아니라 질서 속에서의 자유를 허용한다. 날개 없는 인간이 하늘에서 날고 싶어하는 자유를 추구하면 추락한다. 공기를 마셔야 생존하는 인간이 바다 속에서 살겠다는 자유를 추구하면 익사한다. 인간은 무엇이든 원하는 대로 결정하는 절대자가 아니라 질서를 존중해야 하는 유한한 존재이다. 자신의 의사와 무관하게 정해졌고 더 이상 변경할 수 없는 질서가 인간에게 주어졌다. 나에게 주어진 부모, 나에게 주어진 민족, 나에게 주어진 성별, 나에게 주어진 피부색, 나에게 주어진 시대는 모두 나의 자유로운 결정과 무관하게 주어졌다. 무엇보다 나에게는 인간성이 주어졌다. 인간의 본성은 내가 준수해야 할 질서이고 규칙이다. 인간이 짐승이나 물고기나 새나 식물이나 돌이나 하나님이 되려고 하는 금지된 자유를 추구하면 인류의 보편적인 윤리를 파괴하게 되고 자신의 인생도 파괴하게 된다. 성별과 성관계도 질서가 파괴되면 파괴한 자의 인생도 무너진다.

　　넷째는 소유의 윤리로서 타인의 소유물을 탈취하지 말라. 성경에 명시된 도둑질의 종류는 다양하다. 타인의 금전적인 재산을 강제로 빼앗는 절도나 강도나 갈취(출 22:1-5), 타인의 생각이나 깨달음을 훔치는 표절, 지적 소유권이 있는 출판물의 무단 복제(레 19:35-36), 이자를 지나치게 높여서 받는 사채 혹은 고리대금(출 22:25), 부당하고 불공정한 거래를 통하여 이윤을 취득하는 공정거래 위반, 물건의 가치를 속여서 폭리를 취하는 바가지 매매, 공권력을 이용하여 부당하고 과도한 세금을 징수하는 국가의 부당과세(암 5:11), 하나님께 드려진 시간이나 돈이나 물건을 사사로이 사용하는 부당한 사유화(레 27:30), 사람의 신체를 훔치는 납치나 유괴나 인신매매 및 장기밀매(출 21:16), 상대방의 노동력에 상응하는 대가를 지불하지 않는 임금 착취(신 24:7), 하나님이 각자에게 맡기신 건강과 재능과 재물과 시간을 잘

못 사용하는 과소비나 태만(잠 21:25) 등이 모두 도둑질에 해당한다. 타인의 소유물을 타인의 것으로 존중하는 것은 사회의 기본적인 질서이다. 그러나 도둑질 금지는 사회적 질서의 하한선에 불과하다. 성경은 소유물이 부족하여 생계가 어려운 고아나 과부나 나그네를 위해 줄 것이 있도록 열심히 일하라고 가르친다. 가지려고 하지 말고 주려고 하는 나눔의 정신은 소유권 존중보다 더 고귀한 상위의 질서이며 본래적인 질서이다.

다섯째는 명예의 윤리로서 타인에 대하여 거짓으로 증거하지 말라. 사실과 말의 간격은 클수록 거짓되고 좁을수록 진실하다. 타인에 대한 우리의 말 혹은 평가가 그의 인격이나 삶과 일치하지 않으면 거짓 증언이다. 법정 안에서나 밖에서나 타인의 명예를 존중하는 마음이 없으면 거짓이 나의 입술을 차지한다. 말의 내용과 표현의 수위를 조절하는 것은 타인에 대한 존중이다. 칼은 몸을 베지만 말은 마음을 베기 때문에 타인의 소유물을 파괴하는 것보다 마음에 상처를 주는 말은 더 위험하다. 타인의 명예가 실추되고, 경제적인 피해가 주어지고, 사회적인 비판을 초래하고, 심리적인 상처를 주는 말은 삼가해야 한다. 언어로 타인을 사랑하는 것은 모든 사람의 사회적 윤리이다.

여섯째는 마음의 윤리로서 이웃의 집에 어떠한 것에 대해서도 탐내지 말라. 탐심은 인간의 일반적인 욕구가 아니라 과도하고 일그러진 욕구를 의미한다. 마땅히 구하여야 할 것을 추구하는 것은 탐욕이 아니라 정상적인 인간의 본성이다. 그러나 구하지 말아야 할 것을 추구의 대상으로 여기는 것은 탐욕이다. 성경은 이웃의 아내, 이웃에게 속한 사람들, 이웃의 소유 등을 추구하지 말아야 할 것으로 분류한다. 이웃은 가까이에 있는 사람이다. 이웃의 떡이 자신의 떡보다 크게 보이는 건 일반적인 현상이다. 견물(見物)은 생심(生心)을 유발한다. 나에게는 없는데 너에게는 있으면 소유의 욕구가 발동한다. 탈취

세상의 질서 – 질서란 무엇인가? **103**

의 폭력성이 고개를 든다. 이웃에게 있는 남편이든 아내이든 직원이든 명품이든 돈이든 가리지 않고 취하려고 한다. 성경은 이러한 것을 금지한다. 탐심을 행동으로 옮기는 것만 금지하지 않고 탐하는 마음 자체를 금지한다. 나아가 성경은 탐심을 우상 숭배하는 것으로 간주한다(골 3:5). 이런 점에서 성경은 사회의 법보다도 더 엄격하다.

몸의 행위를 제어하는 것은 가능하다. 그러나 마음의 욕구를 제어하는 것은 가능할까? 탐심이 없는 사람이 이 세상 어디에 있겠는가? 탐심은 본성에 준하는 마음의 현상이다. 그렇다면 탐심을 금지한 성경이 제시하는 해법은 무엇인가? 이 해법을 파악하기 위해서는 문제의 원인을 먼저 진단해야 한다. "탐내지 말라"(לֹא תַחְמֹד)는 금지령은 인류 최초의 사람 아담과 하와의 시대로 소급된다. 하나님은 그들에게 선악을 알게 만드는 나무의 열매를 "먹지 말라"(לֹא תֹאכַל)고 명하셨다. 그러나 그들은 하나님의 선악과 금지령을 무시하고 그 열매를 탐스럽게(נֶחְמָד) 여기며 따먹었다. 신이 금지한 열매를 먹은 이유는 그 열매를 먹으면 신과 같아질 것이라고 생각했기 때문이다(창 3:5). 여기에서 우리는 인간이 가진 욕구의 궁극적인 본질을 발견한다. 이웃의 소유를 탐하는 이유는 단순히 눈에 보이는 인간 이웃의 소유를 가지려는 목적이 아니라 신이라는 궁극적인 이웃의 모든 소유를 가지려는 탐심 때문이다. 신이 그은 경계선을 넘지 않는 것이 탐심의 해결이다. 이웃의 소유를 가지려는 마음은 그것을 금지한 하나님의 소유를 가지려는 마음의 무의식적 표출이다. 그렇다면 문제의 해결은 분명하다. 하나님의 허락된 소유를 소유해야 한다. 그렇게 되기 전까지는 자신의 어떠한 소유에도 만족하지 못하고 계속해서 이웃의 무언가를 가지려는 탐심의 노예로 살아가게 된다.

하나님의 소유를 소유하는 것은 얼마든지 가능하다. 사실 하나님의 소유는 하나님 자신이다. 그분이 가진 지혜와 지식과 정의와

사랑과 긍휼과 거룩함과 정직과 선함과 능력과 영원은 그분 자신이다. 그런데 하나님은 예수를 구원자로 믿는 우리에게 자신을 "너의 지극히 큰 상급"으로 주실 것이라고 약속했다(창 15:1). 예수는 사실 우리에게 주어지신 하나님, 우리의 지극히 큰 상급이다. 세상 끝날까지 우리와 항상 함께 계실 것이기 때문에 우리는 영원토록 하나님의 소유, 즉 하나님 전부를 소유한다. 하나님 전부를 소유하면 모든 빈곤이 해소된다. 탐하는 마음은 저절로 소멸된다. 이로써 보이지 않는 마음의 차원에서 타인과 그의 소유를 존중하는 윤리가 구현된다.

이 세상의 질서는 이처럼 하나님에 대한 윤리와 인간에 대한 윤리와 자연에 대한 윤리로 구성되어 있다. 이 세 가지의 윤리를 존중하고 그것에 순응하면 인간은 가장 행복하게 되고 세상은 가장 평화롭게 되고 자연은 가장 아름답게 된다. 하나님에 대한 윤리는 하나님이 유일한 경배의 대상이 되신다는 것, 그의 물리적인 대체물은 없다는 것, 그의 이름에 합당한 인격과 삶을 구비하는 것, 하나님만 기억하는 구별된 안식의 시간을 가지라는 것으로 구성되어 있다. 이 모든 항목들의 종합과 핵심과 본질은 바로 하나님 사랑이다. 인간의 윤리는 권위의 윤리, 생명의 윤리, 성의 윤리, 소유의 윤리, 명예의 윤리, 마음의 윤리로 구성되어 있다. 이 윤리들의 결론도 이웃 사랑이다.

5

인생의 질서
사회는 무엇인가?

하나님 사랑과 이웃 사랑은 인간이 살아가는 모든 영역에서 따르고 구현해야 할 인생의 윤리이다. 이 윤리를 적용해야 할 대표적인 영역은 부부와 가정과 직장과 국가와 세계이다. 이 윤리는 모든 공동체가 공유해야 하는 공공재다. 우리에게 행복과 평화를 약속하는 윤리의 거처는 마음만이 아니라 삶의 현장이다. 사람이 태어나서 죽을 때까지 소속되어 있는 모든 사회 공동체가 윤리의 그릇이다. 사회는 무엇인가? 사회는 개인들의 다양한 결합을 의미한다. 사랑에 근거한 사회는 남편과 아내이고, 혈통에 근거한 사회는 부모와 자식이고, 계약에 근거한 사회는 사장과 직원이고, 국적에 근거한 사회는 국민과 국가이고, 책임에 근거한 사회는 교회와 세계, 은혜에 근거한 사회는 개인과 원수이다. 우주라는 사회는 이렇게 여러 겹의 사회들로 구성되어 있다.

인간은 사회적인 존재(homo scialis)이다. 이러한 규정의 역사는 장구하다. 성경에 의하면, 최초의 인간은 단수가 아니라 복수였다. 하나님은 만물을 지으시고 날마다 좋다는 평가를 내리셨다. 그런데 딱하나 좋지 못하다고 평가하신 사안은 아담의 독처(獨處)였다. 질서를 세우신 하나님이 보시기에 좋지 못하다는 것은 무질서를 의미한다. 그래서 하나님은 하와를 지으시고 관계의 질서를 세우셨다. 그 이후에야 보시기에 심히 좋았다는 최고의 평가를 내리셨다. 이런 평가는 인간이 사회적인 존재이며 홀로 살아가지 않고 더불어 살아가는 것이 최고의 질서라는 사실을 가르친다. 사회적인 존재로 살아갈 때 인간은 가장 행복하다. 성경은 공동체에 섞이지 않고 고립을 자초하면

온갖 참된 지혜를 배척하는 자라고 꾸짖는다(잠 18:1). 질서를 따르면 최고의 인격과 삶은 그저 주어지는 선물이다.

사랑에 근거한 사회: 남편과 아내

인류의 역사에서 가장 먼저 등장한 사회는 부부였다. 남편과 아내 사이에 세워진 질서는 당연히 사랑이다. 그 사랑의 구체적인 내용은 "내 뼈 중의 뼈요 살 중의 살이라"(창 2:23)는 인류 최초의 프로포즈 안에서 확인된다. 이것은 하와를 본 아담의 심장이 쏟아낸 고백이다. 뼈 중의 뼈, 살 중의 살은 존재의 최상급을 가리킨다. 즉 아내는 남편에게 남편 자신보다 더 소중하다. 그러므로 남편은 아내를 자신보다 더 사랑해야 한다. 뼈가 아파하고 슬퍼하는 것보다 뼈 중의 뼈가 아파하고 슬퍼하는 것이 더 큰 아픔과 슬픔이다. 그러므로 슬기로운 남편은 아내가 슬프고 아프면 자신이 이내 대신에 슬프고 아파하려 한다. 뼈가 기뻐하고 행복한 것보다 뼈 중의 뼈가 기뻐하고 행복한 것이 더 큰 기쁨과 행복이다. 그러므로 지혜로운 남편은 기쁨과 행복의 기회가 주어지면 자신이 챙기지 않고 아내에게 양도하려 한다. 아픔과 슬픔은 자신에게, 기쁨과 행복은 아내에게 돌리는 것이 아내에 대한 남편의 사랑이다. 이 사랑에 대해 성경은 이렇게 기록한다. "자기 아내를 사랑하는 자는 자기를 사랑하는 것이라"(엡 5:28). 남편이 자기를 사랑하는 것보다 자기 아내를 사랑하는 것은 자기를 더욱 많이 제대로 사랑하는 비결이다. 이는 아내라는 존재의 노른자를 사랑하는 것보다 더 온전하고 아름다운 사랑은 없기 때문이다. 남편이 생명 중의 생명인 아내 사랑을 위한 도구로서 자신의 생명을 동원하는 것은 합당하다. 아내는 남편에게 진실로 기쁨 중의 기쁨, 행복 중의 행복,

만족 중의 만족이다.

남편에 대한 아내의 윤리는 무엇인가? 순종이다. 이것은 두 가지의 사실 즉 창조의 순서와 죄의 원인에 근거한다. 바울의 설명에 의하면, "아담이 먼저 지음을 받고 하와가 그 후며 아담이 속은 것이 아니고 여자가 속아 죄에 빠졌"기 때문이다(딤전 2:12-13). 성경은 아내가 예수에게 하듯 남편에게 순종해야 한다고 가르친다(엡 5:22). 이 가르침 안에는 두 가지가 암시되어 있다. 첫째, 남편은 예수와 같은 사람이 될 것을 요청한다. 둘째, 아내의 순종은 남편의 됨됨이나 행실이 아니라 예수님의 권위에 근거한다. 사실 남편에 대한 아내의 순종 윤리는 아내보다 남편에게 더 가혹하다. 아내는 남편에게 순종하면 된다. 그러나 남편은 교회를 위해 생명도 아끼지 않고 희생한 예수의 십자가 길을 걸어가야 한다. 걷는 행위만이 아니라 그 행위의 배후에 있는 예수의 사랑까지 본받아야 한다.

윤리는 서로에게 책임을 추궁하고 준수를 강요하는 그런 대상이 아닌 각자의 자발적인 준수를 요구한다. 남편이 아내에게 순종하지 않을 때에 순종해야 한다고 강요하지 못하고, 아내가 남편에게 자신을 위해 생명을 바치지 않을 때에 바쳐야 한다고 강요하지 못한다. 때로는 둘 중의 하나는 이 윤리를 준수하고 다른 하나는 준수하지 않는 경우도 발생한다. 준수한 사람은 준수하지 않은 사람에게 억울함을 호소하고 분통을 터뜨린다. 여기에서 우리는 배우자 선택의 중요성을 언급해야 한다. 부모나 자녀도 인생에 지대한 영향을 끼치지만, 사랑하는 사람을 발견하고 결혼하는 것은 일생을 건 최대의 모험이다. 부모와 자녀는 주어지는 것이지만 배우자는 선택의 대상이다. 배우자의 선택은 최고의 주의와 신중을 요구하는 사안이다. 여성은 예수 같은 남성을, 남성은 자신의 목숨보다 소중한 여성을 발견하고 선택해야 한다. 성적인 욕구나 경제적인 유익이나 사회적인 명성이

나 정치적인 입지를 위해 배우자를 선택하는 것은 어리석고 위험하다. 이런 목적을 위해 이루어진 결혼은 쉽게 파국을 맞이하고, 버티면 불행만 지속된다. 그래서 적잖은 부부가 갈라선다.

완벽한 사람을 만나 결혼하는 것은 하늘의 별 따기이다. 분명히 괜찮아 보여서 결혼을 했는데 결혼 이후에는 괜찮지 않은 모습들을 더 많이 발견한다. 놀랍게도 결혼한 부부의 80% 이상이 이혼을 생각한다. 이혼의 원인은 성격 차이가 거의 절반을 차지한다. 이는 서로의 차이를 충분히 알지 못한 채 결혼하기 때문이다. "결혼은 어떤 나침반도 일찍이 항로를 발견한 적이 없는 거친 바다"라고 한 하이네의 지적은 사실이다. 왜냐하면 대체로 사람들이 결혼 이전에는 자신의 장점을 부각하고 약점은 은폐하기 때문이다. 더 좋은 배우자를 고르기 위해 자신의 이미지를 상대방의 기호에 맞추어 조작하고 편집한다. 그래서 결혼 전과 후의 모습은 대체로 판이하다. 생각지도 않게 만난 바다의 폭풍이다. 어떠한 난관을 봉착할지 몰라 사람들은 결혼 직후부터 이혼 혹은 별거라는 단어를 만지작거린다. 비자금을 비축한다. 결혼을 해도 혼인신고 안하고 사는 부부가 40%를 육박한다. 장만하는 신혼집 살림도 소박하고 조촐하다. 남편과 아내는 통장과 수입을 별도로 관리한다. 지갑은 공유하지 않고 잠자리만 공유한다. 이런 현실에서 결혼의 아름다운 모습보다 안타까운 모습을 더 많이 본 20대 청년들은 거의 절반이 결혼하지 않겠다는 상황까지 왔다.

이혼 문제는 사후의 처리보다 예방이 중요하다. 최고의 예방은 이혼하지 않아도 될 좋은 배우자의 선택이다. 그러기 위해서는 좋은 사람을 분별하는 각자의 안목 키우는 일이 우선이다. 그 안목을 키우기 위하여 많은 배우자 후보를 경험하는 것도 좋지만 그것보다 더 중요한 준비는 나 자신의 성숙이다. 안목의 크기는 성숙의 크기에 비례하기 때문이다. 유유상종 아니던가! 인격이 훈남이고 생각이 바르

고 언어가 아름답고 행동이 반듯하면 그런 사람들과 어울리게 된다. 나 자신의 언행심사 수준이 교제권을 결정한다. 무엇보다 결혼에 대한 나 자신의 인식이 성숙해야 한다. 결혼은 낭만적인 요소와 현실적인 요소로 구성되어 있다. 한편으로 결혼은 천국이고 다른 한편으로 결혼은 감옥 혹은 지옥이다. 결혼은 나의 전부를 사랑하는 사람에게 아낌 없이 내어주는 천국이다. 결혼은 남자와 여자의 아름다운 연합이다. 결혼이 종족의 보존과 번식을 위해 서로의 성기를 공유하는 관계라는 주장도 있지만, 결혼은 단순히 신체적인 섞임만이 아니라 사랑과 신뢰라는 씨줄과 날줄로 직조된 전인적인 섞임이다. 그래서 결혼은 심리적인 차원, 사회적인 차원, 경제적인 차원, 신체적인 차원에서 서로를 보완하며 서로에게 만족과 기쁨과 설렘과 행복을 제공한다. 그래서 결혼은 부모에 대한 경제적, 사회적, 정신적, 신체적 의존을 중단하고 자기 발로 서서 스스로 살겠다는 독립 선언이다. 그래서 결혼은 새로운 세상이다. 그러나 결혼을 지탱하는 사랑과 신뢰가 무너지면 천국에서 지옥으로 돌변한다. 누군가의 말처럼 사랑 없는 결혼은 결혼 없는 사랑으로 이탈한다. 이런 외도는 사람이 결혼보다 사랑을 추구하기 때문에 발생한다. 결국 결혼은 껍데기만 남고 남편과 아내는 밖에서 각자의 사랑을 찾는 외도 경쟁에 돌입한다. 때로는 물리적인 폭력도 동원하여 서로에게 보다 깊은 상처를 주겠다는 목적을 향해 맹렬히 질주한다. 사랑보다 미움이, 웃음보다 울음이, 칭찬보다 욕설이, 이해보다 오해가, 말보다 주먹이, 위로보다 비난이 난무하게 된다. 지옥의 전형적인 모습이다.

만나는 연인의 실체를 몰라서 결혼이 지옥일지 아니면 천국일지 판단이 서질 않아서 주저하는 청년들도 있다. 이해한다. 그러나 성공적인 결혼은 행복을 줄 것이지만 불행한 결혼도 나를 철학자로 만들기 때문에 어떤 경우든지 유익하니 반드시 결혼해야 한다고 주장하

는 사람들도 있다. 성경은 결혼을 복이라고 규정한다(잠 18:22). 그러나 이 세상에서 완전한 결혼을 기대하는 것은 욕심이다. 세상에 성경이 말하는 부부의 이상적인 관계성은 없다. 성경은 이런 이야기도 한다. "아내는 자기 몸을 주장하지 못하고 오직 그 남편이 하며 남편도 그와 같이 자기 몸을 주장하지 못하고 오직 그 아내가 주장한다"(고전 7:4). 자신의 몸 전체를 다 내주어도 될 정도로 사랑하고 신뢰하는 배우자가 어디에 있겠는가! 그런 배우자가 있더라도 사는 동안에 변하지 않는다는 보장은 또 어디에 있겠는가! 이 땅에서는 성취될 수 없지만 그런 결혼의 아름다운 관계성을 추구하는 노력과 방향성은 있다. 그러므로 서로에 대하여 내 뼈 중의 뼈요 살 중의 살이라는 사랑과 신뢰의 관계가 형성될 때까지 각자가 노력하고 서로를 격려해야 한다. 내 생명보다 소중한, 나의 전부를 내주고 싶은 연인을 만날 수 있도록 하나님께 기도해야 한다. 나의 안목은 아무리 성숙해도 여전히 부실하기 때문이다. 인생은 연습장이 없다. 모든 게 처음이고 실전이다. 이 세상에서 내 인생을 대신 책임져 줄 사람은 어디에도 없다. 그러나 하나님은 우리를 도우신다. 그러니 그분께 기도하라. 그분께 기도하면 최고의 배우자를 만나도록 도우신다. "슬기로운 아내"나 남편은 하나님에 의해서 주어지는 것이라고 성경은 가르친다(잠 19:13). 좋은 배우자를 만나 결혼하고 행복한 가정을 가꾸는 최고의 비결은 결혼제도 및 부부의 윤리를 직접 제정하신 하나님께 도움을 구하는 것이라고 생각한다.

혈통에 근거한 사회: 부모와 자녀

	윤리
남편	생명을 건 사랑
아내	주께 하듯 순종

부모와 자녀의 관계는 혈통적인 출생에 근거한다. 부모와 자녀의 관계는 나의 자유로운 의지나 기호나 동의나 선택의 결과가 아니라 그것과 무관하게 그저 주어진다. 부모는 자녀에게 존재의 근원이며, 사람이 태어나서 처음으로 만나는 가장 가까운 이웃이다. 자녀는 낳아주고 길러준 부모의 희생적인 사랑에 감사하며 범사에 부모에게 순종해야 한다고 성경은 가르친다. 이런 윤리를 따르는 사람에게 성경은 형통과 장수를 약속한다. "네 부모를 공경하라 그리하면 네 하나님 여호와가 네게 준 땅에서 네 생명이 길고 복을 누리리라"(신 5:16). 즉 공경의 결과는 장수와 행복이다. 공경은 무엇인가? 경청과 순종이다. 경청은 부모에 대한 내적인 태도이고 순종은 외적인 실천이다. 겉으로만 효도하는 척 하는 자녀들도 있고 속으로만 효도하고 몸으로는 불효를 저지르는 자녀들도 있다. 둘 다 올바른 공경과는 무관하다. 마음으로 부모의 말을 듣고 그 말을 행동으로 옮기는 것이 공경이다. 그러나 효도가 곤란한 경우들이 있다. 자녀를 버리는 부모, 자녀에게 폭력을 가하는 부모, 자녀를 돈벌이의 수단으로 이용하는 부모, 자녀의 여린 마음에 대못을 박는 부모가 이 세상에는 많기 때문이다. 너무도 안타까운 현실이다. 그런데 성경은 그런 부모들에 대해서도 효도를 강조한다. 그 효도의 근거는 자녀를 대하는 부모의 인격이나 삶이 아니라 하나님의 명령이기 때문이다. 인간이 따라야 할 절대적인 윤리이기 때문이다.

다만 지혜로운 방법으로 공경하고 순종해야 한다. 부모가 도둑질을 시키는 경우에는 순종을 거부해야 한다. 하나님의 질서를 벗어나는 부모의 말에는 기계적인 순종보다 인격적인 거절이 부모를 공경하는 더 좋은 방법이기 때문이다. 부모가 거짓 증언과 살인과 간음을 요구할 경우에도 거절해야 한다. 두 권위가 충돌될 때에는 상위법을 따르는 것이 정상이다. 부모의 불의한 견해보다 창조자의 질서

가 우선이다. 부모의 부모, 그 부모의 부모라는 생명의 근원을 소급하면 그 끝에 하나님이 있다. 그렇기 때문에 하나님은 생명의 궁극적인 근원이다. 그는 모든 생명체가 최고의 우선으로 존중해야 할 대상이다. 가장 가까운 생명의 근원인 부모를 공경하는 것은 궁극적인 생명의 근원인 하나님 공경의 연습이다. 눈에 보이는 생명의 근원도 공경하지 않는다면 보이지 않는 근원은 어찌 공경할 수 있겠는가? 이 세상의 모든 가까운 근원들에 대한 공경은 하나님에 대한 공경의 테두리 안에서의 공경이다. 부모에 대해서도 우리는 하나님 안에서 그분들을 공경해야 한다. 부모는 자녀에게 하나님의 질서를 따라 그의 교훈으로 가르치고 양육해야 한다. 부모는 사람의 상대적인 기준과 주관적인 판단이 아니라 하나님의 객관적인 진리와 교훈으로 자녀의 인생을 인도해야 한다. 그래야 자녀는 가장 좋은 진리의 젖을 먹고 가장 건강한 인생의 수혜자로 성장하고 살아간다. 이로써 부모와 자녀 모두의 행복이 확보된다. 부모 세대에 이러한 행복이 없었다면 다음 세대가 그런 행복한 가정을 만들고 자녀들을 양육하여 새로운 행복의 문화를 확립하고 전수해야 한다.

부모는 자녀에게, 자녀는 부모에게 성경이 말하는 도리를 강요하고 책임을 추구하는 것은 금물이다. 각자가 타인의 의무를 비판하지 말고 자신의 의무에 충실해야 한다. 부모와 자녀가 서로에게 성경의 가르침에 충실할 때 부모와 자녀의 관계는 최상이다. 그러나 어느 한 쪽이 성경의 교훈을 무시할 때에라도 다른 한 쪽은 그 교훈을 끝까지 고수해야 한다. 부모에게 순종하지 않는 자녀라 할지라도 신의 높은 진리의 교훈을 가르쳐야 하고, 부모가 제대로 가르치지 못하여도 자녀는 부모를 공경해야 한다. 성경의 진리를 보존하는 일에는 이처럼 희생과 인내가 요구된다. 그렇게 해야 가정은 아름답게 된다.

계약에 근거한 사회: 노동자와 사용자

	윤리
부모	하나님의 교훈으로 양육
자녀	하나님 안에서의 순종

사회를 구성하고 있는 분야들과 직종들은 다양하다. 그러나 사람을 중심으로 보면, 사회는 크게 노동자와 사용자로 구성되어 있다. 노동자는 노동을 제공하고 사용자는 비용을 지불한다. 이 둘의 사회적인 관계는 계약에 근거한다. 이 관계는 각 당사자의 의사가 중요하다. 그저 주어지는 강제적인 혹은 선험적인 관계가 아니라 선택이 가능하다. 그렇기 때문에 이 관계의 본질을 잘 파악하고 결혼처럼 신중하게 선택해야 한다. 사용자와 노동자의 기본적인 욕구는 충돌한다. 대체로 사용자는 적은 비용으로 많은 노동을 사용하고 싶어하고, 노동자는 적은 노동으로 높은 임금을 받으려고 한다. 그래서 둘의 욕구가 동시에 충족되는 지점, 즉 노동과 임금의 적정한 비율에서 사회적인 계약이 맺어진다. 긴장과 갈등이 내재되어 있는 노동자와 사용자의 관계에 문제가 발생하면 그 관계의 객관적인 규정을 정하고 감독하는 정부가 개입한다. 그러므로 노사정의 신뢰와 협력은 노동시장 안정화의 핵심이다.

대체로 사람들은 사용자와 노동자의 관계를 갑과 을로 규정한다. 갑과 을의 관계는 상생의 관계가 아니라 상하 혹은 주종의 관계로 전락하는 경우가 허다하다. 사회에는 그렇게 일그러진 갑을 관계가 너무도 다양하다. 대기업과 하청업체, 발주처와 대행사, 교수와 학생, 목사와 성도, 남편과 아내, 정부와 민간, 부모와 자녀, 사장과 직원

등이 그러한 관계에 노출되어 있다. 지위가 높은 사람이 지위가 낮은 사람에게 갑질하는 경우가 사회 곳곳에서 표출되고 있다. 이 문제의 국가적인 해결책은 무엇인가? 무엇보다 법과 제도의 정비가 시급하다. 이것은 국가의 역할이기 때문에 나라마다 시대마다 노동자와 사용자의 관계를 규정하는 법과 제도는 다양하다. 성경은 시간과 장소를 불문하고 제도적인 갑의 자리에 있는 사람과 제도적인 을의 자리에 있는 사람 개개인이 다양한 법과 제도 속에서 어떻게 처신해야 하는지를 가르친다.

성경의 가르침은 모든 사람에게 행한 대로 갚으시는 하나님의 정의를 전제한다. 즉 이 세상에는 공동체의 제도적인 정의와 하늘의 섭리적인 정의가 공존한다. 먼저 제도적인 을의 자리에 있는 사람은 자신을 사회적인 갑의 종이 아니라 하나님의 종이라고 생각해야 한다. 그런 의식을 가지고 갑의 자리에 있는 사람에게 순종해야 한다. 즉 사람의 시선만 가리는 가식적인 순종이 아니라 보이지 않는 하나님께 하듯이 진실하게 순종해야 한다. 비록 내가 속한 일터에서 주어진 업무를 행하지만 1) 하나님의 뜻을 행하고, 2) 기쁜 마음으로, 3) 하나님께 하듯 일할 때에 땅에서의 소득도 누리지만 하늘에서 주어지는 상급의 수혜자도 된다. 이는 각 사람이 어떠한 선을 행하든지 하나님에 의해 그 선에 합당한 하늘의 상급이 그에게 주어질 것이기 때문이다. 이것은 갑에게든 을에게든 동일하게 적용된다. 만약 사람의 눈에 보이도록 성실의 흉내만 낸다면 일터에서 인정을 받을 수 있겠는가! 하나님 앞에서도 불성실한 사람으로 간주되어 그는 결국 하늘과 땅의 모든 상급에서 배제된다.

성경이 가르치는 갑의 행동은 이러하다. 갑은 하나님을 대하듯이 을을 존중해야 한다. 겉으로 흉내만 내서는 안 되고 보이지 않는 하나님 앞에서 을을 동등한 인간과 동료로 인정해야 한다. 갑에게는

하나의 조항이 추가된다. 위계에 근거하여 을을 위협하지 말아야 한다는 내용이다. 갑은 헛기침만 해도 을에게는 위협으로 간주될 수 있는 신분이다. 시선이 을의 소유물에 몇 초만 오래 머물러도 달라는 협박으로 여겨질 수 있는 신분이다. 이처럼 보다 높은 위치에 있는 사람은 그 위치에 준하는 인격과 품위를 갖추어야 한다. 성경은 을이든 갑이든 모든 사람들의 궁극적인 갑으로서 하나님이 계신다고 가르친다. 비록 자신이 사회적인 혹은 제도적인 갑의 위치에 있더라도 함부로 갑질을 행하지 못하는 이유는 갑과 을 모두에게 하늘의 갑이 계시기 때문이다. 하나님은 을에게도 갑이시고 갑에게도 갑이시다. 하나님의 을을 함부로 대하는 것은 그의 갑이신 하나님께 결례를 범하는 것으로 간주된다. 갑은 그의 갑이신 하나님의 규정을 준수해야 한다. 이처럼 성경의 기준에 따르면, 갑의 인생은 을의 인생보다 더 불편하고 고단하다. 더 섬기고자 하는 마음이 없다면 갑이라는 것은 되기가 꺼려지는 신분이다.

세상의 모든 기관들의 질서로 자리잡은 서열과 계급, 각 기관의 고유한 문화로 자리잡은 갑질을 근절하기 위해서는 의식의 전환, 즉 부자가 가난한 자보다 크지 않고, 지위가 높은 사람이 낮은 사람보다 크지 않고, 사장이 직원보다 크지 않고, 대통령이 국민보다 크지 않고, 부모가 자녀보다 크지 않고, 교수가 학생보다 크지 않고, 의사가 환자보다 크지 않고, 체력이 강한 사람이 약한 사람보다 크지 않다는 의식의 전환이 필요하다. 이는 하나님을 존중할 때에만 전환된다. 하나님 앞에서는 모든 사람이 평등하고 존재의 무게도 동등하기 때문이다.

성경이 가르치는 노동자와 사용자의 관계는 그 사이에 하나님이 있다. 노동자는 하나님을 대하듯이 사용자를 대하고, 사용자도 하나님을 대하듯이 노동자를 대하여야 한다. 사용자는 노동자에 비해 높은 자리에 있기 때문에 더 많이 생각하고 더 많이 배려하고 더

많이 양보해야 비로소 성경이 가르치는 관계의 질서를 유지하게 된다. 그리고 소득의 흐름은 이중으로 구성되어 있다. 즉 땅에서의 소득과 하늘에서 주어지는 소득이다. 사용자와 노동자가 서로에게 하나님을 대하듯이 존중하면 땅에서의 유익도 서로가 가지지만 하늘에서 주어지는 상급도 소유하게 된다. 이런 질서에서 하나님을 배제하면 땅에서의 소득만 취하게 되고 노사의 관계는 땅의 이익에만 근거한 대립의 관계로 전락한다. 그러나 하나님을 존중하면 서로가 서로를 돈벌이의 수단으로 보지 않고 모두가 친구와 동료, 나아가 가족의 친밀한 관계로 발전하게 된다.

국적에 근거한 사회: 국민과 국가

	윤리
갑	을을 형제와 동료로 여김 위협을 금지함 모두의 갑 하나님을 인정
을	갑에게 순종 사랑이 아니라 주께 하듯

한 개인은 가정만이 아니라, 직장만이 아니라, 국가에도 소속되어 있다. 물론 국가를 빼앗기고 유랑하는 난민들도 많다. 2018년 기준으로 2,580만명에 육박한다. 그러나 지구촌 인구의 대부분인 78억은 모두 어느 국가의 국민이다. 개인과 국가의 관계는 국적에 근거한다. 국가는 개인의 권리를 보존해야 하고 개인은 국가에 대하여 다양한 의무들을 준수해야 한다.

국가란 무엇인가? 일정한 영토에서 국민이 독립된 대내적, 대외적 주권을 행사하는 실체를 의미한다. 이처럼 국가는 영토와 국민과 주권으로 구성되어 있다. 대부분의 국가는 군사적인 안보, 경제적

인 개발, 정치적인 민주, 사회적인 복지라는 발전의 단계들을 밟아간다. 국가가 운영되는 방식은 다양하다. 한 사람의 군주가 국가를 경영하는 절대 군주제(사우디), 그 군주의 권력이 헌법의 제한을 받는 입헌 군주제(말레이시아, 덴마크, 룩셈부르크), 탁월한 지혜를 가진 소수의 현인들이 국가를 운영하는 귀족제, 귀족제의 타락한 형태로서 돈과 군사력과 정치적 영향력이 강한 소수의 사람들이 권력을 독점하여 국가를 운영하는 과두제, 모든 국민이 국정에 직접 참여하는 직접 민주주의(고대 그리스, 산마리노, 스위스), 대통령이 정부의 수반으로 행정의 모든 일을 책임지는 대통령제(미국, 한국, 브라질, 멕시코), 대통령은 의전적인 지위만 차지하고 국정은 의회의 다수당이 된 정당에서 선출된 수상이 책임지는 의원 내각제(독일, 인도, 이탈리아, 그리스), 하나의 정당이 국가의 모든 권력을 장악하고 움직이는 일당제(중국, 북한), 군주제(집정관, 왕이나 군주)와 귀족제(원로원, 귀족)와 민주제(민회, 평민)의 균형을 갖춘 혼합제(고대 로마)가 있다. 영국, 네델란드, 일본, 스페인 등과 같이 입헌 군주제와 의원 내각제를 겸하는 나라들도 있다.

우리나라 경우, 국가는 민주 공화국을 표방하고 있다. 국가의 주권은 국민에게 있고, 모든 권력의 출처는 국민이다. 국민이 권력을 위임한 대통령을 비롯한 모든 공무원은 국민 전체를 위한 봉사자다. 국민은 국가에 대하여 권리와 의무를 가진다고 헌법은 명시한다. 모든 국민은 인간의 공통적인 존엄성과 고유한 가치를 간직하고 있다. 국가는 각 개인의 기본적인 인권을 존중해야 하고 보호해야 한다. 그리고 "모든 국민은 법 앞에서 평등하다." 경제적, 정치적, 사회적 활동에 있어서 누구도 부와 외모와 종교와 성별과 가문과 지역과 이력에 의하여 차별을 받지 아니한다.

모든 국민은 각자의 행복을 자유롭게 추구할 권리와 사적인 재산권을 소유한다. 모든 개인은 신체의 자유, 거주와 이전의 자유,

직업 선택의 자유, 종교의 자유, 사생활의 비밀과 통신의 비밀을 지킬 자유, 양심의 자유, 언론과 출판의 자유, 집회와 결사의 자유, 학문과 예술의 자유를 행사할 권리를 소유한다. 그러나 그 자유가 타인의 자유를 침해하고 피해를 초래하는 경우에는 제한된다.

이러한 국민의 행복과 자유에 대해 국가는 보장하고 증진될 수 있도록 노력해야 한다. 여성과 노인과 청소년과 아이들의 복지와 권익의 향상을 위해 노력해야 한다. 신체적인, 정신적인 문제로 생활의 능력이 없는 국민에 대해서는 국가가 보호해야 한다. 국민이 건강하고 쾌적한 환경에서 행복을 자유롭게 추구할 수 있도록 국토의 환경을 최적의 상태로 유지하고 관리해야 한다.

국민은 권리를 누리는 동시에 의무도 이행해야 한다. 법으로 국민의 의무를 제정한 최초의 국가는 영국이다. 우리나라 경우에는 1948년 7월 17일에 공포된 헌법 제2장 국민의 권리와 의무를 적시한 조항에서 교육의 의무, 근로의 의무, 납세의 의무, 국방의 의무를 처음으로 제정했다. 이외에도 국도의 환경을 보호하고 공공의 복리에 역행하는 재산권의 행사도 자제해야 하는 의무를 부과하고 있다. 국가와 국민은 이렇게 권리와 의무라는 씨줄과 날줄로 결합되어 있다.

그런데 이 세상에는 좋은 국가만 있지 않고 나쁜 국가들도 있다. 정부가 부패하고 타락한 시대들도 있다. 그래서 국가에 대한 보다 포괄적인 이해가 필요하다. 이에 대해서는 바울의 국가관을 소개하고 싶다. 그에 의하면, 모든 권세의 소유와 분배는 하나님의 절대적인 권한이다. 그에게서 주어지는 모든 권력은 그것을 주신 하나님의 뜻을 수종 드는 임시적인 권한이다. 그래서 바울은 특정한 정치인에 대한 호불호를 떠나 주에게서 나온 모든 권세들 즉 임금들과 고위직에 있는 사람들을 위해 기도하고 감사했다. 임금들은 하나가 아니라 다수의 지도자를 의미한다. 이는 다양한 정권들을 뜻하기도 하고 다양

한 나라의 수반들을 뜻하기도 한다.

　　권세의 용도는 다양하다. 모든 권세의 주인이신 하나님은 권력의 칼자루를 선한 지도자의 손에 넘겨 지도와 보호의 지팡이로 쓰시기도 하고 악한 지도자의 손에 맡겨 인생의 엉덩이를 찜질하는 징계의 몽둥이로 쓰시기도 한다. 이스라엘 백성에게 앗수르, 바벨론, 페르시아, 로마 제국들은 하나님의 지팡이와 몽둥이로 쓰임을 받았다고 생각한다.

　　나의 생각에, 바울은 자신이 가르친 대로 당시 이스라엘 안팎의 임금들과 고관들 즉 가이우스, 글라우디오, 네로, 헤롯 아그립바 2세를 위해 기도했다. 그리고 그 권세들에 대해 순종했다. 이는 특정 정치인에 대한 자신의 기호와 무관하게 하나님의 영광과 그 백성의 성화를 위함이다. 하나님의 말씀 듣는 것이 사람의 말 듣는 것보다 당연히 옳다고 선포한 베드로도 "주를 위하여 인간의 모든 제도를 순종하되" 왕과 총독에게 순종할 것을 권하였다(벧전 2:13). 이는 하나님의 뜻을 이루기 위한 정치의 조용한 개입이다. 하나님의 주권을 편들고 하늘의 진실을 편드는 최고의 방식이다.

　　현재 한국에서 나는 권력이 위탁된 대통령과 모든 공무원을 위해 기도한다. "모든 권세의 머리"이신 주님께서 그들에게 당신의 의로운 판단을 주시도록, 사익이 아니라 공익을 구하도록, 자신보다 국민을 먼저 더 위하도록, 불법이나 불의와 타협하지 않도록, 외세에 흔들리지 않는 나라가 되도록 기도한다. 정권이 바뀌어도 동일하게 기도하려 한다. 또한 다른 나라들의 리더들을 위해서도 동일하게 기도한다. 이 세상의 공중 권세 탈취한 마귀의 정치적인 수족이 되지 않도록 앞으로의 임금들과 고관들을 위해서도 기도하려 한다.

　　증오의 독설을 퍼붓고 분노의 싸대기를 날리는 목회자의 다소 천박한 정치개입 방식을 종종 목격한다. 물론 나는 더 천박하다.

그런데 교회는 특정한 정파를 의와 불의, 합법과 불법, 선과 악을 불문하고 편들게 만드는 가짜뉴스 생산자와 유포자와 희생자가 되지 않도록, 정치의 노리개가 되지 않도록 깨어 사랑과 공의의 주님을 힘써 편들어야 한다. 정파를 불문하고 사랑과 공의를 실천하는 분들을 지지하고 권세가 주어지면 순응해야 한다. 거의 모든 나라에서 우파에는 거짓과 불법이 가득하고 좌파에는 위태롭고 무분별한 방종이 가득하다. 다 교회가, 국민이 그렇게 만들었다. 개선과 회복도 교회와 국민의 몫이라고 생각한다.

친미나 친북이나 친일이나 친중을 불문하고 그리스도 안에서는 온 국민이 하나여야 한다. 보수나 진보나 그리스도 안에서는 하나여야 한다. 남자나 여자나 영남이나 호남이나 청년이나 노년이나 지방이나 수도권을 불문하고 그리스도 안에서는 하나여야 한다. 초대교회 시대에 세리들과 창녀들과 노예들과 상전들과 유대인과 이방인과 헬라인과 야만인이 그리스도 안에서 하나였던 것처럼 지금도 하나여야 한다. 남한과 북한이, 한국과 일본이, 중국과 미국이 그리스도 안에서 하나여야 한다. 민족적인 이스라엘 나라의 회복을 소망하던 제자들을 향해 하나님 나라의 일을 말씀하신 주님의 가르침을 따라 우리도 하나님의 나라를 관심과 추구의 일순위로 여기는 판단력과 연합과 협력에 목숨과 마음과 힘과 뜻 다하기를 소원한다.

책임에 근거한 사회: 기독교와 세계

	윤리
국가	인권과 행복과 자유 보장 생명과 재산과 국토 수호
국민	국가의 권세에 순종 4가지의 의무를 이행

2020년 현재, 코로나 바이러스 사태로 한반도와 온 세계의 상태는 몸살이다. 바이러스 확산의 방지를 위해 정부와 지자체는 국민의 검역을 확대하고 모임을 통제하고 동선을 파악하고 감시의 수위를 강화한다. 지금의 현실을 전시에 준하는 비상사태 상황으로 인식한 국가들이 강력한 대응책 마련을 위해 나라 전체를 통제하는 결정이 급증하고 있다. 실제로 군 병력 투입까지 고려하는 나라들도 있다. 한편으로 이에 따른 종교의 탄압, 자유의 제한, 사생활 침해, 경제의 위축, 교류의 마비, 감시의 확대, 통제의 강화, 빅부라더 사회의 출현에 대한 우려의 목소리가 언론의 대문을 두드린다.

위기가 기회라는 말은 검증된 사실이다. 여름이면 태풍으로 인해 각 나라에는 막대한 국가적 피해가 발생한다. 그러나 이로 말미암아 그 광활한 바다의 건강과 해수의 신선도가 유지된다. 동족 상잔의 비극인 6.25전쟁으로 많은 국보급 문화재가 파괴되고, 국토의 황폐화가 초래되고, 한국군과 연합군은 80여만명이 죽고, 민간인은 100만명 정도가 사망하고, 수십만의 이산가족 및 전쟁고아 문제가 발생했다. 그러나 이로 말미암아 낡은 의식들의 새로운 전환이 범국가적 규모로 일어났다. 자유의 비용이 얼마나 큰 것인지를 깨달았다. 국가가 통째로 바닥에 주저앉는 패망의 잿더미 속에서도 일어나는 법을 체득했다. 가장 급격한 발전이 70년의 한국 현대사를 관통하고 있다.

코로나 바이러스 사태는 문명이 고도로 발달한 21세기에 전 세계를 강타하는 태풍이다. 세계는 코로나와 사투를 벌이는 전쟁터다. 그런데 기존의 익숙하고 굳어진 생각들의 쇄신이 전세계적인 규모로 진행되고 있다. 의식의 쾌쾌한 창고에 구겨 넣어 둔 근본적인 질문들과 세월의 먼지가 두툼하게 쌓일 정도로 오랫동안 소외된 주제들이 인류의 관심사로 대두되고 있다. 인간은 누구인가? 문명은 무엇인가? 자연은 무엇인가? 그러나 내가 주목하는 질문은 이것이다. 기

독교란 무엇인가? 기독교가 목숨을 걸고 전하는 복음은 무엇인가? 신앙의 본질은 무엇인가? 바빙크의 답변이다. "복음은 개인뿐 아니라 인류 전체, 가정과 사회와 국가, 예술과 학문, 전 우주, 신음하고 있는 모든 피조물을 향한 복음이다...이 신앙은 보편적인 것이어서 때와 장소, 어느 국가나 민족에만 국한되지 아니한다. 이 신앙은 모든 상황에 적합하며, 근본적인 삶의 모든 형편과 연관되고, 모든 시대에 합당하고 유익하며 모든 환경에 적당하다."

기독교와 교회의 우주적 보편성을 추구한 신학자의 이 고백, 코로나 사태를 대하는 교회에게 가장 필요하고 긴급한 의식이라 생각한다. 내 신앙, 내 축복, 내 가정, 내 교회, 내 교단 중심적인 의식의 이기적인 방파제는 무너져야 한다. 마스크 사재기로 내 주머니만 챙기려는 상업적 이기주의, 가족과 동료를 버려도 내 구원만은 챙기려는 사이비 종교의 이기주의, 내가 책임자로 있는 도나 시에만 보다 많은 재난 기금을 챙기려는 지역적 이기주의 등이 부끄러운 줄도 모르고 민낯을 드러낸다. 여기에 교회도 니도나도 유익을 챙기는 이 이기적인 현실의 씁쓸한 밥상에 숟가락을 얹으려고 한다.

욕심과 이기적인 행동은 사랑의 부재에서 비롯된다. 지금 교회가 세계라는 이웃에게 제공해야 할 복음은 사랑이다. 하나님을 기쁘시게 하는 진정한 예배는 바로 이웃의 필요를 채우는 실천적인 사랑이다. 이 사랑은 내 가정, 내 구역, 내 지역교회, 내 노회, 내 교단, 내 나라라는, 일인칭 단수가 소유격이 된 개념의 테두리를 넘어 땅끝까지, 종말까지 이르러야 한다. 2000년 전, 온 세상의 죄를 짊어지고 골고다의 뾰족한 공기를 가르고 십자가의 길을 꿋꿋이 걸어가신 예수의 사랑이 기독교의 현주소가 되기를 소원한다.

기독교는 자연에 대해서도 책임을 통감해야 한다. 성경은 인간과 자연의 관계를 이렇게 가르친다. "생육하고 번성하여 땅에 충만

하라, 땅을 정복하라, 바다의 물고기와 하늘의 새와 땅에 움직이는 모든 생물을 다스리라"(창 1:28). 인간은 이처럼 자연을 최상의 상태로 유지하고 다스려야 할 책임이 주어진 만물의 영장이다. 자연은 인간에게 순응해야 한다. 그러나 인간이 창조자 하나님과 피조물의 질서를 파괴했다. 인간이 하나님의 다스림을 거부하고 독립을 선언했다. 그 결과로서 자연도 인간의 다스림을 거부하고 열매의 결실과 공급을 거부하기 시작했다. 오히려 가시와 엉겅퀴를 내어 인간의 이마에는 수고의 땀방울이 마르지 않는 고단한 인생이 펼쳐졌다. 성경은 지금 자연이 허무한 것에 굴복하고 썩어짐에 종 노릇을 하며 신음하고 있다고 진단한다(롬 8:20-21). 이런 굴복과 신음의 종식을 자연은 고대하고 있다. 즉 자연은 하나님의 자녀다운 자녀들이 많이 나타나서 그들에게 최고의 열매를 제공하는 본래의 질서가 회복되길 고대한다. 인간이 일으킨 질서의 희생물이 된 자연을 회복하는 책임은 당연히 인간에게 있다. 기독교는 이런 책임감을 역사의 마지막 순간까지 어깨에 짊어지고 자연의 궁극적인 회복을 도모해야 한다.

은혜에 근거한 관계: 나와 원수

	윤리
세계	썩어짐에 종 노릇 하나님의 자녀를 고대함
기독교	땅끝까지 증인 자연의 궁극적인 회복

개인과 원수 사이에도 관계의 질서와 윤리가 존재한다. 원수는 누구인가? 우리에게 신체적인 아픔, 심리적인 고통, 경제적인 불이익, 정치적인 두려움, 사회적인 비난을 가하는 자들을 의미한다. 성

경은 이러한 원수와 어떠한 관계를 맺으며 어떠한 질서와 윤리를 구현해야 할지를 가르친다. 원수를 대하는 예수님의 가르침은 이러하다. "나는 너희에게 이르노니 너희 원수를 사랑하며 너희를 박해하는 자를 위하여 기도하라"(마 5:44). 예수님은 어떠한 죄도 범하지 않았지만 이 세상의 모든 죄를 짊어지고 억울한 죽음을 당한 분이시다. 이 세상의 모든 사람들이 그에 대해서는 원수로 분류된다. 그럼에도 불구하고 예수님은 모든 사람들이 아직 죄인이요 원수였을 때에 그들을 위하여 사랑을 베푸셨다. 그들을 위한 기도를 쉬지 않으셨다. 심지어 자신에게 뾰족한 채찍질을 가하고 끈적한 침을 뱉고 주먹으로 얼굴을 가격하고 굵은 못으로 손발을 뚫고 예리한 창으로 옆구리를 찌르는 현재 진행형 원수들을 위해 이렇게 기도한다. "아버지 저들을 사하여 주옵소서 자기들이 하는 것을 알지 못합니다"(눅 23:34). 이처럼 예수님은 원수에 대하여 가르친 그대로 자신이 실천했다.

스데반은 예수의 이런 가르침과 삶을 그대로 재연한 사람이다. 이유도 없이 죽음의 돌을 던지는 자들을 향해 스데반도 이렇게 기도한다. "무릎을 꿇고 크게 불러 이르되 주여 이 죄를 그들에게 돌리지 마옵소서 이 말을 하고 자니라"(행 7:60). 예수님을 종교적인 차원에서 흉내만 낸 것이 아니라 머리가 돌에 깨어지는 와중에도 무릎까지 꿇고 목청을 높여 크게 주의 이름을 부르면서 기도했다. 이것은 적극적인 의지의 반영이다. 원수를 너무나도 사랑한 나머지, 그들에게 하나님의 진노가 떨어지지 않도록 남은 모든 에너지를 동원하여 사랑의 기도를 쏟아낸 것이었다. 이 사건을 아마도 도모하고 현장을 숨어서 지켜 본 사람은 바울이다. 그런 바울이 예수님을 믿고 돌변했다. 기독교를 박해하던 사람이 희생자의 자리로 이동했다. 그의 돌변에 분노를 격발한 동료들 즉 유대인은 다수였다. 그들은 바울을 죽이려고 식음을 전폐하고 테러의 칼을 갈며 밤까지 지새웠다. 그럼에도 불

구하고 바울은 자신의 생명이 끊어지는 일이 있더라도 하늘의 복이 그들에게 임하기를 목숨 건 사랑으로 기도했다. 그는 예수님과 스데반의 가르침을 그대로 실천했다. 그것이 원수를 대하는 기독교의 윤리였기 때문이다. 한국에도 이러한 사랑의 윤리를 실천한 분이 있는데 그는 손양원 목사이다. 그의 두 아들 손동인과 손동신은 1948년 여순반란 사건에서 반란군에 의해 총살을 당하였다. 반란군 중에 안재선이 있다. 그가 체포되어 사형을 당하려고 하자 손 목사는 사형을 막아서며 자신의 양자로 삼겠다는 말과 함께 그를 구명했다. 그리고 공산군이 퇴각할 때 손 목사는 그들에게 잡혀 총살을 당하였다. 손 목사는 손이 묶인 채 총탄에 맞고 쓰러졌다. 그에게는 이제 한 모금의 숨이 남은 상태였다. 그런데 그때 손 목사는 유일하게 움직일 수 있는 다리를 자신에게 총 쏜 사람을 향해 들어 올리면서 저 사람의 죄를 용서해 달라고 기도를 드리는 데에 자신의 마지막 숨을 소비했다. 손 목사는 아들들을 죽인 원수도 사랑했고 자신을 죽인 원수도 사랑했던 사랑의 거인이다.

너무도 다양한 사람들로 이루어진 사회 속에서 우리는 어떠한 질서와 윤리를 따라 살아가야 할까? 모든 시대에 모든 민족의 고민이다. 나는 성경이 우리에게 제시하는 윤리를 사회의 질서와 윤리로 여기며 내 삶 속에서 적용하려 한다. 아내와 남편, 부모와 자녀, 사용자와 노동자, 나와 국가, 나와 세계, 나와 원수의 관계를 성경의 가르침에 위탁한다. 그런 사회를 꿈꾸며 하루하루 살아간다.

6

인간의 실존
무엇이 문제인가?

세상의 질서를 알고 인생의 윤리를 알아도 그것들은 우리에게 몸에 맞지 않은 옷처럼 불편하다. 나의 생에서는 이루어질 수 없는 그림의 떡처럼 감칠맛만 낸다. 자연에 순응하고 원수를 포함한 이웃을 사랑하고 용서하고 배려하고 용납하고 기다리고 희생하고 양보하고 칭찬하고 높여주고 존중하는 일을 행하고자 하면 본성이 거부한다. 무엇이 문제일까? 이는 내 안에, 이 세상에 무질서와 비윤리가 많기 때문이다. 조금만 생각해 보면 우리가 사는 세상에는 비정상이 가득하다. 질서와 무질서의 경계도 모호하다. 우리는 태어나기 전부터 존재하고 경험하는 것들은 정상일 것이라고 생각한다. 익숙한 것일 뿐인데 질서라고 착각한다. 그러나 나이가 들면서 옳다고, 순리라고, 당연한 것이라고 여겨온 것들이 정상이 아니라 내가 길들여진 결과요 착시일 뿐이라는 사실을 서서히 조금씩 깨닫는다. 온 세상에 심각한 문제가 있음을 보여주는 비정상의 징후들을 잠시 살피고자 한다.

자연의 무질서와 무자비

자연에서 일어나는 일들은 모두 자연적인 현상일까? 내 눈에 관찰되는 자연이 진짜 자연이 아니라 일그러진 부자연일 수 있다고 하면 불온한 생각인가? 나는 지금의 자연이 정상이 아니라고 생각한다. 강한 사자가 약한 사슴을 죽이고 찢어서 먹거리로 삼는 것이 과연

정상인가? 먹는 것 앞에서 서로를 적으로 여기며 뺏고 빼앗기는 투쟁이 과연 정상인가? 힘 센 사자들이 한 마리의 연약한 임팔라를 먹으려고 집단으로 달려들어 괴롭히고 생명을 빼앗는 것이 과연 정상인가? 갓 태어난 물소가 어떠한 저항도 하지 못하고 어떠한 보호도 받지 못하고 곧장 포식자의 입으로 들어가는 일이 과연 정상인가? 자연은 광고에 나오는 것처럼 평화롭고 아름다운 장면만이 아니라 공포 영화 속의 한 장면처럼 생명과 죽음이 곳곳에서 비명을 지르는 잔인한 전쟁터와 같다.

자연의 비명에 귀를 기울인 과학자가 있다. 박쥐를 연구하는 생물학자 댄 리스킨(Dan Riskin)은 인간에게 무한한 유익을 제공하는 것처럼 보이는 자연의 잔인하고 이기적인 생태계를 고발하기 위해 《자연의 배신》을 저술했다. 거기에서 저자는 모래호랑이상어(Sand Tiger Shark)를 소개한다. 이 상어의 두 자궁에는 최대 50마리의 태아가 사는데 그 중에 발생이 가장 빠른 녀석은 10cm 정도 성장하면 자기가 살려고 어미의 자궁 속에서 이리저리 다니면서 수정이 안된 알만이 아니라 자기보다 작은 다른 형제까지 모두 죽여서 먹는다고 한다. 이처럼 자궁에서 이미 바다 포식자의 기질을 발휘한다. 보석말벌 이야기도 끔찍하다. 그것은 침으로 바퀴벌레 같은 곤충을 마취시켜 그 안에 알을 낳고 땅에 파묻는다. 마취로 인해 움직이지 못하는 그 곤충은 말벌의 애벌레가 성충이 되어 숙주의 몸을 뚫고 밖으로 나올 때까지 살아있다. 나온 애벌레는 곤충의 신선도를 유지하기 위해 항균 물질을 곳곳에 분비하고 치밀한 순서를 따라 곤충의 장기를 먹는다고 한다.

"이기적인 유전자"를 가진 생물들의 폭력이 활개를 치는 정글의 무자비한 법칙이 과연 정상적인 자연인가? 인간을 비롯한 모든 생명체가 DNA를 운반하는 수레에 불과한 것이라고 주장하는 책 《이기적 유전자》의 극단적인 주장이 자연의 현실일지 모른다는 생각

에 마음이 불편하다. 실제로 약하면 당하고 죽는 세계, 강하면 가지고 죽이는 세계가 지금 우리가 살아가고 있는 자연의 민낯이다. 러스킨의 지적처럼, 자연에는 탐욕, 색욕, 나태, 탐식, 질투, 분노, 오만이 가득하다. 문제는 이러한 상태가 좋아지지 않고 악화되고 있다는 사실이다. 엔트로피(entropy) 법칙, 즉 열역학 제2법칙(Second Law of Thermodynamics)이 이를 증명한다. "엔트로피"는 자연계의 무질서한 정도를 나타내는 개념이다. 이 법칙에 의하면, 시간이 흐를수록 모든 영역의 무질서는 증가한다. 이는 질서가 자연에 적합하지 않고 무질서가 자연의 적자라는 이야기가 된다. 계속해서 자연은 질서가 아니라 무질서를 선택한다. 이것이 정상인가?

자연은 지금 정상이 아니라 절망적인 비명을 지르고 신음을 쏟아내고 있다. 자연 스스로는 문제를 해결할 수 없어서 보내는 구호 요청이다. 5장에서 언급한 것처럼, 자연의 소원은 딱 한 가지이다. "피조물 자체가 멸망의 노예 상태에서 해방되어 하나님의 자녀들이 가지는 영광의 자유에 이르는 것이다"(롬 8:21). 즉 자연은 자신의 무질서와 혼돈의 회복을 간절히 열망하고 있다. 그 방법은 인간에게 있는 무질서와 혼돈의 회복이다. 이는 자연의 문제가 인간의 문제에서 파생된 것이기 때문이다. 두 무질서와 그 사이의 또 다른 무질서는 인간과 하나님 사이의 무질서가 낳은 자식이다. 이제 인간이 가진 무질서를 주목하자.

인간의 무질서와 비윤리

인간에게 발견되는 가장 심각한 무질서의 증거는 몸의 죽음이다. 물론 태어난 모든 사람이 죽는다는 것은 상식이다. 모든 사람이

동의하는 현상이기 때문에 죽음은 비정상이 아니라 정상으로 간주된다. 전 세계에서 한 해에 평균 5천만명 정도가 사망한다. 하루에는 15만명 정도가 사망하고 그 중에서 굶어서 죽는 숫자가 3만5천명 정도라고 한다. 한국의 경우 2018년을 기준으로 1년동안 30만명 정도가 사망했다. 스스로 목숨을 끊는 자살의 경우 전 세계에서 1년에 100만명 정도이고 한국의 경우에는 하루 37.5명으로 전 세계에서 인구대비 자살률 1위를 차지하고 있다. 죽음에는 다양한 이유들이 있다. 그 중에서 80세 이상의 사람이 대한민국 사망자의 46.3%를 차지하고 있다는 사실에서 우리는 사망의 가장 큰 원인은 노화임을 확인한다.

늙어가는 이유는 무엇인가? 세포가 분열하면 할수록 죽어가는 이유는 무엇인가? 세포의 생로병사 문제에 대해 인류는 집요한 관심을 가지고 연구하고 있다. 이는 세포의 노화만 멈추면 젊음을 유지하고 장수할 수 있다고 생각하기 때문이다. 세포의 수명은 생명의 시계라는 별명을 가진 텔로미어(telomere) 즉 세포의 염색체 말단을 보호하는 꼬리의 길이와 비례한다. 이 꼬리는 세포가 분열하면 할수록 짧아진다. 세포는 분열의 횟수만큼, 그리고 꼬리가 줄어든 길이만큼 노화된다. 그런데 존스 홉킨스대 엘리자베스 블랙번(Elizabeth H. Blackburn) 교수와 그녀의 제자인 캘리포니아대 캐럴 그라이더(Carol W. Greider) 교수는 세포의 노화를 방지하는 효소 즉 꼬리의 길이가 짧아지는 것을 방지하는 효소(telomerase)를 발견해서 2009년에 노벨상을 공동으로 수상했다. 늙는다는 것은 세포의 꼬리가 짧아짐을 의미한다. 꼬리가 짧아지면 머리카락 색소도 죽어서 희어지고, 얼굴이나 피부에 주름과 반점도 많아지고, 면역계의 세포들도 죽어서 암, 치매, 심장병, 당뇨와 같은 질환들이 발생한다.

그렇다면 인류의 노화 문제를 해결하기 위해 텔로미어 효소를 많이 구해서 복용하면 된다고 생각하기 쉽다. 그러나 이 효소의 복

용은 양날의 검이라고 한다. 이 효가 암세포와 결부되어 있기 때문이다. 세포가 늙으면서 우리의 몸에 허락도 없이 올라탄 질병들 중에 암이 가장 심각하다. 특별히 한국에서 사망을 일으킨 질병들 중에는 암, 심장 질환, 폐렴이 원인의 앞 순위를 차지한다. 그 중에서도 암은 독보적인 일등이다. 그런데 모든 세포가 늙어가고 죽지만 시간이 지나도 죽지 않고 증식하는 유일한 세포는 암세포다. 암에는 브랙번이 발견한 그 효소가 있기 때문이다. 만약 그 효소를 몸에 주입하면 노화의 방지라는 유익이 있겠지만 암의 발생과 성장의 촉진 가능성도 감수해야 한다. 이 효소를 발견한 블랙번은 TED 강연을 통해 텔로미어 길이의 변화에 영향을 주는 것으로서 스트레스 즉 심리적인 요소를 강조한다. 유전자와 염색체 너머의 그 무언가가 텔로미어 길이의 변화를 제어하고 있다는 사실에 근거하여 그녀는 중증 장애인을 돌보는 부모들을 관찰했다. 그들은 생물학적 나이와 무관하게 텔로미어 길이가 남들보다 더 빠르게 더 많이 짧아졌다. 돌본 기간이 길수록, 돌보면서 받은 스트레스 크기가 클수록 텔로미어 길이가 짧아지는 정도는 심해졌다.

그런데 동일한 환경에서 동일한 일을 하면서도 스트레스 지수가 낮은 부모들의 경우 텔로미어 길이가 정상으로 유지가 되었다는 사실을 확인했다. 텔로미어 관련 논문들은 지금까지 10,000여편 정도가 발표되었다. 그리고 그 모든 것들의 결론에 근거하여 그녀는 우리에게 발생하는 일들을 어떠한 마음으로 반응할 것인지, 즉 삶을 대하는 우리의 태도가 세포의 노호와 수명에 지대한 영향을 끼친다고 주장한다. 이는 텔로미어 길이의 통제권이 세포 자체가 아니라 어느 정도는 우리의 의지에 주어져 있다는 사실을 의미한다. 그리고 어릴 때에 받은 감정적인 상처나 폭력이나 따돌림의 영향은 더 크다고 주장한다. 그러므로 우리는 부정적인 생각, 위협적인 느낌, 두려움과 염

려와 근심을 환영하지 말고 경계해야 한다. 기쁨과 감사가 가득해야 한다. 동시에 우리의 어린 자녀들과 학생들이 극도의 두려움과 수치심을 느끼지 않도록 매사에 주의해야 한다. 더 많이 더 오랫동안 사랑해야 한다. 이처럼 우리의 몸에 나타나는 노화와 질병과 죽음은 우리에게 사랑의 중요성을 가르친다. 노화와 죽음은 이처럼 사랑과 결부되어 있다. 이런 맥락에서 영원한 사랑의 부재를 우리가 영원히 살지 못하는 이유로 여긴다면 과장된 생각일까?

몸만이 아니라 마음에 있어서도 사망의 그림자가 있다. 가장 어두운 그림자는 거짓이다. 사람들은 거짓말을 한다. 대범한 사람들은 거짓말을 밖으로 꺼내고 소심한 사람들은 마음에 그냥 두고 적절한 출고의 때를 기다린다. 거짓을 드러내는 사람들도 있고 애써 감추려는 사람들도 있다. 어떤 식으로든 모든 사람들이 거짓을 생산한다. 인간은 굴뚝 없는 거짓의 공장이다. 스스로 생산을 중단하는 능력의 소유자는 없다. 쉼 없이 생산한다. 입에도 미끄러운 거짓이 가득하고 손에도 끈적한 거짓이 가득하다(시 144:11). 이사야는 그런 자들을 가리켜 거짓으로 끈을 삼아 죄악의 수레를 끄는 자로 묘사한다(사 5:18). 이들은 엄습하는 민망함과 수치심을 가리고 무마하기 위해 거짓을 정직으로, 정직을 거짓으로 여기며 개념적 합리화를 시도한다. 거짓은 정직의 기준까지 파고들어 질서인 것처럼 둔갑한다. 심지어 진실보다 거짓을 더 사랑하게 한다. 그러면 분별과 판단에 마비가 오고 거짓의 통제는 불가능한 상태로 접어든다. 그런 방식으로 거짓은 온 세상을 점령한다. 거짓은 정상인가? 정상이 아닌 이런 거짓을 일으키는 원인은 무엇인가? 인간의 마음은 왜 거짓에 관심을 기울이고 거짓과 결탁할까? 분명한 것은 거짓이란 비정상과 무질서가 우리의 마음에 있다는 사실이다. 이것은 과연 어디에서 시작된 문제일까?

사람들은 또한 미워한다. 미움은 모든 사람들이 무시로 생산

하고 경험하는 감정이다. 그래서 사람들은 미움을 전혀 이상하지 않은 정상적인 마음의 작용으로 간주한다. 그러나 나는 미움이 정상적인 감정이 아니라고 생각한다. 미움은 감정의 질병이다. 감정에서 미움이 발생하는 이유는 무엇인가? 물론 외부의 환경이 촉발하는 방식을 취하지만 그런 환경과 단짝이 되어 미움을 격발하게 되는 내면의 원인은 무엇인가? 미움을 정상적인 본능의 하나로 간주하는 이들에겐 전혀 질문할 내용이 아닐 수도 있겠지만 나는 정말 궁금하다. 자신 안에 없는 것은 절대로 자신을 격정에 빠져들게 만들지 못한다는 헷세의 말은 진실이다. 모든 문제는 내 내면의 동의와 더불어 시작된다. 모든 감정적인 문제는 내 안에 어떤 문제가 있음을 고발한다.

성경은 미움을 금지한다. 미움은 정상이 아니어서 나에게도 너에게도 피해를 주기 때문에 인간을 보존하기 위해 성경은 미워하지 말라고 가르친다. 미움은 우리로 하여금 어둠 속에 머물고 어둠을 행하게 만드는 원인이며(요일 2:11) 동시에 손 대지 않은 살인이다(요일 3:15). 이 세상에 존재하는 어둠의 세계와 살인의 은밀한 배후는 바로 미움이다. 그러므로 미움을 일으키는 원인을 규명하고 해결하는 일은 대단히 중요하다. 물론 내가 미워하지 않고 타인의 미움도 방지하고 미움을 촉발하는 환경을 바꾸는 것도 중요하다. 그러나 환경이 어떠하든 미움의 주체는 결국 자신이기 때문에 본성에 박힌 자신의 내적인 원인을 규명하고 극복하는 것이 가장 중요하다. 그래서 미움 자체에 대해 질문해야 한다. 미움은 영혼의 무질서다. 영적인 문제를 고발하는 영혼의 목소리다. 사랑의 역설적인 절규이다. 이 미움을 극복하는 유일한 방법은 사랑이기 때문이다. 이처럼 미움이란 마음의 무질서도 우리에게 사랑을 가르친다.

사람들은 불안하다. 물론 뭔가 안 좋은 일이 생길 것 같은 상황과 잘 되지 않을 것 같은 분위기 때문에 불안에 빠지는 것은 당연하

다. 그래서 불안은 감정의 아랫목을 차지한다. 두려움과 근심과 걱정과 염려는 그 불안의 사촌이다. 이런 마음의 상태는 모든 사람에게 발생하기 때문에 이 또한 정상으로 간주된다. 그러나 불안도 환경에 대한 하나의 심리적인 해석인 동시에 인간에게 내재되어 있는 무질서의 내부 고발자다. 불안은 정상이 아니고 불안하지 않는 마음의 상태가 정상이다. 불안은 내 안에 어떤 문제가 있음을 알리는 하나의 신호이며 증상이다. 성경은 불안이나 걱정이나 근심이나 염려나 두려움은 인간에게 합당하지 않은 것이라고 가르친다. 그러한 감정을 가지면 고통과 상처와 손해가 따른다고 한다(요일 4:18). 좋지 않은 원인으로 인해 마음이 힘들어진 상태인데 그 무거운 감정이 또 다른 고통을 초래하는 원인으로 작용한다. 불안은 우리에게 안정의 필요성을 부르짖는 불안정한 영혼의 외침이다. 영혼의 안식처를 찾으라는 독촉이다.

인간에게 고통과 수치와 공포를 유발하는 외부의 환경을 바꾸고 극복하는 것은 얼마든지 가능하다. 그러나 그런 환경 때문에 드러나게 된 본성의 문제는 인간의 능력과 노력으로 해결될 수 없는 영역이다. 거짓과 미움과 불안과 다른 모든 내면의 문제들은 환경이 주는 위협을 빨리 파악하고 대처해야 한다는 경고의 유용한 기능이 있다는 것은 분명한 사실이다. 그러나 그 자체가 가지는 메시지는 인간에게 근본적인 문제가 내재되어 있다는 사실이다. 성경에 따르면, 인간이 극심한 두려움과 불안을 느끼고 걱정과 근심에 빠지고 미움과 분노의 감정이 솟구치는 것은 사랑의 부재를 알리는 사인이다. 불안은 자신을 사랑 자체라고 규정하신 하나님을 찾고(요일 4:18) 그에게만 소망을 두어야 할 때라고 가르친다(시 42:5). 인간에게 나타나는 모든 무질서는 그 자체로 중요한 메시지다.

사회의 무질서와 비윤리

인간이 살아가는 사회도 자연과 비슷하다. 현실 사회에는 공포와 비애와 폭력과 불평등이 가득하다. 살인과 음행과 배신과 모함과 증오와 분노와 욕설과 거짓이 사랑과 존중과 배려와 칭찬과 선행과 진리의 숨통을 조이며 사회의 질서인 것처럼 군림하고 있다. 그런데도 사람들은 사회가 원래 그런 곳이라고 당연하게 여기며 체념 섞인 헛바닥을 턴다. 시간이 흐르면서 그런 사고는 인간의 보편적인 상식의 자리를 차지한다. 무질서는 그런 식으로 사람들의 의식을 잠식한다. 분명히 잘못된 것인데도 사람들의 눈에는 전혀 드러나지 않은 은밀한 무질서가 있다.

세상에는 다양한 종류의 계급이 존재한다. 그러나 이것도 무질서를 고발하는 하나의 현상이다. 국가에는 대통령을 비롯한 관원들이 직급에 따라 서열이 매겨진다. 계급의 가장 큰 격차는 대통령과 노예 사이에서 나타난다. 이 격차를 해소한 미국의 노예제도 철폐는 1862년 링컨 대통령에 의해 이루어진 일이었다. 하나님 앞에서는 모든 사람들이 평등하다. 이것이 링컨에게 제도 철폐의 근거였다. 그 이전까지 사람들의 의식에 흑인은 노예처럼 사는 것이 당연한 것이었다. 이러한 의식의 성당화를 위해 백인은 흑인이 짐승과의 수간을 통해 나온 개체이며, 흑인의 검은 피부색은 열등한 종자라는 증거이며, 지능도 백인보다 떨어지는 존재라는 낭설을 퍼뜨렸다. 그런 장애물을 극복한 링컨의 노예제도 철폐는 분명 진일보다. 그러나 제도의 개선이 국민적인 의식의 개선으로 곧장 이어진 것은 아니었다. 편견도 400년 이상 존속되면 질서와 정상으로 간주된다. 그 편견을 바꾸려는 모든 시도들은 무질서와 비정상의 원흉들로 내몰린다. 의식의 골수에 박힌 그 편견 때문에 노예의 제도적인 철폐 이후에도 흑인들은

1950년대까지 여전히 식당, 운송수단, 도서관, 강의실, 화장실, 병원, 심지어 교회 안에서도 백인과 섞일 수 없는 신세였다. 그들은 백인이 출입하지 않는 다른 시설들을 사용해야 했다. 피부색의 차이에 근거한 인종의 차별은 결코 합당하지 않다. 그럼에도 불구하고 그 차별이 당연하게 여겨지던 시대가 있었다는 것은 지금도 제도와 법의 탈을 쓰고 은밀하게 버티는 차별들이 있음을 암시한다. 우리가 살아가는 세상에는 지금도 재산의 크기와, 지식의 분량과, 직위의 높이와, 가문의 역사와, 학력의 정도와, 지역이나 민족의 출신에 근거한 차별을 당연한 것으로 여기는 사람들이 많다. 그러나 성경은 모든 종류의 차별을 엄격하게 금지한다. 어떤 사람을 재산이 많다는 이유로, 지식이 많다는 이유로, 직위가 높다는 이유로, 외모가 좋다는 이유로 우대하는 것을 금지한다. 나아가 성경은 타인과 다른 타인을 차별하여 대하는 것을 금지할 뿐만 아니라 자신과 타인의 차별도 금지한다(약 2:8-9). 내가 나 자신을 타인보다 더 사랑하는 것도 차별이다. 성경은 타인을 나 자신처럼 사랑해야 한다고 가르치며 나와 너의 차별도 허물라고 한다.

고대에 여성은 끔찍한 유린을 당하였다. 민주주의 사회의 꽃이라고 불리는 고대 그리스 제국 안에서도 여성은 온전한 시민권을 취하지 못하였기 때문에 공적인 활동을 못하였고 재산을 가질 권리도 없었으며 결혼 전에는 아버지의 소유물, 결혼 이후에는 남편의 소유물에 불과했다. 이러한 여성 차별은 당시에 당연하고 합법적인 것으로 여겨졌다. 소유물에 불과한 여성의 몸이 남성들의 성 노리개로 사용되는 것은 일상적인 일이었다. 그런 시대에 성경은 과감한 이의를 제기했다. 여성과 남성은 동등한 존재라고 선언했다. 심지어 부부의 관계에서 남편은 아내를 위하여 자신의 목숨을 바쳐 사랑해야 한다고 가르쳤다. 자신의 목숨보다 아내의 목숨을 더 소중하게 여기는

것이 본래의 질서라고 가르쳤다. 아내가 자신의 몸을 자신이 주관하지 못하고 남편이 주관하는 것처럼, 남편도 자신의 몸을 자신이 주장하지 못하고 아내가 주관하는 것도 부부 사회의 원칙이다(고전 7:4). 이러한 원칙을 인정하고 존중하는 부부를 21세기에 사는 나도 만나지 못하였다. 칼로도 베지 못하는 물처럼 연결되어 있는 부부 사이에도 서로를 의심하고 상대방의 인권보다 자신의 인권 지키기에 급급하다. 성경이 가르치는 하나님의 질서에 비추어 볼 때 지금 우리의 삶은 무질서한 인생이다.

사람들이 거주하는 집이나 건물에도 무질서의 그림자가 드리워져 있다. 집은 무엇인가? 집은 짐승이나 이웃 사람들이 나의 소유지에 함부로 들어오지 못하도록, 혹은 나를 죽이거나 폭력을 가하지 못하도록, 혹은 자연의 다양한 재난에서 나를 보호하기 위한 건물이다. 이것을 뒤집어서 생각하면, 집이라는 것은 자연이나 짐승이나 인간이 나를 위협할 수 있다는 무질서가 있음을 고발한다. 집은 또한 소유의 테두리다. 그런데 그렇게 소유에 테두리를 쳐야만 하는 이유는 무엇인가? 인간에게 타인의 소유물을 훔치는 성향이 있기 때문이다. 그래서 집은 인간에게 있는 도둑의 기질을 고발한다. 집에는 문이라는 출입구가 있다. 노크라는 예의를 갖추어서 출입하는 것이 정상이다. 그런데 함부로 들어오지 말라는 문이라는 표식으로 충분할 것 같은데 그 문에는 자물쇠가 있다. 나는 자물쇠의 존재가 심히 불쾌하다. 이는 자신의 집에 들어오지 말고 자신의 물건을 가져가지 말라고 해도 여전히 말로는 제어되지 않는 도벽이 인간에게 있음을 고발하기 때문이다. 자물쇠의 기술은 계속해서 발전한다. 자물쇠의 발전도 불쾌하다. 타인의 소유를 취하려는 인간의 부끄러운 욕망을 더 심하게 노출하기 때문이다. 집 주변에는 CCTV가 있다. 이것도 불쾌함을 유발한다. 소유물을 훔치려고 자물쇠를 따려는 행위가 아니라 집 주변

인간의 실존 - 무엇이 문제인가? **139**

을 그냥 지나가는 사람도 믿지 못하는 의심의 사회를 드러내기 때문이다. 발전한 도시나 번영한 국가에서 이러한 현상이 더욱 심하다는 것은 비록 문명의 관점에서 보면 진보처럼 보이지만 인간의 은밀한 무질서의 관점에서 보면 명백한 퇴보의 현상이다. 집이 없고 자물쇠가 없고 감시 카메라가 없는 무의심의 사회는 과연 가능할까?

문명이 발달한 도시와 국가는 법치를 자랑한다. 법은 무엇인가? 평등과 선이라는 정의를 구현하기 위한 사회의 규약이다. 법이라는 것도 인간의 부끄러운 무질서를 드러내는 고상한 물증이다. 이 법은 인간과 인간이 외부의 타율적인 명령 없이 스스로는 정의를 구현하지 못한다는 점을 꼬집는다. 법이 없다면 자신을 위하고 이기적인 판단과 행동으로 타인에게 불의를 마음껏 저지를 가능성이 인간에게 있다는 사실을 증명하고 있다. 그리고 법치국가 안에는 법을 해석하고 적용하는 법조인이 있다. 이들의 존재도 인간의 치부를 드러낸다. 사회적 합의에 의해서 만들어진 법이 있어도 그 법 앞에서의 평등과 정의를 스스로 구현하지 못하는 인간의 연약함을 드러낸다. 법을 왜곡하고 오용하는 인간의 부패한 법의식을 고발한다. 모든 국가에는 법조인 외에도 법의 판결을 집행하는 경찰관이 존재한다. 경찰관의 존재도 인간의 또 다른 결점을 드러낸다. 즉 죄를 저지르고 법에 의해서 정죄를 받고 법조인의 판결을 따라 형벌이 주어져도 그것조차 거부하는 완악함이 인간에게 있음을 보여준다. 법과 법조인과 경찰관의 존재는 반드시 필요하다. 그러나 그 필요는 사회의 무질서를 전제한다. 그 모든 것들이 필요하지 않은 사회의 도래는 과연 가능할까?

사회적인 활동에는 계약이 빈번하다. 계약이 없는 사회적 활동은 가능하지 않다. 계약할 때마다 사람들은 계약서를 작성한다. 우리는 계약서 작성에 익숙하다. 그러나 계약서 작성은 불신이 가득한 사회의 무질서한 상태를 은밀하게 고발한다. 사회적 관계는 모든 구

성원 자신이 계약서일 정도로 신뢰감을 주는 것이 마땅하다. 그러나 계약서의 존재는 그런 신뢰감의 부재를 고발한다. 계약서를 작성하는 이유는 간단하다. 상대방의 말과 약속과 인격의 가변성 혹은 변덕으로 인해 서로를 믿지 못하기 때문이다. 사람들의 의심은 거기에서 멈추지 않고 다음 단계로 넘어간다. 계약서를 작성한 이후에 친필 사인을 추가한다. 이는 문서를 조작할 가능성이 인간에게 있음을 꼬집는다. 친필 사인이 있어도 안심할 수 없어서 사람들은 계약할 때에 공증인의 출석을 요구한다. 계약의 관계를 증명하는 제3자가 없으면 나중에 분쟁이 발생할 수 있기 때문이다. 약속을 하고 계약서를 쓰고 친필로 사인을 해도 여전히 분쟁의 소지가 인간에게 있다는 사회적 현실이 씁쓸하다. 아담 스미스가 말한 영원하고 가장 객관적인 증인 즉 공정하고 공평한 절대자가 계시다는 사실을 모두가 인정하면 모든 불신과 의심은 사라지지 않을까?

　　세상에는 국가와 국가가 주먹을 교환하는 전쟁의 상흔이 빼곡하다. 전쟁의 역사는 인간의 역사와 포개어질 정도로, 전쟁을 빼면 인간의 역사가 사라질 정도로 유구하다. 버트란트 러셀은 인류의 역사 전체에서 93%가 전쟁으로 얼룩진 역사이며, 윌리엄 듀란트는 "역사에 기록된 3,421년 중에서 전쟁이 없었던 해는 268년"(7.8% 정도)일 뿐이라고 지적한다. 2차 세계대전 연합군의 사령관인 버나드 로 몽고메리(Bernard L. Montgomery) 장군이 쓴 《전쟁의 역사》는 두께가 6.5센티미터 정도이며 성경책의 두께에 버금간다. 이 책의 서문에서 저자는 처칠의 명언을 인용한다. "내가 이겨서 얻고자 한 최후의 보상은 평화이다." 전쟁은 괴물이다. 이 책은 이 괴물을 제거하는 것이 전쟁의 이유라는 역설에 독자의 고개를 끄덕이게 만드는 전쟁의 고전이다.

　　사람들은 왜 싸우는가? 영토의 확장, 자원의 약탈, 종교의 해방, 사상의 자유, 이권의 쟁탈이 전쟁의 원인으로 손꼽힌다. 그러나

몽고메리 장군은 이렇게 고백한다. "진정한 군인은 타인을 적으로 삼지 않고, 인간 내면의 야수를 적으로 삼습니다." 전쟁의 이유는 인간 자신이다. 어느 영화의 대사처럼, 전쟁의 대상은 "우리의 본성이다." 무수한 전쟁은 모두 인간의 본성적인 무질서를 고발한다. 성경은 인간의 다툼과 전쟁이 마음의 어리석음(잠 20:3), 미움(잠 10:12), 욕심(잠 28:25), 거만(잠 22:10), 분노(잠 29:22), 패역함(잠 16:28), 무식(딤후 2:23)에서 나오는 결과라고 설명한다. 야고보는 싸움이 "싸우고자 하는 너희의 정욕에서"(ἐκ τῶν ἡδονῶν ὑμῶν τῶν στρατευομένων) 나오는 것이라고 설명한다(약 4:1). 인간의 호전적인 본성이 세상과 역사를 전쟁터로 만들었다. 그렇다면 인간의 본성적인 변화 외에는 전쟁이 종식되는 다른 비결이 없음에 분명하다.

자연과 개인과 사회와 국가와 세계의 모든 문제는 결국 인간의 본성으로 수렴된다. 인간의 본성은 도대체 무엇이 문제인가? 이 주제에 대한 입장은 성선설과 성악설로 갈라진다. 맹자가 주장하는 성선설(性善說)은 인간의 타고난 본성이 선하다는 주장이고, 순자가 주장하는 성악설(性惡說)은 인간의 타고난 본성이 악하다는 주장이다. 맹자는 측은(惻隱), 수오(羞惡), 사양(辭讓), 시비(是非)라는 타고난 마음을 잘 지켜서 인의예지(仁義禮智) 같은 최고의 덕에 이르러야 한다고 주장한다. 반면 순자는 악한 본성을 제어하기 위해 인위적인 노력으로 배우고 능숙하게 되면 예의에 이른다고 주장한다. 그에게 예의는 악한 본성을 제어하는 수단이다. 이처럼 성악설과 성선설은 모두 선의 개발이든 악의 억제이든 인간이 자신의 노력으로 문제를 해결할 수 있다고 주장한다. 과연 그러한가?

성경은 성선설과 성악설을 동시에 주장한다. 다만 성선설이 먼저이고 성악설은 나중이다. 태초에 하나님은 인간을 선하게 지으셨고 "지극히 선하다"(טוֹב מְאֹד)는 평가까지 내리셨다. 그런데 그토록

선한 인간이 변하였다. 사람의 평가가 아니라 하나님의 가장 객관적인 눈에 "사람의 죄악은 세상에 가득했고 그의 마음으로 생각하는 모든 계획은 악하였다"(창 6:5). 이처럼 인간의 죄악은 자신에게 제한되지 않고 온 세상에 퍼져서 모든 영역(가정, 사회, 국가, 세계)에 가득하다. 그리고 "모든"(כל)과 "항상"(כל־היום)은 인간의 죄악과 악함이 단회적인 행위가 아니라 지속적인 상태임을 나타내는 낱말이다. 그 모든 죄악이 항상 행동으로 나타나는 것은 아니지만 최소한 마음에는 그러하다. 본성적인 악의 심각성에 있어서는 모든 만물을 능가한다(렘 17:9). 거짓에 있어서도, 증오에 있어서도, 폭력에 있어서도, 불의에 있어서도, 음행에 있어서도 인간은 다른 어떤 피조물의 상태보다 더 심각하다. 최고의 피조물인 인간은 이렇게 최악의 피조물로 전락했다. 성경은 인간이 자신의 의지와 힘으로는 결코 죄와 악이라는 문제를 해결하지 못한다고 선언한다. 이 문제는 죄악의 원인을 규명하고 그것에 따른 처방이 있어야만 해결된다.

　　죄악의 근원은 무엇인가? 성경은 인간의 죄악이 다른 인간이나 자연이 아니라 하나님과 관계되어 있다고 가르친다. 즉 죄의 근원은 하나님과 같아지고 싶어하는 교만이다. 교만 때문에 인간은 신이 세운 질서로서 해야 할 것과 하지 말아야 할 것의 경계를 허물었다. 하라는 일에는 태만하고 하지 말라는 일은 저질렀다. 이렇게 인간이 신의 질서를 파괴하고 신의 권위를 무시한 것은 모두 교만이 시킨 일이었다. 나아가 성경은 그 교만의 배후에 악한 영 즉 사탄의 거짓이 있다고 가르친다. 하나님의 질서를 악한 영의 거짓으로 바꾼 인간은 이제 하나님의 영향이 아니라 악한 영의 영향 아래에서 살아간다. 교만과 악한 영은 보이지 않는 차원이다. 그래서 사람들은 보이지도 않는 죄까지 끄집어 내어 문제로 삼는 기독교의 이런 태도가 불쾌하다.

　　일반인이 생각하는 죄 개념은 주로 사회법과 관계한다. 그런

데 사회법은 보이지 않는 마음이 아니라 보이는 행동을 제어하는 사회의 규약이다. 하지만 종교는 마음이나 본성과 같은 보이지 않는 인간의 비가시적 영역을 주목한다. 모세는 온 세상이 감추어진 것과 나타난 것으로 구성되어 있다고 분석한다(신 29:29). 감추어진 것은 하나님께 속하였고, 나타난 것은 인간에게 속하였다. 이러한 구분을 인간에게 국한시켜 이해하면, 나타난 행위는 인간의 사회법에 의해 제어되고 감추어진 마음과 본성은 하나님의 법에 의해 제어된다. 본성과 행위의 관계는 원인과 결과의 끈으로 연결되어 있다. 행위는 본성의 신체이고 언어이고 표정이다. 눈에 보이는 행위의 문제를 해결하는 것은 일시적인 처방이고, 눈에 보이지 않는 본성의 문제를 해결하는 것은 항구적인 처방이다. 후자의 처방이 종교의 역할이다.

기독교는 인간의 본성이 만물보다 심히 악하고 거짓되기 때문에 인간의 의지와 노력의 산물인 사회법에 의해서는 결코 해결될 수 없다고 생각한다. 열정적인 소원을 가지고 수고의 땀방울을 뚝뚝 흘려도 본성의 죄는 그대로다. 기독교 역사에서 가장 뛰어난 신학자 바울도 인간의 본성에 박힌 죄 문제를 해결하기 위해 여러 방면으로 노력했다. 그러나 포기의 탄식을 이렇게 내뱉었다. "나는 곤고한 사람, 누가 이 사망의 몸에서 나를 건져낼 것입니까?"(롬7:24). 스스로 해결할 수 없어서 건져낼 누군가를 고대한다. 그리고 바울은 희망을 제시한다. 그리스도 예수가 바로 희망이다. 그리스도 예수로 말미암아 사망에서 생명으로 옮겨가게 되었다며 하나님께 감사한다(롬7:25). 도대체 예수가 어떤 분이길래, 무엇을 하셨길래 인간의 본성적인 죄와 악의 문제를 해결해 주시는가?

7

인생의 해법
예수는 누구인가?

죄의 해결사 예수

앞 장에서 우리는 죄가 하나님과 관계된 것이라고 했다. 죄는 무질서다. 하나님의 권위를 능멸하고 하나님의 질서를 파괴하고 하나님의 뜻을 왜곡하는 무질서다. 이 세상에 존재하는 모든 죄는 분명 사람이나 자연과 관계된 것이지만 궁극적인 면에서는 그 자연과 인간의 질서를 세우신 하나님께 저질러진 것이라고 성경은 분명히 가르친다. 죄의 크기는 죄를 범한 주체의 행위가 아니라 그 죄가 저질러진 대상의 피해에 의존한다. 내가 집에서 옷을 찢으면 죄가 아니지만, 누군가의 양복을 찢으면 죄로 간주된다. 누군가가 피해를 입었기 때문이다. 그리고 국민 한 사람의 양복을 찢으면 법정에서 경범죄로 유죄를 받겠지만 왕이나 대통령의 의관을 찢으면 국가원수 모독죄, 심하게는 역모죄나 내란죄가 적용될 가능성도 있다. 내가 신발을 담벼락에 던지면 놀이에 불과하다. 그러나 그 신발이 대통령을 겨냥하면 심각한 죄로 규정된다. 2008년 12월에 이라크를 깜짝 방문한 미국의 대통령 조지 W. 부시에게 기자회견 도중에 욕설과 함께 신발이 날아왔다. 부시는 민첩하게 피해서 피해를 입지 않았지만 신발을 던진 알바그다디 방송의 기자 문타다르 알자이디(당시 29세)는 외국 국가원수 모독죄로 기소되어 9개월을 복역하고 출소했다. 그런데 어떠한 행위이든 대통령과 비교할 수 없을 정도로 더 위대한 분에게 저질러진 죄라고 한다면 그 죄는 얼마나 크겠는가? 하나님은 영원한 분이시기 때

문에 그 죄는 영원하고, 불변적인 분이시기 때문에 그 죄는 불변하고, 무한한 분이시기 때문에 그 죄는 무한하다. 사람들 사이에서 저질러진 죄라면 벌금을 내고 감옥에 투옥되고 심지어 사형을 당하면 해결될 수 있겠지만 하나님께 저질러진 죄에 대해서는 인간의 능력과 한계를 벗어난다. 성경에 따르면, 죄의 대가는 사망이다. 그러나 사형은 죄의 결과일 뿐 죄 자체가 해결되는 것은 아니라고 한다.

하나님께 범해진 인간의 죄 문제가 해결되기 위해서는 두 가지의 요건을 충족해야 한다. 첫째, 인간이 저지른 죄이기 때문에 신이나 짐승이 아니라 인간이 해결해야 한다. 그 인간은 어떠한 죄도 없이 완전히 깨끗한 존재여야 한다. 둘째, 하나님께 저질러진 무한하고 영원하고 불변적인 죄에 상응하는 무한하고 영원하고 불변적인 형벌을 감당해야 한다. 그런데 인간 중에 무죄한 자가 없기 때문에 첫째 요건을 충족할 수 없고, 모든 인간은 유한하기 때문에 무한한 죄를 감당할 수 없어서 죄의 해결사로 적합하지 않다. 첫째 요건을 충족하는 죄 없는 완전한 인간이고, 둘째 요건을 충족하는 완전한 하나님인 존재만이 죄 문제의 유일한 해결사 자격을 취득한다. 예수가 바로 그런 존재이다. 예수는 온 세상을 창조하신 하나님인 동시에 인간의 죄를 해결하기 위해 특정한 시점에 인간의 역사 속으로 들어오신 인간이다.

예수의 실존

이 예수는 어떤 사람인가? 예수의 역사적인 실존 자체를 의심하는 사람들도 있다. 이에 대하여 1세기의 유대인 출신 역사가 요세푸스(Flavius Josephus, 37-100)는 자신의 저서 《유대 고대사》 18권 3장에서 예수를 언급한다. 그는 예수를 "지혜로운 사람"이며 "너무나 신기

한 일들을 많이 행했기 때문에" 인간이라 부르기도 곤란한 분이라고 했다. 예수와 유대인의 관계는 좋지 않았기 때문에 이 역사가가 예수의 존재를 굳이 거짓으로 꾸며서 언급했을 리는 만무하다. 로마의 역사가 타키투스(Publius C. Tacitus, 56-117)도 예수에 대해 증언한다. 110년경에 저술한 《타키투스의 연대기》 15권 44장에서 그는 그리스도 예수와 빌라도에 의한 그의 처형 이야기를 기록하고 있다. 로마 출신인 그도 예수의 역사적 존재를 증명해야 할 종교적인 이유가 전혀 없음에도 불구하고 역사가의 관점에서 정확한 사실을 기록했다. 그리고 112년경에 소아시아 지역에서 로마인 총독인 청년 플리니(Pliny the Younger, 62-113)가 트라이아누스 황제에게 쓴 편지에도 신처럼 찬양을 받은 그리스도 이야기가 짧게 언급되어 있다. 이처럼 예수의 실존은 그를 따르지도 않는 유대인과 이방인 관원이나 역사가의 글에서 증명되고 있다.

성경이 말하는 예수

예수는 대체로 소크라테스, 석가모니, 공자와 더불어 4대 성인으로 알려진 인물이다. 그러나 예수를 제대로 이해하기 위해서는 성경을 주목해야 한다. 왜냐하면 성경 전체가 예수를 가리켜 기록된 책이기 때문이다. 성경에서 구약은 오실 예수를 설명하고, 신약은 오신 예수 그리고 다시 오실 예수를 설명한다. 구약은 예수 이전의 역사를 기록하고, 신약은 예수 이후의 역사를 기록한다. 인류의 역사는 역사의 거대한 분기점과 같은 이 예수를 중심으로 기원전(B.C., Before Christ)과 기원년(A.D., Anno Domini) 이후로 구분된다. 예수는 2,000년의 역사 속에서 가장 큰 족적을 남기고 가장 큰 영향력을 끼친 인물이다.

성경이 말하는 예수는 누구인가? 예수에 대한 이해의 시작은
태초로 소급된다. 왜냐하면 성경이 예수를 둘째 그리고 마지막 아담
(고전 15:45)으로 규정하고 있기 때문이다. 첫째 아담은 예수의 한 상
징이다. 그의 존재는 하나님이 흙으로 빚으시고 그 코에 생기를 불어
넣으셔서 만드셨다. 예수의 출생도 이와 비슷하다. 예수는 마리아가
정혼한 남편 요셉과의 관계를 통해서가 아니라 성령으로 말미암아
잉태했다. 첫째 아담과 둘째 아담 예수는 둘 다 하나님의 직접적인 행
위에 의해서 존재하게 됐다. 그러나 차이도 분명하다. 첫째 아담은 땅
에서 났지만 둘째 아담 예수는 하늘에서 나신 하나님의 아들이다(고
전 15:47). 그리고 예수가 남자의 혈통을 따르지 않고 여자의 몸에서
나신다는 것은 아담과 하와가 죄를 범한 직후에 주어진 하나님의 약
속이다(창 3:15).

이렇게 인간 예수에 대한 예언은 역사의 시작과 더불어 시작
된다. 아담이 930세에 죽고 124년이 지나서 태어난 노아는 하나님이
보시기에 의로운 사람이다. 그의 시대에 큰 홍수가 일어났고 모든 사
람들이 죽어가는 중에 하나님은 노아의 방주를 통하여 인류를 구원
한다. 그 노아도 예수의 구원을 상징한다. 이후에 아브라함 가족이 등
장한다. 자녀가 없었던 그는 75세였고 그의 아내 사라는 65세일 때, 큰
민족을 이룬다는 하나님의 약속이 그들에게 주어졌다. 자녀를 얻을
수 없는 상황에서 그들은 25년이 지나서야 이 약속을 따라 아들을 얻
었는데 그가 바로 이삭이다. 약속의 자녀인 이 이삭도 예수를 상징한
다. "너의 씨"(창 22:18)로 말미암아 만민이 복을 받을 것이라는 약속도
이삭에게 주어진 것처럼 보이지만 바울의 해석에 의하면 예수에게
주어진 약속이다(갈 3:16). 즉 예수로 말미암아 온 세계의 모든 민족이
하늘의 복을 받아 누리게 될 것임을 예언한 것이었다.

믿음의 조상이 지나가고 역사의 무대에는 율법의 사람 모세

가 등장한다. 모세는 하나님의 법을 수령하고 이스라엘 백성에게 전달하고 가르치고 집행한 사람이다. 이 모세도 예수를 상징한다. 예수는 하나님의 법 자체이고 그가 친히 이스라엘 백성의 곁으로 다가온 변호사요, 인격과 삶으로 그의 백성에게 하나님의 법이라는 진리를 가르친 선생이며, 그 법을 따라 모든 사람들을 평가하는 심판자다. 여호수아, 즉 예수의 히브리어 이름을 가진 사람이 역사의 무대에서 모세를 계승한다. 그는 이스라엘 백성의 손을 잡고 가나안 즉 약속의 지상적인 땅으로 인도한다. 가나안 입성을 이룬 백성의 지도자 여호수아 역시 우리를 약속의 천상적인 땅으로 인도하는 예수를 상징한다.

이후에 지도자로 세워진 많은 사람들 중에 특별히 뛰어난 사무엘이 있다. 그를 통하여 이스라엘 역사는 왕이 통치하는 시대로 접어든다. 태조는 사울이다. 그는 하나님의 법을 우습게 여기며 첫째 아담처럼 불순종의 대명사로 역사에 기록된다. 결국 하나님이 그를 버리셨다. 그의 왕위 계승자는 하나님의 법을 존중하는 다윗이다. 그는 하나님의 법을 송이 꿀 이상으로 달콤하게 여겼으며 정금보다 소중하게 여긴 사람이다. 그래서 그 법을 밤낮으로 읽고 생각하고 실천했다. 순종의 대명사인 다윗도 예수를 상징한다. 예수는 다윗과 비교할 수 없을 정도로 완벽하게 하나님의 법을 이해했고 순종했고 완성했다. 그 법의 성취 자체를 음식으로 여길 정도로 자신의 인생 및 생명과 동일시한 사람이다.

이후에 다윗의 아들 솔로몬이 왕위를 계승했다. 솔로몬은 역사에서 전무후무 수준의 출중한 지혜를 가지고 하나님의 성전을 건축한 인물이다. 이 솔로몬도 예수를 상징한다. 솔로몬의 지혜와는 비교할 수 없을 정도로 뛰어난 하나님의 지혜 자체이신 예수는 모든 인위적인 성전을 헐고 사람으로 구성된 교회라는 성전을 건축했다. 솔로몬 이후의 역사에는 유다 왕조의 마지막 왕 요시야가 등장한다. 그

는 오랜 역사 속에서 산더미 수준으로 쌓인 종교적인 부패의 먼지를 깔끔하게 털어낸 개혁의 주역이다. 이 요시야도 예수를 상징한다. 예수도 이스라엘 백성의 부패한 종교 지도자들 전부를 꾸짖으며 성전을 빼곡히 채운 부패와 타락의 쓰레기를 화끈하게 뒤집고 일소했다. 결국 남과 북으로 갈라진 이스라엘 백성은 국가의 주권을 상실한다. 이는 일종의 국가적인 죽음이다. 실패한 이스라엘 백성 전체도 예수를 상징한다. 예수는 실패한 것처럼 십자가에 못박혀 처참한 죽음을 당하였다. 이 죽음은 이스라엘 백성의 실패를 대신 담당하기 위한 그의 자비롭고 자발적인 실패였다.

이런 의미의 역사가 흐르고 흘러 예수가 출생했다. 그는 30세까지 키와 지혜가 자라갔다. 그때까지 예수는 목수로서 아버지 요셉을 도우며 유대인 청년의 평범한 삶을 영위했다. 그리고 제사장의 직무와 관련된 구약의 법도를 따라 30세가 되었을 때 예수는 세례를 받고 본격적인 죄 해결의 본격적인 직무를 수행하기 시작했다. 해결의 방향은 인간이 파괴한 하나님의 질서를 회복하는 것이었다. 예수는 하나님의 법을 어긴 아담과는 달리 하나님의 모든 법을 완벽하게 이루셨다. 법의 위반으로 말미암은 인간이 일그러진 본성과 세상의 무질서를 하나씩 바꾸셨다. 태생적인 맹인의 눈을 뜨게 하면서 마땅히 보아야 할 것을 올바른 각도로 보지 못하였던 세상의 병든 관점을 바꾸셨다. 태생적인 벙어리의 입을 열어 거짓이 아니라 진리만 나가도록 세상의 뒤틀린 입술을 반듯하게 바꾸셨다. 태어날 때부터 걷지 못하는 사람의 다리를 고쳐서 나쁜 소식을 퍼뜨리지 않고 좋은 소식만 전파하는 아름다운 발로 바꾸셨다. 피부가 녹아서 뚝뚝 떨어지는 질병을 고쳐서 진물이 축축하게 흐르던 슬프고 고단한 인생의 피부를 타인과 당당하게 대면해도 될 정도로 깨끗하게 바꾸셨다. 한 사람의 의지와 감정을 지배하고 조정하는 귀신을 내쫓으며 죄라는 무질서에

이끌려 불에도 뛰어들고 강에도 몸을 빠뜨리던 불행한 인생에 건강한 의식과 의지와 감정을 다시 살리셨다. 죽은 나사로와 로마의 백부장 야이로의 딸을 살리면서 죽음에 일평생 결박되어 종 노릇하던 사람들의 녹슨 족쇄와 쇠사슬을 끊고 산 자처럼 살아갈 수 있도록 그들을 죄의 결과에서 자유롭게 만드셨다.

예수가 지금까지 이룩한 무질서의 회복은 실로 대단하다. 그러나 이 대단한 회복도 그가 죽으면서 이룬 무질서의 근원적인 회복에 비하면 소박한 예고편에 불과하다. 예수는 12제자들과 함께 살면서 지금까지 이룬 모든 회복을 다 가르치며 보이셨다. 그런데 그는 가족보다 더 가까이 지낸 제자들 중의 하나인 유다의 배신으로 로마 군인들의 손에 넘겨졌다. 압도적인 군사력과 경제력과 정치력을 발휘하는 강력한 지도자를 기대한 유다 자신의 희망이 무너졌기 때문이다. 그 희망을 무너뜨린 원인은 예수가 계속해서 자신이 죽을 것이라고 말하였기 때문이다. 자신의 죽음을 기념하는 마리아의 향유-옥합 낭비를 두둔하며 그것을 꾸짖은 유다 자신을 정죄했기 때문이다. 그것만이 아니라 국가를 탈취한 원수 로마도 사랑해야 한다고 주장하기 때문이다. 강한 자는 약한 자들을 도와야 하고 자신의 강함은 약한 자들의 약점을 보완하기 위해 하늘에서 맡겨진 것이라고 말하기 때문이다.

산에서 제자들을 가르친 것처럼, 예수는 마음이 부하지 않고 가난해야 하고, 슬픈 사람들을 위해 애통해야 하고, 과격하지 않고 온유해야 하고, 불의는 흉내도 내지 말고 의로워야 하고, 연약한 자들에게 긍휼을 베풀어야 하고, 하나님이 보일 정도로 마음이 청결해야 하고, 투쟁이 아니라 평화를 늘 추구해야 하고, 의를 위한 일이라면 복수의 칼을 뽑지 않고 오히려 박해를 감수해야 하고, 진리와 정의 때문에 사람들이 욕하고 박해하고 심지어 거짓으로 모함하는 자들에 대

인생의 해법 – 예수는 누구인가? **153**

해서도 기쁨과 즐거움을 잃지 말라고 말하기 때문이다(마 5:3-12). 처음에는 기적도 빵빵 터뜨리고 한번도 들어보지 못한 하늘의 놀라운 비밀도 발설하고 시민의 마음도 사로잡아 수많은 사람들이 추종하여 유다는 예수가 강력한 메시아일 지도 모른다는 기대를 가졌으나 이처럼 그 기대의 벽돌이 하나씩 무너졌다. 예수는 이스라엘 국가를 회복시킬 능력도 의향도 없는 분이었다.

그러나 예수는 하나님의 아들이다. 한 민족의 정치적인 독립이나 제도의 개선을 위해 이 세상에 오신 분이 아니시다. 예수의 오심은 온 인류의 죄 해결을 위함이다. 이 죄를 해결하기 위해서는 죽어야만 한다. 즉 죽기 위해서 사신 분이었다. 그분은 스스로 인간의 형체를 취하였고 스스로 자신을 피조물의 자리로 낮추었고 스스로 죽음의 길을 뚜벅뚜벅 걸어갔다. 그에게는 어떠한 죄도 발견되지 않고 증명된 것도 없기 때문에 무죄의 판결이 합당했다. 재판을 주관한 빌라도의 판결도 무죄였다. "내가 보니 이 사람에게 죄가 없도다"(눅 23:4). 같은 맥락에서 빌라도의 아내는 이렇게 밀하였다. "저 옳은 사람에게 아무 상관도 하지 마옵소서"(마 27:19). 유대의 종교 지도자들 요청으로 십자가에 처형되는 상황 속에서도 빌라도는 관할지역 책임자의 소신을 가지고 십자가의 명패에 "나사렛 예수 유대인의 왕"이라는 말을 히브리어, 라틴어, 헬라어로 기록했다(요 19:19). 예수의 사형은 빌라도의 법정에서 이루어진 제도적인 판결이 아니라는 사실을 알리기 위해 그는 청중 앞에서 손을 씻는 연출까지 했다(마 27:24). 심지어 예수를 배신하고 팔아 넘긴 유다조차 재판이 진행되는 중에 "내가 무죄한 피를 팔고 죄를 범했다"고 실토했다(마 27:4). 죄가 없다는 것은 무죄인데 왜 그가 받아야 하는 판결은 유죄인가?

무죄한 예수를 유죄라고 심판한 세상은 자신이 유죄라는 사실을 스스로 실토하고 자신을 심판했다. 이런 방식으로 예수는 자신이

억울함을 당하여 생명을 잃으면서 온 세상의 죄를 고발했다. 나아가 죄의 여부를 결정하는 세상의 기준에도 유죄를 선고했다. 죄가 없음 에도 불구하고 유죄의 판결을 받는다는 것의 역설적인 함의는 지대하 다. 예수는 자신의 죽음으로 온 세상의 죄를 드러냈고 온 세상의 죄를 대신했고 결국 온 세상의 죄 문제를 해결했다. 이런 의미에서 예수보 다 6개월 정도 일찍 태어나 예수의 앞길을 예비한 요한은 예수의 의미 를 이렇게 묘사했다. "보라 세상 죄를 지고 가는 하나님의 어린 양이 로다"(요 1:29). 예수의 죽음은 온 세상의 죄 문제를 해결한 사건이다.

예수는 실제로 사망했다. 그러나 사망은 끝이 아니었다. 상상 을 초월하는 기적이 일어났다. 죽었던 예수가 다시 살아났다. 이것은 부활이다. 하나님의 아들이 완전한 인간이 되어 죽는 것도 기적이고 확실하게 죽은 그 예수가 살아난 것도 기적이다. 하나님이 사람으로 된 것도 상식을 벗어나고, 사람이 된 하나님이 죽는다는 것도 상식을 초월하고, 죽은 사람이 다시 살아나는 것도 상식에 어긋난다. 그래서 예수의 부활에 대해 많은 사람들이 의심한다. 인류의 역사에서 한번 도 일어나지 않은 일이기 때문에 사람들의 의심은 당연하다. 이런 의 심이 만든 주장들이 다양하다(기독일보, 2017년 7월 9일 "예수 그리스도의 부활을 부정하는 가설들이 사실일 수 없는 이유" 참조). 첫째, 예수는 아예 십 자가에 달려 죽지도 않았다는 주장이다. 이는 주로 이슬람에 속한 사 람들의 주장이다(Muslim Hypothesis). 실제로 코란에는 유대인이 예수 를 살해하지 않았다고 기록되어 있다(코란 4:157). 적잖은 코란 학자들 은 이 기록에 역사적 오류가 있다고 인정한다. 둘째, 예수는 죽지 않 고 기절했을 뿐이라는 주장이다(Swoon Hypothesis). 이것은 로마의 십자 가 처형이 얼마나 엄격한 제도이며 죄수가 죽지 않거나 도주했을 경 우에 그 죄수의 사형을 담당한 군인이 대신 사형을 당하여야 한다는 사실을 모르기 때문에 나온 주장이다.

셋째, 예수는 죽었는데 제자들이 그를 너무도 사모한 나머지 부활한 것처럼 환상을 보았을 뿐이라는 주장이다(Hallucination Hypothesis). 이에 대해서는 예수와 그를 추종하는 교회를 파괴하기 위해 최고의 광기를 부린 바울이 부활의 예수를 만났다는 사실에 의해 쉽게 반박된다. 넷째, 예수에게 쌍둥이가 있는데 하나는 죽고 다른 하나는 마치 부활한 예수인 것처럼 제자들도 속였다는 주장이다(Twin Hypothesis). 이 주장을 뒷받침할 근거도 없지만, 혹시 예수를 닮은 사람이 있었다고 하더라도 무덤이 비었다는 사실은 설명하지 못하기 때문에 기각되는 주장이다. 다섯째, 예수가 부활하지 않았다는 것을 제자들도 알았지만 어떤 이유로 음모를 꾸몄다는 주장이다(Conspiracy Hypothesis). 이 음모론이 맞으려면 이 음모로 제자들이 얻는 유익이 있어야 하는데 오히려 부활을 이야기할 때마다 그들에게 핍박과 고난이 가해졌다. 음모의 설득력은 확실한 동기인데 그 동기를 제시하지 못하기 때문에 이 주장도 부실하다. 여섯째, 제자들이 예수의 시신을 훔쳤다는 주장이나(Stolen Body Hypothesis), 이 주장은 유대 장로들이 군사에게 뇌물을 주며 사주해서 퍼뜨려 달라고 부탁한 소문의 내용과 동일하다(마 28:12-15). 그러나 당시 세계 최강의 로마군이 돈 몇 푼과 군인의 자존심을 맞바꾸는 남루한 거래에 응했을까? 소수의 촌사람에 의해 시체 도둑질을 당했다는 것은 그들의 자존심이 비명을 지를 사건이다. 이것은 불가능한 일이고 군인들도 동의하지 않을 주장이다.

그렇다면 과거의 역사에 사례가 없는 부활의 진실성을 규명하는 방법은 무엇인가? 인간이 가지고 있는 가장 객관적인 검증법을 통해 확인하는 것이 최선이다. 과학적인 사실의 규명은 동일한 실험의 반복과 동일한 결과의 도출에 의존한다. 그러나 역사적인 사실의 규명은 주로 객관성이 높은 증거물과 증인의 증언에 의존한다. 19세기 하버드 법대에서 증거법 전문가로 재직한 사이먼 그린리프(Simon

Greenleaf) 교수는 1842년도에 출간한 〈증거법에 관한 논문〉에서 증인의 증언이 가진 신뢰도를 결정하는 5가지의 기준을 제시했다. 그것은 지금도 유효하다. 첫째, 증인의 정직성(honesty)이 중요하다. 거짓말을 잘하는 증인의 증거력은 당연히 떨어진다. 둘째, 증인의 능력(ability)이다. 스스로 자신의 의사를 정확하게 표시할 수 있는 의사표시 능력이 없는 증인의 법정적 효력은 대단히 미약하다. 셋째, 증인들이 고백한 증언의 수효와 일관성(number and consistency)이 중요하다. 증언의 수가 작을수록, 동일한 증인의 증언들 사이에 모순과 충돌이 많을수록 증언의 증거력은 더 떨어진다. 넷째, 증인들의 증언과 경험의 일치(conformity)가 중요하다. 증인이 경험한 것과 말하는 증언이 일치하지 않으면 당연히 증거력은 상실된다. 다섯째, 증인의 증언과 부차적인 상황들의 동시성(coincidence)이 중요하다. 증언이 사건 당시의 상황과 같은 시간과 같은 장소에 대한 것이 아니라 엉뚱한 사건과 관계된 것이라면 증거력이 완전히 상실된다. 이러한 기준은 상식적인 사고를 가진 사람들은 대부분 동의한다.

　　예수의 부활을 믿지 않았던 그린리프 교수는 이러한 5가지 기준을 적용하여 예수의 부활이 얼마나 허구적인 것인지를 보여주기 위해 검증했다. 예수의 부활을 연구하기 위해 가장 중요한 자료는 성경이다. 성경은 다른 어떠한 고전과도 비교할 수 없는 문헌의 정확성을 가진 책이었다. 성경의 헬라어 사본은 5,800개가 넘고, 라틴어 사본은 10,000개가 넘었으며, 다른 언어로 된 사본들도 9,300개에 육박했다. 이러한 성경에 대해 모든 검토를 끝낸 교수는 예수의 부활을 믿게 되었고 《복음 전도자들의 증언》을 출판했다. 이 책에서 그는 예수의 부활이 사실임을 말해주는 8가지의 증거를 제시한다. 첫째 증거는 무덤의 봉인과 관계한다. 제자들이 만약 예수의 시체를 훔치려고 로마의 경비병이 돌로 봉인한 무덤을 열었다면 이는 그들이 사형을 당했

을 정도로 위중한 사안이다. 둘째 증거는 빈 무덤과 관계한다. 부활을 거부하는 자들이 백방으로 찾았으나 그 시체를 발견하지 못하였다. 셋째 증거는 1.5톤 정도의 무거운 돌과 관계한다. 무덤의 입구를 막은 돌은 여인들이 혹은 몇 사람의 제자들이 굴리기가 거의 불가능한 무게였다. 넷째 증거는 파수꾼과 관계한다. 무덤을 지키던 유대인 성전 수비대는 총 270명이고 조별로 10-27명 정도가 교대하며 촘촘하게 경비했다. 경비 중에 졸거나 임무를 실패하면 화형에 처할 정도로 그 책임이 막중했다. 그리고 로마의 경비대는 한 조에 16명이었고 4명이 교대로 경비를 서고 나머지는 수면을 취하기 때문에 졸거나 무덤을 비웠을 가능성은 없다. 다섯째 증거는 정돈된 수건과 아마포와 관계한다. 만약 제자들이 시체를 훔쳤다면 굳이 예수를 덮었던 수건과 아마포 없이 벌거벗은 시체를 가지고 갔거나 혹여 그랬다고 하더라도 그것을 깔끔하게 개어 놓고 갔을 가능성은 전무하다. 여섯째 증거는 다양한 목격자와 관계한다. 제자들, 예수의 동생 야고보, 및 500여명의 성도들이 부활하신 예수를 목격했다. 일곱째 증거는 처음으로 목격한 사람들이 여자라는 사실과 관계한다. 당시 여성의 증언은 법정에서 효력이 없는 증거였다. 여자들의 사회적 지위가 너무도 낮아서 법정에서 증언을 하겠다고 신청하는 것 자체도 받아주지 않은 시대였다. 탈무드에 따르면, 여자의 증언이 도저히 믿을 수 없는 강도의 증언과 신뢰의 수준과 동일하게 여겨졌을 정도로 불의한 시대였다. 그럼에도 불구하고 제자들이 쓴 글에서 굳이 부활의 첫 증인으로 여성을 언급한 것은 그들이 부활을 꾸미려고 한 의도가 전혀 없었음을 오히려 입증한다. 여덟째 증거는 제자들의 삶에 일어난 변화와 관계한다. 예수가 죽을 때에는 모두 예수를 버리고 그를 부인했다. 그런데 부활을 경험한 제자들은 삶이 변하였다. 부활을 믿었기 때문에 눈 앞의 죽음에 대한 두려움도 사라졌다. 그래서 자신의 목숨도 아끼지 않

고 예수의 죽음과 부활을 선포했다. 누군가의 말처럼, 성경의 객관적인 기록이 있기 때문에 예수의 부활을 긍정하는 것보다 부정하는 것에 더 큰 믿음이 필요할지 모르겠다. 모든 증거와 정황에 비추어볼 때 예수의 부활은 긍정하는 것이 부정하는 것보다 더 쉽고 당연하기 때문이다.

예수는 진실로 부활했다. 부활한 이후에 40일간 지상에서 활동했다. 부활 이후에 가르친 교훈의 핵심은 하나님의 나라였다. 공의와 사랑이 가득한 나라, 하나님의 영광을 인정하는 것이 가득한 나라, 지극히 가난하고 무지하고 연약하고 비천한 자도 천하보다 존귀한 사랑과 존경을 받으며 모든 사람들이 어떠한 차별도 없이 형제의 어깨를 걸고 하나 되는 가족과 같은 나라, 모든 민족과 모든 언어와 모든 나라와 모든 지역과 모든 계층과 모든 신분이 한 목소리로 하나님을 노래하는 나라를 부활의 예수는 다시 강조했다. 그리고 그는 본래 있던 곳 하늘로 다시 올라갔다. 그리고 하나님의 보좌 우편에 앉으셨다. 그곳은 최고의 권위가 주어지는 좌석이다. 그곳은 하늘과 땅의 모든 권세를 가지고 통치하는 자리이기 때문이다.

예수의 출생과 삶과 죽음과 부활과 승천과 하나님의 보좌 우편 착석은 그를 믿는 사람들과 무관하지 않다. 그를 믿는 모든 사람들은 모두 예수를 닮아가기 때문이다. 하나님의 아들 예수와 같아지게 하는 최고의 복을 소유하고 누리게 만드는 열쇠는 무엇인가? 믿음이다. 그 믿음은 무엇인가? 믿음의 개념과 무관하게, 기독교가 믿음을 요구하는 것 자체를 부당하게 느끼는 사람들이 있다. 그러나 믿음은 결코 부당하지 않다. 오히려 믿음은 모든 사람에게 어떠한 차별과 불공정도 없는 가장 공평한 구원의 조건이다. 구원과는 달리, 대학에 들어갈 때에도, 직장에 취업할 때에도, 배우자를 만날 때에도, 심지어 술집에 출입할 때에도 소정의 조건을 충족하지 않으면 자격이 박탈

되고 필히 실패한다. 그러나 누구든지 예수를 믿으면 구원을 얻는다고 성경은 선언한다. 구원은 특정한 민족이나 특정한 시대나 특정한 성별이나 특정한 계급이나 특정한 신분이나 특정한 직종이나 특정한 학벌이나 특정한 국적이나 특정한 가문이나 특정한 계층이나 특정한 전공이나 특정한 외모와 관련된 어떠한 특권이나 반칙이나 차별이나 편파성도 없다. 모두가 믿음 앞에서는 평등하다. 고대 사람이 현대 사람보다, 똑똑한 사람이 무식한 사람보다, 예쁜 사람이 추한 사람보다, 키 큰 사람이 작은 사람보다, 하얀 사람이 검은 사람보다, 부자가 빈자보다, 서구 사람이 동양 사람보다, 사장이 직원보다, 대통령이 국민보다, 남자가 여자보다, 부모가 자식보다 더 잘 믿지도 않고 더 잘 믿지 못하는 것도 아니기에 평등하다.

과거에 모세의 시대에는 십자가에 달린 예수를 믿는 것과 대단히 유사한 믿음의 요청이 이스라엘 백성에게 주어졌다. 그들은 광야에서 하나님의 말씀을 믿지 않고 악을 저질렀다. 그 형벌로서 불뱀이 그들을 물어 죽어가는 상황이 발생했다. 그때 하나님은 모세에게 놋뱀을 만들어 높이 들라고 명령했다. 그것을 쳐다보는 자는 살고 쳐다보지 않는 자는 죽는다고 했다. 이에 이스라엘 백성은 각자가 자유롭게 반응했다. 결과는 이러했다. "뱀에게 물린 자가 놋뱀을 쳐다본즉 모두 살더라"(민 21:9). 놋뱀을 쳐다보는 것은 무슨 대단한 조건을 갖추어야 하는 일도 아니었고 엄청난 노력을 요구하는 일도 아니었고 정밀한 연구가 필요한 일이 아니었다. 고개만 들면 되기에 모든 사람에게 가능한 일이었다. 너무도 공평한 조건이고 누구든지 원하기만 하면 자유로운 의지를 따라 선택할 수 있는 일이었다. 놋뱀을 쳐다보는 믿음처럼, 십자가에 달린 예수를 믿기만 하면 멸망하지 않고 영원한 생명을 얻는다고 예수는 모든 사람에게 약속한다(요 3:14-16). 놋뱀을 쳐다본 모든 사람이 살아난 것처럼, 예수를 믿는 모든 사람도 살아난다.

믿음은 지식과 동의와 신뢰로 구성되어 있다. 첫째, 믿음(fides)은 예수에 대한 지식(notitia)을 갖추어야 한다. 이는 성경에 설명되어 있는 예수를 올바르게 알지 못하면 올바른 믿음을 가지지 못함을 의미한다. 자기 마음대로 상상한 존재를 믿는 것은 허구의 존재를 추종하는 일종의 미신이다. 기독교 신앙은 예수 설명서인 성경을 올바르게 알지 못하면 필히 왜곡된다. 그리고 온전한 믿음은 동의(assensus)에 이르러야 한다. 성경에 기록되어 있는 예수를 지식이나 정보 차원에서 소유하는 것은 불완전한 믿음이다. 그 지식에 내가 전적으로 동의해야 온전한 믿음이다. 역사적인 관점에서, 지식적인 관점에서 알고 있지만 동의하지 않으면 기독교 신앙과 무관하다. 그리고 온전한 믿음은 신뢰(fiducia)에 이르러야 한다. 신뢰는 성경에 기록된 예수를 알고 예수의 인격과 삶에 동의하고 나 자신을 예수에게 맡기는 의존을 의미한다. 기독교 신앙은 나 자신과 인생을 예수에게 맡기는 전적인 의존이다. 예수에 대한 지식과 동의와 신뢰가 다 구비된 신앙이 온전한 믿음이다.

야고보는 예수에 대한 귀신의 신앙을 소개한다. "귀신들도 믿고 떠느니라"(약 2:19). 믿고 떤 귀신들은 과연 구원을 받고 하나님의 자녀가 되었는가? 아니다. 믿으면 모두가 구원을 받고 자녀가 된다고 약속까지 했는데 왜 그러한가? 귀신이 가진 믿음의 요소들은 지식과 동의가 전부이기 때문이다. 귀신은 예수를 "지극히 높으신 하나님의 아들"로 정확하게 이해했다(막 5:7). 그리고 그 지식에 전적으로 동의했기 때문에 귀신은 존재의 떨림도 경험했다. 하지만 귀신이 구원을 받았거나 하나님의 자녀가 되었다는 이야기는 성경 어디에도 없다. 왜냐하면 귀신의 신앙에는 신뢰가 누락되어 있기 때문이다. 신뢰가 없었기 때문에 귀신은 예수에게 자신을 받아 달라고 요청하지 않고 돼지에게 들어가게 해 달라고 부탁했다(막 5:12). 진정한 신앙은 성

경에 기록된 그대로 예수를 알고 그의 진리에 전적으로 동의하고 그 진리에 나 자신을 온전히 맡기는 것을 의미한다. 예수를 믿더라도 성경대로 예수를 알지 못하면 귀신보다 못하고, 예수에 대한 떨림과 경외심이 없다면 귀신보다 못한 신앙의 소유자가 된다. 오늘날 교회에 올바르지 않은 신앙이 난무하고 있어서 심히 안타깝다.

온전한 믿음은 구원의 원리만이 아니라 인식과 삶의 원리이다. 첫째, 예수의 존재와 죽음과 부활과 승천을 믿으면 죄가 해결되고 하나님의 자녀가 되어 영원한 생명을 소유하고 누리는 구원의 수혜자가 된다. 성경은 다른 사람의 이름으로 구원을 받지 못한다고 선언한다(행4:12). 석가모니, 공자, 소크라테스, 간디, 테레사, 마호멧 등은 훌륭한 인격을 소유했다. 그러나 타인을 구원하기 위해 자신의 생명을 주었다고 말하거나 자신을 믿으면 구원을 받는다고 가르친 분들은 아니었다. 그런데 예수는 특이하다. 자기 백성을 저희 죄에서 구원하기 위해 이 세상에 왔으며 세상의 죄를 짊어지고 죽는다고 스스로 말하고 있기 때문이다. 예수는 자신을 구원의 문이라고 가르친다(요 10:9). 예수를 믿으면 죄와 어둠과 사망과 절망과 마귀의 권세와 하나님의 진노에서 해방된다. 즉 예수를 믿으면 죄의 종이 되지 않고, 마귀의 노예가 되지 않고, 절망에 결박되지 않고, 마귀의 권세에서 벗어나게 된다. 누구든지 예수를 믿으면 모두 하나님의 백성, 천국의 시민, 하나님의 자녀라는 신분을 취득하고 어디를 가든지 화목하게 하는 직분의 소유자가 된다.

둘째, 믿음은 보이지 않는 것을 아는 인식의 방법이다. 보이는 것은 눈으로 알고 들리는 것은 귀로 알고 향기는 코로 알고 맛은 입으로 알고 물질의 무게와 부피와 밀도와 온도와 표면의 상태는 손으로 알지만 그것은 믿음이 아니라 확인이요 인정이다. 그러나 보이지 않는 생각의 존재, 사랑의 존재, 영혼의 존재, 내일의 존재, 자유의 존

재, 신의 존재 등을 아는 방법은 믿음이다. 세상에는 보이는 것보다 보이지 않는 것들이 더 많기 때문에 믿음이 없으면 절반 이상의 영역에 대해 무지하게 된다. 믿음을 가지면 가장 광범위한 영역에 대한 지식의 소유자가 될 가능성을 획득한다. 사실 믿음도 보고 믿는 믿음과 보지 않고 믿는 믿음으로 구분된다. 도마는 예수의 부활을 믿지 못한다고 한 예수의 제자로서 유명하다. 그러나 예수는 도마가 의심하는 것보다 손의 못 자국과 옆구리의 창 자국을 보여주며 보지 않고 믿지 않는 것보다 보고 믿는 것이 더 낫다고 설명하자 도마는 믿음에 이르렀다(요 20:27-28). 그러나 보지 않고 믿는 믿음이 더 복되다고 한다. 즉 믿음의 본래적인 기능은 보이지 않는 것들을 확실하게 아는 증거의 기능이다(히 11:1). 보이지 않는 하나님과 그의 활동에 대한 인식은 오직 신뢰에 의해서만 확보된다. 그래서 하나님을 우리는 오직 믿음으로 안다.

셋째, 믿음은 삶을 살아가는 원리이며 방식이다. 대부분의 사람들은 눈에 보이는 대로, 귀에 들리는 대로 살아간다. 상황이 악화되면 좌절하고, 손해를 보고 억울함을 당하면 분노하고, 원수가 나에게 피해를 입히면 보복한다. 믿음이 없으면 눈에 보이는 것과 귀에 들리는 것이 전부이기 때문에 그것에 근거하여 생각하고 말하고 행동하며 살아가는 것은 당연하다. 그러나 믿음은 우리로 하여금 보이지 않는 것의 존재를 의식하고 고려하며 살아가게 한다. 상황이 절망적인 표정을 지어도 웃을 수 있는 이유는 보이지 않는 하나님이 이 상황의 주인이며 다 뜻이 있어서 그분이 허락하신 상황이며 결국에는 악조차도 선으로 바꾸시는 분이심을 믿기 때문이다.

하나님을 믿기 때문에 나타나는 삶의 은밀하고 역설적인 현실에 대하여 바울은 이렇게 고백한다. "우리는 속이는 자 같으나 참되고 무명한 자 같으나 유명한 자요 죽은 자 같으나 보라 우리가 살

아있고 징계를 받는 자 같으나 죽임을 당하지 아니하고 근심하는 자 같으나 항상 기뻐하고 가난한 자 같으나 많은 사람을 부요하게 하고 아무것도 없는 자 같으나 모든 것을 가진 자로다"(고후 6:8-10). 이러한 반전의 하나님을 믿으면 슬픔 속에서도 기뻐하고, 절망 속에서도 희망하고, 분노 속에서도 인내하고, 억울함 속에서도 용납하고, 원수의 핍박 속에서도 축복하고, 어둠 속에서도 빛을 발하고, 불의 속에서도 의로우며, 창궐하는 죄악 속에서도 선하고, 거짓 속에서도 진실하게 산다. 만약 우리를 사랑하고 지키시고 선을 이루시는 하나님을 고려하지 않는다면 우리 각 사람은 매 순간마다 현실의 표면에서 일어나는 물살에 휩쓸리며 살아가게 된다. 그러나 믿음은 우리로 하여금 깊이 생각하고 멀리 바라보며 살아가게 한다.

이처럼 우리가 믿는 예수는 인생의 해법이다. 완전한 하나님과 완전한 인간인 예수는 온전한 인간의 모델이다. 하나님 앞에서 죄인이요 원수인 우리를 위해 죽임을 당하시고 영원한 생명을 제공하신 예수는 사랑의 완성이다. 무덤을 열고 죽음에서 부활하신 예수는 우리의 영원한 소망이다. 정의롭고 공의롭고 온유하고 겸손하고 정직하고 성실하고 진실하신 예수의 고매한 인격은 우리의 로망이다. 진리를 가르치고 정의를 이루고 사랑을 실천한 예수는 대접과 군림이 아닌 섬김의 인생이다. 우리는 그를 믿고 범사에 하나님을 인정하며 예수처럼 살아가며 예수를 누리는 사람이다. 예수는 우리가 온전한 믿음으로 믿을 때에 비로소 우리에게 최고의 인생을 선사한다.

인간의 회복
새로운 인간은 누구인가?

새로운 피조물

예수를 믿는다는 것은 인생의 완전한 변화를 의미한다. 바울은 누구든지 예수를 믿으면 "새로운 피조물"(καινὴ κτίσις)이 되고, 그 결과로서 이전의 모든 것은 지나가고 모든 것이 새롭게 되었다고 선언한다(고후 5:17). 성경의 이 선언은 무에서 유를 창조하는 정도의 혁명적인 변화를 의미한다. 이 변화에서 지나간 이전의 것은 무엇이고 새로운 것은 무엇인가? 이에 대한 답은 이런 변화를 실제로 체험했고 그 변화를 가르치는 바울 자신의 이전 것과 새로운 것을 살펴보면 확인된다. 바울에게 이전 것은 대부분의 사람들이 피땀을 흘려 취하고 싶어하는 7가지 요소로 구성되어 있다(빌 3:5-6). 그런데 예수를 믿고 새로운 사람이 된 바울은 자기가 유익한 것이라고 생각한 최고의 7가지 스펙을 배설물로 간주했다. 우리가 마땅히 구하여야 할 대상이 아니라 심지어 해로운 것이라고 평가했다(빌 3:7-8).

첫째, 그는 팔일만에 할례를 받은 히브리 사람이다. 할례라는 것은 오늘날 남자 아이들이 포경수술 받는 의식을 가리키고 할례의 의미는 몸에 남겨진 민족적인 적통의 표시였다. 할례를 받지 않으면 자신의 민족적인 소속을 주장하지 못할 정도로 정체성과 신분이 걸린 문제였다. 그러나 그렇게도 중요한 할례도 그리스도 안에서는 지나간 것으로 분류된다. 할례의 지나감이 의미하는 바는 우리의 신체와 관련된 모든 것들이 그리스도 안에서는 무의미한 것으로 간주됨

을 의미한다. 그러나 사람들은 신체와 관련된 외모에 민감하다. 외모가 곧 인생이고 인생이 곧 외모라는 불쾌한 등식이 사람들의 뇌리에 질서처럼 군림하고 있다. 2020년 한국갤럽 조사에 의하면 인생에서 차지하는 외모의 중요성을 긍정하는 비율이 89%였다. 사회의 이러한 병적 현상은 오랫동안 기반을 다져온 외모 지상주의 문화의 한 단면이다. 어느 사회를 보더라도 외모는 사랑과 결혼과 취업과 인기와 성공의 유력한 조건이다. 세상은 사람을 외모로 평가한다. 키가 작거나, 다리가 짧거나, 몸이 무겁거나, 눈이 작거나, 머리숱이 적거나, 몸이 비대칭을 이루거나, 얼굴이 크거나, 시력과 청력이 나쁘거나, 피부가 거칠거나, 신체의 한 부분이 더 있거나 덜 있으면 모든 분야의 평가에서 감점의 요인으로 처리된다.

그러나 성경은 외모를 따라 사람을 판단하는 인간의 못된 성향을 꾸짖는다. 이는 하나님이 결코 인간을 외모로 취하시지 않기 때문이다. "사람은 외모를 보거니와 나 여호와는 중심을 보느니라"(삼상 16:7). 동시에 성경은 외모에 근거한 차별을 철저하게 금지한다. 예수님의 명령이다. "외모로 판단하지 말고 공의롭게 판단하라"(요 7:24). 이는 새로운 피조물이 외모에 근거한 존재가 아니기 때문이다. 피부색과 무관하게 백인이나 황인이나 흑인이나 누구든지 예수를 믿으면 새로운 피조물이 된다. 예수는 어디를 가든지 사람들이 감점의 근거로 삼은 신체의 모든 질병들과 모든 약한 것들을 다 고치셨다(마 9:35). 이는 예수로 말미암아 외모가 인생을 더 이상 주관하지 못함을 의미한다. 예수를 믿으면 외모의 모든 문제에서 자유롭게 된다. 예수는 우리의 연약한 육체를 오히려 더욱 아름답게 바꾸신다. 예수의 이러한 조치를 바울은 우리의 일상에서 관찰되는 일이라고 설명한다. "우리가 몸의 덜 귀히 여기는 그것들을 더욱 귀한 것들로 입혀 주며 우리의 아름답지 못한 지체는 더욱 아름다운 것을 얻느니라"(고전

12:23). 신체적인 약점을 세상은 지적하고 비웃지만 예수는 그것을 보호하며 더욱 귀하고 아름답게 만드신다. 예수를 믿으면 영혼을 사랑하게 되고 영혼을 사랑하면 신체를 보는 기준과 평가도 달라진다. 모든 것을 아름답게 본다.

둘째, 바울은 이스라엘 족속이다. 이스라엘 민족은 하나님이 자기 백성으로 선택하신 선민이다. 그런 민족에게 속했다는 것은 당시 최고의 영광 중에 하나였다. 그런데 바울은 자신이 그런 민족의 한 사람으로 태어난 것도 배설물에 불과한 것으로 간주한다. 이는 우리의 출생이 그리스도 안에서는 우리의 인생을 좌우하지 못한다는 사실을 의미한다. 예수를 믿는 가정에서 태어난 것을 무슨 훈장으로 여기는 사람들이 있다. 그런 가정에서 태어난 사람들은 엄마의 태에서 교회에 출석하고 예배에 참석한다. 그렇다고 해서 가정이나 민족의 소속이 새로운 피조물이 되는 일에 어떤 차별의 조건으로 작용하는 것은 아니라고 성경은 못박는다. 하나님의 택하심을 받은 아브라함 가족 안에서도 이삭은 믿음을 가졌지만 이스마엘 경우에는 이스라엘 백성에게 속하지 못하였다. 그리고 택함을 받은 이삭의 가정 안에서도 야곱은 믿었지만 에서는 믿음에서 멀어졌다. 이러한 사실을 해석하며, 바울은 이스라엘 출신이 다 이스라엘 민족에 속하는 것은 아니라고 주장한다(롬 9:6). 믿음의 가정이나 믿음의 민족에게 속했다는 사실이 믿음을 보증하는 것은 아니라는 점을 우리는 여기에서 확인한다. 믿음의 가정에서 태어나든 아니든, 기독교가 국교인 나라에서 태어나든 아니든, 가문이나 민족의 어떠한 차이도 그리스도 안에서는 모두 사라진다. 이스라엘 민족 밖에서도 하나님께 속한 이방인이 있음을 구약이 증언한다. 나는 다양한 종교가 공존하는 한국에서, 예수의 이름은 발설된 적도 없고 들어본 적도 없는 마을에서, 부모나 친척 중에 아무도 예수를 믿지 않는 불신의 가정에서 태어났다. 그런데

도 이렇게 예수를 믿고 살아간다.

셋째, 바울은 베냐민 지파 출신이다. 이 지파는 이스라엘 민족이 왕정 시대로 접어들 때 이스라엘 최초의 왕 태조 사울을 배출한 성골(聖骨)이다. 바울은 이처럼 왕족의 핏줄이다. 그러나 이런 사실도 그는 지나간 배설물로 분류한다. 사실 왕족 출신도 다른 모든 자들과 똑 같은 인간이다. 왕의 자손이나 노예의 자손이나 무게가 동일한 영혼의 소유자다. 왕족의 핏줄은 뭔가 다를 것이라는 사람들의 의식은 일종의 사회적인 질병이다. 과거만이 아니라 지금도 학계의 성골, 재계의 성골, 정치계의 성골, 예술계의 성골, 교계의 성골을 내세우는 질병이 부끄러운 줄도 모르고 사회의 곳곳을 배회하고 있다. 정치인이 자기 지역구를 자녀에게 세습하고, 기업의 총수가 경영권을 자녀에게 세습하고, 담임 목회자가 교회를 자녀에게 세습하고, 교수가 교편을 자녀에게 세습하고, 기업의 임원이나 직원이 고용의 기회를 자녀에게 먼저 주며 세습한다. 부당한 세습이 평등권을 침해하는 사회적 흉기라는 사실을 덮고 아름다운 문화인 것처럼 보상하는 영화와 드라마도 많이 제작된다. 금수저 세습은 자녀의 행복이 아니라 그의 인생을 망치는 독약이다.

그리스도 안에서는 재벌가의 자녀나 대통령 자녀나 국회의원 자녀나 담임목사 자녀나 교수 자녀라고 더 뛰어난 것도 아니고 그들에게 어떤 우선권이 주어지는 것도 아니기에 바울은 유력한 자들이 자신에게 아무것도 아니라고 한다(갈 2:6). 신약만이 아니라 구약도 어떠한 판단을 내릴 때에 "세력 있는 자라고 두둔하지 말라"고 가르친다(레19:15). 민족에 대해서도 바울은 유대인과 이방인 사이에 어떠한 차별도 없다는 사실을 강변한다. 구약에도 하나님은 이스라엘 민족과 동일하게 타국인에 대해서도 민족적인 차별을 엄격하게 금지하고 공정하게 판결할 것을 주문한다(신 1:16). 이처럼 그리스도 안에서

는 어떠한 종류의 성골도 특혜나 반칙이 허용되지 않으며 모든 사람에게 평등한 기회와 평등한 대우와 평등한 평가가 주어진다. 본래 기독교는 그러해야 한다.

그럼에도 불구하고 교회 안에서는 여전히 차별하는 일들이 있다고 야고보는 고발한다. "금 가락지를 끼고 아름다운 옷을 입은" 유력한 자들이 교회에 들어오면 좋은 자리로 안내한다. "남루한 옷을 입은 가난한 사람"이 들어오면 말석으로 안내하고 신발을 벗어 두는 발등상에 앉든지 말든지 무관심한 태도로 일관한다(약 2:2-3). 이러한 일들은 하나님의 택하심을 받은 이스라엘 민족의 역사 속에서도 빈번하게 일어났다. 권력자의 편에 빌붙어서 편파적인 판결을 내리고 "가난한 백성의 권리를 박탈하며 과부에게 토색하고 고아의 것을 약탈하는 자"가 요직을 차지하며 판결을 굽히는 일들을 빈번하게 저질렀다(사 10:2). 어떠한 분야이든 유력한 성골을 편애하는 것은 절대자 하나님의 법정 질서를 문란하게 만드는 죄악이다. 기독교는 교회에 등록된 사람이든 등록되지 않은 사람이든 모두를 섬기고 사랑해야 한다.

넷째, 바울은 히브리인 중의 히브리인이다. "히브리인"은 "어떠한 것을 건너온 사람"을 의미하며 아브람은 성경에서 언급된 최초의 "히브리 사람"(עִבְרִי)이다(창 14:13). 우상의 나라에서 믿음으로 말미암아 하나님을 예배하는 나라로 건너왔기 때문이다. 창세기에 보면 이집트 사람들은 "히브리 땅"과 "히브리 사람"에 대해 잘 알고 있었다는 사실에서 "히브리"는 특정한 지역과 민족의 이름일 가능성이 높다(창 39:17, 40:15). 또 어떤 학자에 의하면, 고대의 근동 시대에 히브리 사람은 국경도 없고 민족적인 소속도 없고 다양한 지역을 떠돌면서 전쟁의 때에는 용병으로, 때로는 석공으로, 때로는 목축으로 생계를 유지하는 사람들을 의미한다. 셈의 아들인 에벨(עֵבֶר)이 "강을 건넌

자"를 의미하기 때문에 에벨의 후손을 일컫는 말이라고 주장하는 학자들도 있다. 이러한 주장들은 대립되지 않고 서로의 의미를 보완한다. 성경에서 히브리 사람은 에벨의 후손 중에서도 특정한 지역을 떠돌면서 우상을 섬기던 인생의 강을 건너 하나님을 섬기는 삶으로 돌이킨 아브라함 혈족을 일컫는 말로 굳어진다.

예수의 시대에 유대인은 자신이 아브라함과 더불어 아버지와 자손의 관계를 가지고 있다는 자부심이 대단했다(요 8:39). 가는 곳마다 제단을 세우고 하나님께 예배부터 드리고 생활했던 아브라함, 이 첫번째 히브리 사람의 한 자손으로 "히브리인 중의 히브리인" 호칭을 가졌다는 것은 인생 자체가 하나님께 완벽하게 구별되어 그에게 최고의 경배를 드리는 자임을 의미한다. 그러나 바울은 이처럼 혈통적인 차원에서 하나님만 예배하는 인생이 되는 것도 배설물에 불과한 것이라고 평가한다. 진정한 예배의 드림은 그리스도 안에서만 가능하기 때문이다. 하나님께 구별되고 하나님께 예배자가 되는 것은 혈통적인 아브라함 후손의 여부와 무관하다. 몇 대째 목회자 집안의 후손이나 특정한 교단에 소속된 성도라는 이유로 하나님 앞에서 더 좋은 예배자가 되는 것은 아니다. 하나님이 진정으로 기뻐하는 사람은 아브라함 핏줄의 여부와 무관하게 그리스도 안에서 성령으로 말미암아 예배 드리는 사람이다. 하늘에서 하나님은 우리에게 어느 집안 출신이고, 어느 교회 출신이고, 어느 교단 출신인지 결코 묻지 않으신다.

다섯째, 바울은 바리새인 중의 바리새인 즉 가말리엘 학파 출신이다. "바리새인"(Φαρισαῖος)은 "구별된 자"를 의미한다. 당시 바리새파 사람들은 모세의 율법을 가장 엄격하게 해석하고 적용하는 구별된 분파였다. 가말리엘은 1세기 율법 해석학의 맹주였다. 모든 유대인이 그를 존경했다. 모든 사람들이 종교적인 줄을 대고 싶어한 사람이다. 그의 학문적인 계보에 들어가는 것은 모두가 흠모하는 스펙

의 하나였을 가능성이 높다. 가말리엘 후광을 힘입어 최고의 지성인 행세를 하며 모든 유대인의 존경을 차지할 수 있는 스펙이다. 어떤 학교를 나오고 어떤 석학 밑에서 배웠다는 것이 이 땅에서는 예나 지금이나 대단한 출세의 밑천이고 밥줄이다. 그런데 바울은 그토록 유익한 학문의 남다른 배경도 배설물로 간주했다. 이는 그가 진리 자체이신 예수를 만났기 때문이다. 예수는 진리를 추구하는 모든 사람들의 소망이다. 진리는 심오한 명제를 발견하는 것, 아무도 발설하지 않은 의미를 발견하는 것이 아니라 영원히 변하지 않는 것, 모든 시간과 공간에 적용되는 것, 모든 사물과 상황에 해답을 제시하는 것을 의미한다. 이런 진리는 책을 열심히 읽고 사물을 부지런히 관찰하고 사물을 입자의 단위까지 뜯어 해체하면 발견되는 것이 아니라 진리 자체이신 예수를 만나야만 발견된다. 이 사실은 체험해야 안다.

당대의 뛰어난 지성인인 바울은 지금 반지성적 신앙을 강조하는 것이 아니라 예수를 만난다는 것의 의미가 얼마나 놀랍고 위대한 것인지를 설명하기 위해 최고의 지성도 그분 앞에서는 배설물로 분류될 수밖에 없음을 역설하고 있다. 예수를 만난 이후에는 독서도 강의도 연구도 토론도 만남도 노동도 모두 진리를 추구하는 수단이다. 이러한 삶은 진리 안에서의 인생이다. 하나님은 이러한 삶을 최고의 기쁨으로 여기신다. 요한은 주님의 기쁨을 이렇게 대변한다. "내가 내 자녀들이 진리 안에서 행한다 함을 듣는 것보다 더 기쁜 일이 없도다"(요삼 1:4). 세상의 지혜와 지식이 많은 사람들은 비록 사회에 덕과 유익을 끼치는 사람들도 있지만 이기적인 삶을 살아가는 사람들도 많다. 이기적인 삶은 좋은 기관에서 좋은 스승을 통해 대단한 것을 배웠다고 생각하나 정작 마땅히 알아야 할 것은 모르는 영적인 무지 때문에 초래된다(고전 8:2). 자신을 향한 욕심에 이끌리면 아무리 열심히 공부해도 진리에 이르지 못하고 오히려 멀어진다. 그래서 바울은

이렇게 단언한다. "항상 배우나 끝내 진리의 지식에 이를 수 없느니라"(딤후 3:7).

여섯째, 교회를 핍박함에 있어서 바울의 열심은 대단하다. 그는 유대교를 신봉했다. 동족의 동년배들 중에서도 조상의 전통을 누구보다 지나치게 고수했다(갈 1:14). 당연히 기독교는 유대교를 파괴하는 종교라고 생각했다. 이는 자기가 스승들과 전통들을 통해 배운 진리와 기독교가 추구하는 진리가 너무도 달랐기 때문이다. 그래서 기독교에 대한 바울의 마음에는 위협과 살기가 가득했다(행 9:1). 속으로만 살기를 품지 않고 실제로 누구든지 기독교를 따르는 자들을 만나기만 하면 남녀노소 불문하고 결박하여 예루살렘 감옥에 넣으려고 했다(행 9:2). 몸과 마음이 한 방향으로 열정을 태운 사람이다. 사람들은 조직에 충성하는 바울의 이러한 열정을 칭송한다. 뜨거운 열정으로 조직에 충성하지 않으면 선택되지 못하고 선택이 되어도 공동체 안에서 배제된다.

성경도 열정을 강조한다. 그러나 열정의 방향이 열정 자체보다 중요하다. 바울은 자기 민족이 실패한 이유를 열정 자체가 아니라 그 열정의 잘못된 방향에서 발견한다. 즉 사랑과 정의, 자유의 평등, 연합과 평화라는 하나님의 원대한 뜻을 추구하지 않고 자기들의 이기적인 욕망을 추구했기 때문에 유대인은 실패했다(롬 10:2-3). 그런데 바울은 예수라는 방향을 만나서 그분만 알고 그분만 자랑하고 그분만 증명하는 인생을 살기로 결단했다. 이제 충성해야 할 조직은 이스라엘 국가가 아니라 하나님의 나라였다. 예수의 사랑, 예수의 용서, 예수의 평화, 예수의 정의, 예수의 진리, 예수의 거룩함이 바울의 모든 열정을 차지했다. 바울의 인생은 예수의 것이었다. 이는 예수를 만난 이후의 열정이 자신의 목숨조차 조금도 귀한 것으로 여기지 않을 정도였기 때문이다. 열정이 올바른 방향을 만나면 이처럼 최고치

에 도달한다. 예수를 만난 열정은 미지근할 수 없고 온 세상을 다 삼킬 정도로 타오른다. 그러나 예수를 만나지 못한 열심과 열정을 바울은 배설물로 간주한다. 그 열정은 강할수록, 클수록, 넓을수록, 길수록 더욱 더 위험하다.

일곱째, 바울은 율법의 의에 있어서 무흠했다. 율법은 신이 제정한 윤리와 도덕의 기준이요 규범이다. 율법은 613가지이며 이 중에서 248가지는 "하라"는 긍정적인 율법이고 365가지는 "말라"는 부정적인 율법이다. 최고의 지성을 가지고 이 율법을 가장 높은 수준으로 이해한 바울은 또한 이 율법을 하나도 어기지 않았다고 주장한다. 그것이 그에게는 윤리적인 자부심의 근거였다. 율법의 최고 전문가와 율법의 최고 실천가인 바울은 예수를 만난 이후로 율법의 흠 없는 의로움도 배설물로 간주했다. 바울은 먼저 지적으로 율법에 대한 예수의 해석 앞에서 무너졌다. 아무도 알지 못하였던 율법의 보다 중요한 의미와 목적인 "정의와 긍휼과 신뢰"를 가르쳐 주었기 때문이다(마 23:23). 율법의 보다 중요한 그 의미와 목적을 예수는 다 이루었다. 이런 예수를 만난 바울은 자신의 자화자찬 수준의 초라한 실천을 죄인 중에서도 괴수가 저지른 범죄에 불과한 것이라고 인지했다. 과거의 바울은 도덕을 사람들이 인정하는 수준으로 실천하고 만족을 하였으나 예수는 사람들이 아니라 하나님이 인정하는 수준으로 완벽하게 실천했다. 차원이 다른 실천이다. 인간의 선행에 아무런 흠이 없으려면 하나님의 기준에 근거해서 완벽해야 한다. 그렇게 완전하신 예수를 만난 바울의 눈에 사람들 사이의 적당한 합의라는 관점에서 볼 때 흠 없어 보이는 자신의 실천은 고작 배설물에 불과했다.

이처럼 바울은 인간이 추구하는 지극히 유익한 7가지 요소들을 배설물로 간주했다. 사람들이 선호하는 신체의 조건, 민족의 조건, 가문의 조건, 종교의 조건, 지성의 조건, 열정의 조건, 도덕의 조건을

인간의 회복 - 새로운 인간은 누구인가? 175

바울은 단호하게 지나간 옛 것으로 분류했다. 그 이유는 예수와의 만남 때문이다. 예수를 만나면 육체보다 영혼을, 민족보다 하나님의 백성을, 가문보다 믿음의 뿌리를, 민족적인 국가보다 하나님의 나라를, 열정보다 예수라는 방향과 그것에 의한 극대치의 열정을, 도덕보다 예수의 완벽한 도덕성을 추구하게 된다.

새로운 피조물의 새것은 무엇인가? 예수를 믿으면 누구든지 하나님의 자녀가 되는 권세를 취득한다. 새로운 신분의 소유자가 된다. 하나님의 자녀가 된다는 것은 상상할 수 없을 정도로 놀라운 특권이다. 위대한 학자의 가정에 입양이 되거나, 위대한 성직자의 가정에 입양이 되거나, 위대한 대통령의 가정에 입양이 되면 그것은 다른 무엇을 통해서도 이룰 수 없는 인생의 놀라운 반전이다. 그런데 우리가 하나님의 자녀로 입양이 된다면 그 반전의 무한한 규모를 가늠할 수 있겠는가! 바울이 그렇게도 소중하게 여기던 최고의 스펙들을 배설물로 간주한 이유는 바로 하나님의 자녀가 되는 특권 때문이다. 바울은 우리가 예수를 믿으면 예수 안에 거하게 되고 예수와 더불어 동등한 지위를 얻는다고 가르친다. 동등하기 때문에 예수는 우리를 형제라고 부르는 것을 부끄럽게 여기지 않고 기뻐한다(히 2:11). 예수와 우리의 동등성이 의미하는 바는 무엇인가?

예수와 우리의 동등성을 바울은 이렇게 표현한다. "허물로 죽은 우리를 그리스도와 함께 살리셨고 또 함께 일으키사 그리스도 예수 안에서 함께 하늘에 앉히시니"(엡 2:5-6). 우리는 우리의 허물로 죽었고 예수는 우리의 허물로 우리 대신에 죽으셨다. 하나님은 예수를 살리셨고 그와 함께 우리도 살리셨다. 하나님은 예수를 일으켜 세우셨고 그와 함께 우리도 일으켜 세우셨다. 하나님은 예수를 하늘에 앉히셨고 우리도 그와 함께 하늘에 앉히셨다. 이처럼 우리는 예수와 함께 죽음과 부활과 승천과 하늘의 앉음을 공유한다.

예수가 하늘에서 앉은 자리는 아버지 하나님의 보좌 우편이다 (엡 1:20). 그 보좌는 하늘과 땅의 모든 권세를 가지고 다스리는 권력의 원천이다. 이 세상에서 추구될 수 있는 마지막 단계, 더 이상 높아질 수 없는 최고의 지위가 바로 하나님의 보좌 우편이다. 하나님의 자녀는 최고의 지위에 이미 놓여졌다. 그래서 하나님의 자녀라면 이 세상에서 보다 높아지기 위해 불법과 불의와 거짓과 폭력을 동원하지 않고 비록 높아지지 않고 낮아지는 길이라고 할더라도 합법과 정의와 진실과 대화를 추구함이 마땅하다. 혹시 억울한 이유로 낮아진다 할지라도 슬픔과 절망과 좌절과 분노와 미움과 복수에 사로잡힌 사람이 되지 않고 하나님의 시간표를 따라 이루어질 회복을 차분한 마음으로 기다려야 한다. 왜냐하면 하나님의 보좌 우편에 앉은 우리의 지위는 어떠한 사람이나 사건에 의해서 변경되지 않기 때문이다. 그리고 억울하게 낮아지는 것은 우리의 인격과 성품이 하나님의 보좌 우편에 알맞도록 연단하고 성장하는 과정과 준비일 뿐이기 때문이다.

예수를 믿으면 우리도 예수처럼 아버지 하나님과 함께 부모와 자녀의 관계로 들어간다. 2장에서 설명한 것처럼 이 관계를 예수는 "내가 아버지 안에 아버지가 내 안에"라는 표현으로 설명한다(요 17:21). 아버지가 내 안에 있다는 것은 그분이 내 존재와 인생의 보좌에 왕이심을 의미한다. 내가 아버지 하나님 안에 있다는 것은 그 어떠한 세력도 나를 건드리지 못함을 의미한다. 나의 존재를 둘러싼 테두리는 무려 하나님 자신이다. 이처럼 아버지 하나님은 자녀를 지키신다. 사망의 음침한 골짜기로 다녀도 지키신다. 지옥과 같은 절망적인 늪에 빠져도 그곳에서 우리를 건지신다. 불이나 물이나 굶주린 사자의 굴에 몸이 던져지는 일이 있어도 아버지 하나님은 우리를 지키신다. 이 땅에서만 우리를 지키시지 않고 죽은 이후에도 지켜 주셔서 우리는 다시 살아나는 부활을 통해 영원토록 산다. 그래서 죽음의 두려

움도 사라진다.

하나님의 자녀는 하나님과 인격적인 교제를 나눌 특권을 소유한다. 가장 지혜롭고 가장 정의롭고 가장 자비롭고 가장 박식하고 가장 너그럽고 가장 친절하고 가장 정직하고 가장 선하고 가장 거룩하고 가장 진실하고 가장 아름다운 분과 인격을 섞으며 영원한 교제를 나눈다는 것은 최고의 기쁨과 행복이다. 그와 동거하면 우울증과 불안증과 공포증이 우리의 정서에 끼어들 빈자리가 없어진다. 공부를 열심히 해서 좋은 학교에 진학하고 좋은 학문을 전공하고 좋은 곳으로 유학을 가는 이유도 다 보다 뛰어난 인격의 소유자를 만나기 위함이다. 그런데 하나님은 가장 위대한 인격의 소유자다. 언제나 어디서나 그분과 자유롭게 소통할 수 있다는 것은 얼마나 놀라운 특권인가!

예수를 믿으면 우리의 모든 필요가 채워진다. 그래서 다윗은 부족함이 없을 것이라고 고백했다(시 23:1). 이는 아버지 하나님께 가장 소중한 아들 예수의 생명도 아끼지 않고 우리에게 내어주신 분이 그 아들과 함께 우리의 다른 모든 필요를 기꺼이 채우시기 때문이다(롬 8:32). 성경은 나누는 것이 취하는 것보다 낫고, 주는 것이 받는 것보다 낫다고 가르친다. 이렇게 나누라는 교훈의 이유는 그 배후에 어떠한 필요도 채우시는 하나님이 우리의 비빌 언덕이기 때문이다. 하나님은 우리의 신체적인 필요, 정신적인 필요, 사회적인 필요, 경제적인 필요, 영적인 필요를 모두 채우신다. 하나님의 아들이 하나님의 채우심에 대해 제자에게 준 약속이다. "구하라 그리하면 너희에게 주실 것이요 찾으라 그리하면 찾아낼 것이요 문을 두드리라 그리하면 너희에게 열릴 것이니라"(마 7:7). 이것은 하나님이 우리에게 구하는 모든 것을 주실 것이라는 강력한 의지의 표명이다.

예수는 하나님의 자녀가 마땅히 구하여야 하는 내용에 대해서도 가르친다. 예수의 기도문이 바로 그것이다(마 6:9-13). 우리는 예

수의 이름에 근거하여 예수와 동등한 자격으로 아버지 하나님께 기도한다. 먼저 호칭이다. 우리가 기도하는 대상은 "하늘에 계신 우리 아버지", 즉 절대자인 동시에 아버지다. "하늘에 계시다"는 말은 무엇이든 다 이루시는 전능하신 절대자를 의미하고, "아버지"는 가장 친밀한 관계성을 의미하고, "우리"라는 것은 기도의 대상이 개인의 사사로운 이익을 위한 기도가 아니라 공동체를 위한 기도의 대상임을 의미한다. 자녀들 모두를 위해 모든 것을 능히 행하시는 절대자 아버지를 대상으로 마땅히 구하여야 하는 내용은 무엇인가? 구하는 내용이 건강이면 의사를 찾아가고, 대출이면 은행원을 찾아가고, 지식이면 선생을 찾아가고, 결혼이면 배우자 후보감을 찾아가면 된다. 그런데 "하늘에 계신 우리 아버지"를 찾는 이유는 무엇인가? 간단하게 두 가지로 구분된다. 하나님 사랑과 이웃 사랑이다.

하나님 사랑은 3가지로 구성되어 있다.

첫째, 하나님의 이름이 거룩하게 여김을 받는 것이다. 나를 통하여 누구의 이름이 높임을 받으면 최고의 인생이 되겠는가? 우리의 존재와 존속을 가능하게 하신 하나님의 이름이다. 우리를 사랑하는 가장 위대하신 하나님의 이름이 나를 통해 높아지는 것은 우리에게 최고의 영광이다. 우리 자신을 비롯한 어떤 누군가의 이름을 드러내는 것은 기독교와 무관하다. 둘째, 하나님의 나라가 이 땅에 세워지는 것이다. 하나님의 나라는 특정한 민족과 국가가 아니라 모든 민족과 모든 나라와 모든 계층과 모든 신분과 모든 종류의 사람이 서로의 막힌 담을 허물고 모두가 평등한 가족의 일원으로 참여하는 단일한 공동체. 그래서 기독교는 국수주의, 민족주의, 지역주의, 연고주의, 혈연주의 등을 배격한다. 셋째, 하나님의 뜻이 성취되는 것이다. 하나님의 뜻은 온 천하의 모든 민족에게 진리가 전파되어 영원한 생명을 얻고 하나님의 자녀가 되기를 원하시는 하나님의 사랑이다. 특정한

인간의 뜻을 성취하는 것과 기독교는 무관하다. 우리는 하나님의 이름과 나라와 뜻을 추구해야 한다.

그리고 이웃 사랑은 4가지로 구성된다.

첫째, 일용할 양식을 위해 기도해야 한다. 이는 나의 입에 들어갈 일용할 양식이 아니라 우리 모두에게 필요한 양식을 의미한다. 자신이나 타인이나 필요 이상의 것은 가지지 않아서 남음도 부족함도 없게 해 달라는 기도이다. 서로의 경제적, 사회적, 정치적, 지성적, 감성적, 신체적 필요를 채우는 것은 이웃 사랑이다. 둘째, 죄의 용서를 기도해야 한다. 비록 우리는 예수의 죽음을 통해 죄 용서를 받았으나 여전히 죄를 저지른다. 그때마다 우리는 하나님께 회개해야 한다. 그런데 회개의 구체적인 형태는 서로의 잘못 혹은 빚을 탕감해 주는 방식이다. 이처럼 하나님을 향한 회개는 서로를 용서하는 이웃 사랑의 수단이다. 셋째, 시험에 들지 않도록 기도해야 한다. 모든 사람은 시험에 노출되어 있다. 이는 우리가 연약하기 때문이다. 그래서 우리는 하나님을 의지해야 한다. 동시에 우리는 타인이 나로 인하여 시험에 빠지지 않도록 기도해야 한다. 많은 사람들이 부지불식 중에 타인을 시험에 빠뜨린다. 그래서 매 순간 주의해야 한다. 나의 말과 행동과 모습으로 인해 시험에 드는 사람이 없는지를! 넷째, 악에서 구해 달라고 기도해야 한다. 비록 눈에 보이지는 않지만 굶주린 사자의 입을 벌린 악한 존재가 매 순간마다 우리를 삼키려고 한다는 것이 우리가 처한 영적 현실이다. 그런 존재 때문에 나만이 아니라 우리라는 공동체 전체가 악의 생산자나 희생자, 가해자나 피해자가 되지 않도록 기도해야 한다.

우리가 절대자와 아버지인 하나님께 마땅히 기도해야 하는 내용은 사랑이다. 내가 잘 먹고 잘 사는 이기적인 욕망의 충족을 위한 기도는 기복주의 기독교의 흉한 모습이다. 예수를 믿고 하나님의 자

녀가 된다는 것은 하나님의 아들이신 예수처럼 생각하고, 예수처럼 말하고, 예수처럼 행동하고, 예수처럼 사는 것을 의미한다. 예수를 따르는 자들을 본 외부인이 그들에게 붙여준 이름이 있었는데 그것은 "그리스도인"(Χριστιανός)이 된다. 이 용어가 처음 사용된 곳은 안디옥 지역이다(행 11:26). 어떤 종류의 사람을 표현할 때에 다양한 범주들을 사용한다. 즉 교원, 상인, 법조인, 농업인, 의료인, 미국인, 중국인, 백인, 흑인, 남성, 여성 등의 용어들을 통하여 어떠한 그룹의 사람들을 분류한다. 그런데 예수를 따르는 사람들에 대해서는 당시에 분류할 수 있는 범주가 존재하지 않아 새로운 용어를 만들어야 했다. 그것이 "그리스도인"이다. 이들은 과거에 이 세상에서 한번도 존재하지 않은 부류였다. 왜 예수를 추종하는 자들을 "그리스도인"이라고 불렀을까?

그리스도인은 인격과 삶으로 예수를 추종하기 때문이다. 예수의 인격은 바울이 잘 묘사한 것처럼 인내, 온유, 시기하지 않음, 자랑하지 않음, 교만하지 않음, 무례하지 않음, 자기의 유익을 추구하지 않음, 성내지 않음, 악한 것을 생각하지 않음, 불의를 기뻐하지 않음, 진리와 함께 기뻐함 등으로 요약된다. 나아가 모든 것을 참고 모든 것을 믿고 모든 것을 바라고 모든 것을 견디는 인격이다(고전 13:4-7). 그리스도인은 이름에 걸맞도록 예수의 인격을 구비해야 한다. 그리고 예수는 하나님 사랑과 이웃 사랑을 가장 완벽하게 구현했다. 우리의 삶도 그러해야 한다. 하나님 때문에 하나님을 위하여 이웃을 사랑하는 가장 위대한 사랑의 조화를 우리도 이 시대에 나타내야 한다.

그리스도 안에서 이제 나는 누구인가? 이제 나는 지금까지 나를 규정하는 모든 신분의 족쇄에서 벗어났다. 그 모든 옛 것들은 지나갔다. 이 세상에서 유익한 것이라고 생각한 모든 것들도 이제는 나의 근본적인 정체성과 무관한 배설물에 불과하다. 이제 나는 오직 그리

스도 의존적인 사람이다. 나의 신분과 인생은 예수에 의해 규정된다. 예수처럼 하늘과 땅을 창조하고 소유하고 다스리고 경영하는 하나님의 아들이기 때문이다. 이제 나는 예수의 죽음과 부활과 승천과 하늘의 보좌 우편에 앉으심을 예수와 함께 공유한다. 그럼에도 불구하고 높은 곳에서의 교만에 빠지지 않고 온 세상을 섬기기 위해 우리와 같은 육신을 입고 이 세상에 오신 예수처럼 자신을 겸손하게 낮추며 살아가는 그리스도인이다. 그리스도인은 하나님 사랑과 이웃 사랑을 추구한다. 나를 위해 살지 않고 하나님을 위해 살아가고 우리라는 이웃을 위해 살아간다. 이러한 우리의 인생은 이 땅의 어떠한 것도 조건으로 작용하지 않은 예수만이 기준이고 규범이다. 최고의 인생은 예수의 인격과 삶을 구비한 인생이다.

문제는 우리가 스스로 예수의 인격을 구비하고 예수처럼 살아가는 것이 가능하지 않다는 사실이다. 세상에서 도덕의 평균치에 턱걸이 하는 것도 어려운데 어떻게 우리가 예수의 고매한 인격과 거룩한 삶을 흉내라도 낼 수 있겠는가! 그러나 놀랍게도 예수처럼 되고 사는 최고의 인생은 가능하다. 우리에게 예수의 영이 있기 때문이다. 최고의 인생을 위해 무엇이든 예수의 이름으로 구하면 주시는 분은 성령이다. 그 성령께서 우리에게 지혜와 명철과 재능과 자원을 주시면 우리가 아무리 연약하고 무지하고 비천해도 예수처럼 되고 예수처럼 산다. 이것은 오직 성령의 도움에 의해서만 가능한 일이기 때문에 금수저나 흙수저 모두에게 공평하다. 성령께 구하면 기적이 일어나고 우리는 그 기적의 수혜자가 된다.

9

공동체적 자아
교회는 무엇인가?

누구든지 예수를 믿으면 새로운 피조물로 거듭난다. 그러나 거듭난 자아가 개인으로 머물러 있다면 아직도 온전한 자아에 이르지는 못하였다. 죄에 빠지기 이전 태초의 "사람"(אדם)은 남자와 여자를 의미했다. 사람은 남자나 여자만을 가리키지 않고 남자와 여자 모두를 가리키는 말이었다. 이는 인간이 홀로 살아가지 않고 더불어 살아가야 하는 존재임을 의미한다. 인간은 본질상 공동체적 자아였다. 그리스도 안에서 새로운 피조물이 된 사람도 혼자가 아니라 더불어 살아가는 공동체적 자아여야 한다. 더불어 살아가는 것은 인간이 존재할 때부터 있었던 본래적인 질서의 회복이다. 그리스도 안에서 하나의 사회를 이루며 더불어 살아가는 사람들을 교회라고 한다. 강조점에 따라 교회의 정의는 다양하다. 교회는 믿음을 기준으로 보면 예수를 믿는 사람들의 모임을 가리키는 "신자들의 무리"(communio fidelium)이며, 선택을 기준으로 보면 하나님의 택하심을 받은 사람들의 모임을 가리키는 "택자들의 무리"(communio electorum)이며, 거룩함을 기준으로 보면 하나님께 구별된 거룩한 사람들의 모임을 가리키는 "성도들의 무리"(comminio santorum)이다. 택한 자들이 믿고 믿은 자들이 거룩하게 되기 때문에 교회는 택자들, 신자들, 성도들의 모임이다.

교회는 영원 속에서 하나님의 택하심을 받은 모든 사람들이 시간 속에서 믿어 거룩하게 되는 공동체를 의미하기 때문에 교회의 역사 혹은 하나님의 나라는 다른 어떤 공동체의 역사보다 장구하다. 인류의 역사에서 가장 유구한 전통을 가진 국가는 로마 제국이다. 기

원전 27-14년 쯤에서 시작하여 제국이 분열된 이후에 서로마 제국은 476년도에 망하였고 동로마 제국은 1453년에 망하였다. 이 전체를 로마의 역사라고 하더라도 제국의 수명은 1,500년 정도였다. 그 다음으로 장수한 제국은 800년 경에 시작되고 1806년에 역사의 무대를 떠나서 1,000년 정도 존속된 신성로마 제국이다. 그런데 하나님께 1,000년은 하루와 같다고 모세는 고백한다. 왜 그러할까? 하나님은 영원한 분이시고 하나님의 나라도 영원하기 때문이다. 하나님의 나라는 영원 전부터 하나님의 계획과 더불어 시작했고 영원까지 지속될 것이라고 성경은 가르친다(단 6:26). 많은 사람들이 보다 좋은 나라의 국적 취득을 위해 막대한 비용을 지불하고 있다. 다른 어떤 국가와도 비교할 수 없는, 가장 유서가 깊은 하나님 나라의 국적을 취득하는 것은 최고의 영광이다. 그런데 그것은 어떠한 비용을 지불함도 없이 누구든지 취득할 수 있는 국적이다.

　　교회는 그 역사의 길이만이 아니라 규모에 있어서도 다른 어떤 국가나 공동체가 비교될 수 없을 정도로 거대하다. 교회에는 국경선이 없고 피부색도 없기 때문이다. 신분이나 계층이나 빈부나 종족이나 국적을 불문하고 누구든지 교회의 구성원이 될 수 있기 때문이다. 현재 최대의 규모를 자랑하는 중국과 인도의 인구가 14억과 13억에 달한다고 한다. 그런데 세계 78억 정도의 인구 중에서 기독교 인구는 25억이 넘는다고 한다. 교회는 한 시대만이 아니라 모든 과거의 신도들도 포함한다. 하나님의 자녀는 영원한 생명을 소유하고 영원히 살기 때문에 육신으로 죽은 자녀들도 여전히 교회의 한 부분이다. 그래서 성경은 이미 죽어서 하나님과 함께 있는 "온전하게 된 의인의 영들"과 우리가 나란히 있다고 가르친다(히 12:22-24). 그래서 교회는 땅에 있는 자녀만이 아니라 하늘에 있는 자녀들로 구성되어 있다(엡 1:10). 교회는 하늘과 땅을 통합하는 규모를 자랑한다. 이와는 달리 가

정은 부모나 자녀나 배우자나 죽으면 헤어지게 된다. 어떠한 단체의 회원권 혹은 어떠한 국가의 국적도 영원하지 않고 죽음과 함께 소멸된다. 그러나 교회의 회원권은 영원히 박탈되지 않고 보존된다. 그래서 역사에 있어서나 규모에 있어서나, 종적으로 보나 횡적으로 보나 교회는 최대의 공동체다.

교회의 권위는 어떠한가? 교회의 권위는 예수의 권위에 의존한다. 하나님은 예수를 "모든 통치와 권세와 능력과 주권과 이 세상뿐 아니라 오는 세상에 일컫는 모든 이름 위에 뛰어나게" 만드셨다(엡 1:21). 그래서 교회의 운명은 어떠한 통치와 권세와 능력과 주권과 온 세상의 위인에 의해서도 좌우되지 않고 오직 예수에게 의존한다. 예수는 교회의 머리로서 자신의 지고한 권세 때문에 심지어 지옥의 권세도 교회를 이기지 못한다고 선언한다(마 16:18). 그래서 인류의 역사에서 교회가 없었던 적이 없었다는 것은 결코 이상하지 않다. 아담과 하와는 최초의 교회이며, 그때 이후로 지금의 21세기까지 교회는 존속하고 있다. 교회를 지상에서 지우려고 한 대표적인 핍박의 사례는 중국이다. 마오쩌둥 부인 장칭은 소위 4인방의 리더로서 종교를 구시대의 산물로 여기며 철저히 소멸해야 한다고 선언했다. 그리고 종교의 빈자리를 '마오쩌둥 숭배'로 채우려고 했다. 장칭은 앞으로 기독교를 박물관에 가야만 볼 수 있는 것이라고 공언하며 내대적인 핍박을 가하였다. 교회와 성당을 파괴하고 전국에 마오의 초상화를 걸도록 명령했다. 중국은 종교 청소를 단행했고 대부분의 종교가 많이 사라지고 남은 종교도 중국 밖으로 도피했다. 그러나 기독교는 확산되기 시작했다. 마치 순교자의 피는 교회의 씨라고 한 터툴리안 경구를 입증하듯 교회는 나날이 성장하여 현재 1억이 넘는다고 한다. 중국 교회는 공산당의 종교 탄압을 거부하지 않고 수용한다. 목숨을 걸지 않는 가짜 종교들이 깨끗하게 청소되고 참 종교만 남기 때문이다.

공동체적 자아 – 교회는 무엇인가? 187

인류의 나이보다 더 장구한 역사를 가진 교회, 하늘과 땅이 통합되는 최대의 규모를 가진 교회는 과연 어떤 기관인가? 성경에서 교회는 예수의 몸이며 만물을 충만하게 하시는 그리스도 예수로 가득 채워짐을 의미한다(엡 1:23). 예수의 몸이기 때문에 예수는 교회의 머리이며, 예수로 가득 채워지기 위해서는 예수의 마음과 뜻과 힘과 목숨이 교회에 가득해야 한다. 예수의 인격과 언어와 행실이 가득한 몸이면 교회는 예수로 채워진다. 이 세상에 오셔서 방문한 모든 도시와 마을에서 빠뜨리지 않고 그 인격과 언어와 행실을 담아내신 내용들이 있다. 그것은 4가지, 즉 진리의 가르침, 복음의 선포, 질병의 치유, 빈자의 구제였다.

첫째, 예수는 진리를 가르쳤다. 거짓으로 덮인 어두운 세상을 진리의 빛으로 밝히셨다. 교회도 진리를 가르쳐야 한다. 바울은 교회를 "진리의 기둥과 터"로 규정한다(딤전 3:15). 하나님은 누구신지, 인간은 누구인지, 세상은 무엇인지, 인생은 무엇인지, 자연과 역사의 의미는 무엇인지 등에 대한 진리를 가르쳐야 한다. 이 모든 것들의 신리는 하나님의 말씀이다. 그래서 성경을 공부해야 한다. 성경에는 우주의 기원, 만물의 근원, 만물의 목적, 인간의 의미, 가정의 기원, 사회의 질서, 세계의 평화, 문화의 시작, 음악의 기원, 죄의 본질, 인간의 현실과 회복 등에 대한 진리로 가득하다. 이는 알지 못하면 온 세상의 지성이 갈 바를 모르고 방황할 수밖에 없는 필수적인 것들이다. 진리를 가르치기 위해 교회에는 교사라는 전문가가 있다. 입의 언어적인 활동만이 아니라 인격에 담고 삶으로 결실하는 전인적인 방식으로 진리를 가르쳐야 하는 직분이다. 나아가 교회는 진리의 교육을 위해 학교를 세워 세상을 섬기며 봉사한다. 기독교가 들어가는 나라나 지역에 학교를 세우는 것은 그곳에 드리운 무지의 먹구름을 진리의 빛으로 제거하기 위함이다. 이는 예수가 원하기 때문이다. 현재 미

국의 기독교 대학들 중에는 듀크, 에모리, 칼빈, 휘튼, 베일러, 털사 등이 유명하고, 미국에서 최고의 대학으로 손꼽히는 하버드, 예일, 프린스턴 대학교는 모두 기독교 정신으로 세워진 대학이다. 대한민국 경우에는 연세대, 이화여대, 한양대, 숭실대, 계명대, 명지대, 백석대, 전주대, 한동대, 평택대 등이 기독교에 의해 세워졌다. 한국기독교학교 교육연구소의 2017년 조사에 의하면, 기독교에 의해 세워진 학교들은 초등학교 19개, 중학교 135개, 고등학교 195개, 대학교 105개라고 한다. 종교가 세운 학교 중에서 기독교 학교는 88% 정도를 차지한다.

둘째, 예수는 복음을 전파했다. 예수는 죽음의 그림자가 드리운 세상을 영원한 생명으로 이끄셨다. 복음 전파는 죄에 빠져서 스스로 해방될 수 없는 절망의 인간에게 예수라는 희망의 빛을 비추는 활동이다. 복음은 모든 사람이 죄를 범하여 하나님의 영광과 영원한 생명을 상실하고 영원한 사망에 이르게 되었다는 사실과, 그 절망적인 죄의 문제를 해결하신 예수를 믿으면 누구든지 하나님의 자녀가 되고 영원한 생명을 얻고 영원토록 하나님과 함께 거한다는 사실이 핵심이다. 이런 복음을 전파하기 위해 교회에는 목사라는 전문가를 둔다. 목사가 복음을 전파하는 방식도 교사의 경우와 비슷하다. 목사는 예수의 복음이 죽음에서 생명으로, 절망에서 희망으로, 슬픔에서 기쁨으로 바뀐 본인의 체험으로 복음을 선포해야 한다. 복음의 핵심은 예수의 십자가다. 그래서 목사는 십자가를 짊어지는 방식으로, 즉 사망은 나에게 역사하고 생명은 너에게 역사하는 방식으로 복음을 선포해야 한다. 복음의 선포로 온 세상을 섬기기 위해 기독교는 교회를 곳곳에 설립한다. 선교연구 국제 회보(International Bulletin of Mission Research, 2018)에 의하면, 세계의 기독교 교단은 48,000개이고, 세계 교회의 수는 5,758,000개이고 목회자는 13,000,000명 정도이다. 문체부의 조사에 의하면, 2018년도 대한민국 안에는 기독교 교단이 374개가 있

고 교회의 수는 83,883개이며 목회자는 98,305명이다. 안타까운 것은 이렇게도 많은 교단과 교회와 목회자가 있지만 예수로 가득 채워진 교회와 목회자가 적다는 사실이다. 이는 교회가 다른 무엇보다 시급하게 해결해야 할 과제이다.

셋째, 예수는 모든 연약한 것들과 질병을 고치셨다. 온갖 신체와 정신의 무질서를 질서로 바꾸셨다. 교회는 이 세상에 존재하는 모든 질병과 연약한 것들을 위해 기도해야 한다. 이 치유의 사명을 수행하기 위해 교회에는 장로라는 전문가를 둔다. 장로는 교회 공동체의 어른이다. 가장의 책임감을 가지고 가족들을 돌보듯이 교회의 모든 구성원을 돌보고 문제를 발견하고 치유해야 한다. 치유의 대상은 신체의 질병만이 아니라 인격적인 결함이나 정신적인 허약이나 가치관의 혼돈이나 관계적인 균열도 포함한다. 이 직무를 세상에서 수행하기 위해 기독교는 병원을 설립한다. 기독교가 들어가는 나라나 지역에는 병원이 세워진다. 이것은 기독교가 신자나 불신자를 불문하고 이웃을 사랑하기 위함이다. 전주 예수병원, 신촌 세브란스 병원, 이화여대 의료원, 실로암 안과병원, 명지병원, 샘병원, 박애병원, 인천 기독병원, 계명대 동산의료원, 안동 성소병원, 포항 세명기독병원, 부산 일신 기독병원, 고신대 복음병원, 부산 세계로 병원, 광주 기독병원, 여수 애양병원 등이 기독교가 세운 대표적인 병원이다.

넷째, 예수는 긍휼의 구제를 베푸셨다. 생계의 어려움 때문에 오늘을 눈물로 적시고, 내일의 끼니가 확보되지 않아 밤잠을 설치는 가난한 사람들이 많다. 예수는 그들을 지나치지 않고 우리가 그들을 먹여야 한다고 제자들을 가르쳤다. 이러한 가르침을 따라 제자들은 많이 가진 자들이 적게 가진 자들에게 나누어야 한다고 생각했고 실천했다. 그들은 실제로 가난한 사람들과 자신의 "모든 물건을 서로 통용"했다. 나아가 자신의 "재산과 소유를 팔아 각 사람의 필요

를 따라 나눠 주며" 날마다 구제의 사랑을 실천했다(행 2:44-45). 그리하여 놀라운 결과가 일어났다. "그 중에 가난한 사람이 없"어지는 기적이 일어났다(행 4:34). 구제는 이렇게 자신의 의식주를 타인과 나누는 사랑이다. 이러한 구제의 사랑을 교회의 울타리 안에 제한하지 않고 온 세상의 이웃에게 나누기 위해 기독교는 다양한 구제 기관들을 설립했다. 기독교윤리실천운동의 조사에 의하면, 2010년의 경우 한국에서 사회적 섬김을 위해 세워진 사회복지 법인들 중에 기독교가 세운 법인들의 비율은 52.15%이고, 종합사회복지관의 경우는 45%이고, 노숙인 복지 시설은 62.8%이고, 지역아동 센터는 53.13%이고, 대북지원 분야에 있어서도 기독교가 40.29%에 해당하며, 장기기증 희망 등록자의 경우에는 무려 80%를 차지했다. 이러한 기독교 사회복지 기관들 중에 하나님이 우리를 부르셨고 그 부르심에 응답하며 이 세상의 영적 육체적 굶주림이 종식될 때까지 헌신하기 위해 세운 기아대책, 예수의 정의와 사랑을 온 세상에 실천하기 위해 세운 세계 최대의 아동후원 NGO 월드비전(World Vision), 세상에 버려진 한 어린이가 예수처럼 지적, 신체적, 영적, 사회적, 정서적 영역에서 자립 가능한 성인으로 자랄 때까지 전인적인 영육을 제공하기 위해 설립한 컴패션(Compassion), 하나님이 우리를 통해 세상을 바꾸어 달라는 열망과 예수의 삶에 기초하여 청지기적 사명과 이웃 사랑을 실천하기 위해 세운 우리나라 최초의 민간 대외원조 기관인 굿네이버스(Good Neighbors) 등은 대표적인 기독교 기관이다. 이는 교회에 세상의 빛과 소금의 역할이 주어졌기 때문이다.

이상의 네 가지 활동은 예수를 머리로 삼은 모든 교회들이 항상 추구해야 하는 이웃 사랑의 핵심적인 내용이다. 교회는 이 땅에서 예수가 행한 대표적인 행위로서 진리의 교육, 복음의 선포, 질병의 치유와 구제를 지금도, 앞으로도, 주님 오실 때 까지 실천해야 한다.

교회	사역	담당자	담당기관
진리의 공동체	교육	목사	학교
사랑의 공동체	치유	장로	병원
섬김의 공동체	돌봄	집사	구제단체
구원의 공동체	전도	성도	교회

　　교회 안에서 목사와 교사와 장로와 집사는 계급의 서열이나 높낮이가 없고 기능적인 차이를 가진 동등한 직분이다. 직분의 경력이 길다고 더 높은 권위를 가지는 것도 아니고 더 많은 사람들을 섬긴다고 해서 더 강력한 권세를 가지는 것도 아니다. 역할이 다르고 섬기는 자로 부름을 받은 시점이 달라도 모두가 동일한 하나님의 동등한 일꾼이고, 하나님은 우리 모두의 주인이다. 바울은 주로 복음을 전파하여 교회를 개척했고 아볼로는 주로 진리를 가르치며 교회를 양육했다. 바울은 선배이고 사도이며, 아볼로는 후배이고 교사였다. 그런데도 바울은 선배와 사도로서 종교적인 갑질의 기색을 전혀 보이지 않고 오히려 아볼로와 자신이 하나님의 집에서 일하는 동일한 사환일 뿐이며 동시에 동일한 하나님의 동료라고 고백한다(고전 3:8-9). 교회에서 섬기는 모든 사람들의 권위는 직분과 역할을 떠나 예수를 닮은 그 만큼의 권위를 가지며 성경의 진리를 담아내는 그 만큼의 권세를 행사한다. 권위와 권세의 크기는 이 세상의 어떤 조건이나 자격에 근거하지 않고 위로부터 주어지는 진리와 그 진리의 본체이신 그리스도 예수에게 의존한다. 일꾼들 사이에는 결코 사람 위에 사람 없고 사람 아래에 사람 없다는 평등한 관계가 존재한다. 각각의 일꾼은 "자기가 일한 대로 자기의 상"을 위로부터 받는다고 성경은 가르친다

(고전 3:8, 엡 6:8).

종교 사이비 집단들은 모든 시대에 등장하여 사회를 어지럽게 했다. 지금도 거짓 교회들이 해괴한 교리를 가르치며 가정과 사회와 국가의 질서와 안정을 위협하고 있다. 국제종교문제연구소의 조사에 따르면, 현재 한국에는 자신을 재림한 예수라고 주장하는 사람들이 50명이 넘고, 자칭 하나님도 20명이 넘고, 이들을 따르는 사람들의 수가 200만명이 넘는다고 한다. 건강한 종교와 불건전한 종교, 올바른 기독교와 거짓된 기독교를 구별하고 정화하는 것은 교회의 책임이다. 또한 위험한 종교의 분별은 시민들도 갖추어야 하는 기본적인 소양이다.

바르고 건강한 기독교 교회의 표지는 무엇인가? 기독교는 주로 3가지의 표지를 언급한다. 첫째, 하나님의 말씀을 올바르게 해석하고 선포하는 것. 성경을 종교적 장신구로 이용하며 기독교의 희생적인 이미지를 연출하는 사람들이 많다. 그러나 기독교는 경건의 겉모양이 아니라 내면을 중요하게 생각한다. 하나님의 말씀 즉 진리는 영혼의 양식이다. 인간은 육신을 위해 떡이 필요하고 영혼을 위해 진리가 필요하다. 싱싱한 풀이 있는 초원에 양들이 모이는 것처럼, 신선한 진리의 꼴이 가득한 교회에는 사람들이 몰려든다. 올바른 교회는 바로 순수한 진리의 양식이 제공되는 곳을 의미한다. 성경은 예수를 가리켜 기록된 책인데 마치 특정한 인간을 가리켜 기록된 것처럼 교묘하게 왜곡하는 사이비 교주들을 주의해야 한다.

둘째, 성례가 바르게 집행되는 것. 교회에서 성례는 세례와 성찬을 의미한다. 세례는 성부와 성자와 성령 하나님의 이름으로 머리에 물을 뿌리거나 물 속에 잠겼다가 나오는 기독교 의식이다. 그 의미는 예수를 믿고 하나님의 자녀가 되고 하나님께 속한 사람이 되었다는 공적인 고백이고 선언이다. 성찬은 포도주와 떡을 나누는 기독교

의식이다. 그 의미는 예수를 믿으면 하나님의 사람이기 때문에 하나님의 말씀을 먹고 하나님의 인도를 따라 하나님의 뜻대로 살겠다는 고백이고 선언이다. 하나님의 말씀은 보이지 않는 성례이고, 성례는 보이는 하나님의 말씀이다. 어느 교부가 말한 것처럼 성례는 "보이지 않는 은혜의 보이는 표식"이다. 예수의 죽음과 부활에 동참하고 예수의 존재가 영으로 내 안에 들어오고 나는 그분 안에 거한다는 사실을 기독교 성례는 가르친다. 그래서 언어와 문자의 훈련을 받지 않은 사람도 기독교 진리의 핵심을 성례로 깨닫는다.

셋째, 하나님의 말씀을 따라 착한 일을 권장하고 악한 일에 대해서는 징계하여 정의를 확립하는 권징(勸懲)이다. 교회는 당연히 사랑과 용서를 강조한다. 그래서 사회에서 심각한 죄를 범한 사람들도 정당한 형벌을 피하여 교회를 은신처로 삼아 숨어든다. 사회법의 위반으로 사회적 징계를 받아야 할 사람이 목회자의 기도를 받으면 면죄된 것처럼 죄의 먼지를 털어내는 곳으로 교회를 악용한다. 그러나 교회는 사랑과 동일한 비중으로 정의도 강조하고 구현해야 한다. 교회는 하나님의 법 앞에서의 엄격한 평등이 구현되는 곳이어야 한다. 사회의 법들보다 더욱 엄격하다. 교회 안에서 징계의 판단을 내릴 때에 징계의 수위는 직분의 역할에 따라 달라진다. 고대의 이스라엘 역사에서 백성의 죄를 해결하기 위해 하나님께 나아가는 제사장은 대단히 중요한 역할을 감당했다. 그가 중요한 이유는 존재의 크기가 아니라 책임의 크기 때문이다. 그들에게 요구되는 삶의 기준은 백성의 경우보다 엄격했고 최고 단계의 거룩함을 추구해야 했다(레 21:3-15). 만약 제사장이 죄를 범한다면 이스라엘 백성 전체가 범죄한 것과 동일한 수준의 형벌이 그에게 주어졌다. 다른 사람이 죄를 범하면 보다 가벼운 형벌이 가해졌다. 즉 제사장과 온 이스라엘 백성이 범죄할 때에 바치는 희생의 제물은 수송아지, 족장의 경우에는 숫염소, 평민의 경

우에는 어린 양이었다(레 4:1-35). 이러한 정의의 구현이 없으면 교회가 아니라고 신앙의 선배들은 가르쳤다. 진리와 고백과 정의라는 교회의 표지를 관찰하면 참된 교회와 거짓된 교회의 구분이 가능하다.

교회는 모든 사람이 동등하고 서로에게 연합된 하나의 거대한 가족이다. 어린 시절부터 부모 없이 살아온 나에게 이러한 가족의 개념은 인생을 바꾸는 혁명적인 것이었다. 내가 모든 민족, 모든 나라, 모든 언어, 모든 문화, 모든 지역, 모든 계층, 모든 신분의 사람들이 어떠한 입장료나 입회비도 없이 가족의 동등한 구성원이 되어 가장 거대한 사랑의 공동체를 이룬다는 것은 나에게 최고의 기쁨이요 영광이요 행복이요 영예였다. 게다가 가장 자비롭고 너그럽고 정의롭고 공정하고 지혜롭고 선하고 거룩하고 영원하고 불변적인 하나님이 이 가족의 가장이다. 하나님의 자녀에게 상속될 유산의 규모는 상상을 초월한다. 이러한 인생은 이 땅의 역사에서 존재한 어떠한 제도도 구현하지 못한 이상적인 공동체의 모습이다. 역사의 무대에 고개를 내밀었던 노예제, 봉건제, 왕정세, 귀족제, 공화제, 민주제, 독재제, 과두제 등 인간의 모든 제도는 이 지상에 유토피아 사회를 건설하는 과업에 모두 실패했다. 그러나 예수는 모든 차별의 담을 자신의 몸으로 허물고 통일과 평등과 자유와 사랑과 섬김과 대화와 배려와 용서와 이해의 유토피아 공동체를 만들었다. 그것이 교회이다. 그러나 상상을 초월하는 하늘의 유토피아 사회에 비하면 이 세상에 있는 교회는 그것의 소박한 맛보기에 불과하다.

10

인생의 준비
인성과 개성은 무엇인가?

그리스도 안에서 나는 새로운 피조물이 된다. 개별적인 자아가 홀로 살아가는 것은 하나님이 보시기에 좋지 못하기 때문에 더불어 살아간다. 함께 살아가는 공동체가 교회이고, 그 안에서 나는 하나의 지체이고 다른 모든 지체들과 연결되어 있다. 각각의 지체는 위로 머리와 연결되어 있고 옆으로 다른 지체와 연결되어 있다. 이처럼 교회는 수직적인 연합과 수평적인 연합을 이루는 공동체다. 성경은 새로운 피조물을 개인이든 공동체든 세상의 빛과 소금으로 규정한다. 교회의 존재 이유는 교회 자체를 위함이 아니라 온 세상을 위함이다. 바울은 개인적인 차원에서 자신이 세상에 머물러 있는 것보다 죽어서 그리스도 곁으로 가는 것을 더 선호했다. 그러나 세상에 남아 있는 이유는 타인의 유익을 위한 것이라고 고백했다(고전 10:23-24). 바울만이 아니라 새로운 피조물은 모두 이 세상에 머무는 동안 자신을 위하지 않고 하나님의 영광을 위하고 온 세상 이웃의 "발전과 기쁨"을 위해 살아가야 한다(빌 1:25). 하나님과 이웃에 대한 예수의 사랑을 온 교회가 온 세상에 대하여 실천해야 한다. 그래서 모든 새로운 피조물은 남 주려고 일하고 남 주려고 공부한다. 성경은 주는 것이 받는 것보다 큰 복이라고 가르친다. 나눔은 최고의 복을 누리는 비결이요 첩경이다.

세상에 최고의 선물을 나누는 자의 지극한 복을 누리기 위해서는 먼저 나눌 아이템을 준비해야 한다. 준비된 자에게만 세상을 섬길 자격이 부여된다. 준비되지 않은 사람은 기껏해야 받는 복의 수혜자, 혹은 사회의 복지와 질서의 훼방자가 된다. 세상을 섬기고 베푸는 자가 되기 위한 준비는 두 가지로 구분된다. 하나는 모든 사람의 보편적인 인성이고 다른 하나는 각 사람의 특별한 개성이다. 인성은 인간성 혹은 인간다움 혹은 인간의 본성(humanitas)을 의미한다. 개성은 타인과 나를 구분하는 나만의 고유한 성향을 의미한다.

인생의 준비 – 인성과 개성은 무엇인가? 197

인간은 만물의 영장이다. 온 세상의 모든 존재보다 뛰어나다. 그런데 짐승보다 못한 부분들이 많다. 인간의 신생아는 평균 3.2kg 이고 소의 새끼는 40kg이다. 신생아가 성인의 몸을 가질 때까지 걸리는 기간은 25년 정도이다. 그러나 송아지는 다 성장하여 번식이 가능한 만숙종에 이르기 위해 필요한 기간은 2년 미만이다. 신생아는 1년이 지나야 걷기 시작한다. 그러나 송아지는 30분만 지나도 첫걸음을 뗀다. 발육의 속도와 상태에 있어서 소는 인간보다 월등하다. 독풀을 경계하고 좋은 풀을 식별하여 스스로 뜯어먹는 송아지의 앞가림은 3개월만 지나도 가능하다. 그러나 인간은 20년이 지나고 30년이 지나고 40년이 지나고 심지어 50년이 지나도 자기 앞가림을 못하고 인격과 가치관이 온전하게 형성되지 못하는 경우가 태반이다.

인간에게 왜 이렇게 긴 교육과 성장의 기간이 필요한가? 나는 반세기를 살면서 이것이 너무도 궁금했다. 내가 내린 결론은 이것이다. 즉 온전한 성숙이 오래 걸리는 이유는 인간이 도달해야 하는 인격의 종착지가 너무도 높기 때문이다. 소는 본능을 익히기만 하면 곧장 독립한다. 그러나 인간에게 성숙과 미성숙의 폭은 너무나도 크다. 인간이 도달해야 하는 성장의 끝은 하나님의 아들이다. 성경은 하나님의 아들 예수의 인격까지 자라가야 한다고 가르친다(엡 4:15). 인간은 하나님의 자녀다운 자녀가 될 때까지 전인격이 성장해야 한다. 하나님의 자녀는 이름만 걸어 놓은 신분이 아니라 인격과 삶의 내용도 그러해야 하는 신분이다. 그리고 하나님의 자녀는 이미 예수와 함께 하나님의 보좌 우편에 좌정하고 있다. 하늘과 땅을 다스리는 권세의 자리에 앉은 자에게는 그 자리에 걸맞은 통치자의 자질과 기량이 요구된다. 하늘의 새들과 바다의 생물들과 땅의 짐승들과 식물들을 다스리고 그것들을 최상의 상태로 유지할 관리자의 책임을 수행하기 위해 최고의 분별력과 판단력을 구비해야 한다. 이처럼 하나님의 자녀

다운 자녀가 되기 위해서는 하늘까지 닿는 인격의 높이를 추구해야 하고 하늘과 땅의 관리자가 되기 위해서는 온 우주를 감당할 리더십의 구비가 요구된다. 이를 위해서는 일평생이 요구된다. 그래서 인간은 평생 공부해야 한다. 가방끈은 무덤까지 이어진다.

인간은 결코 단순하지 않다. 온 우주가 복잡한 것 만큼이나 복잡한 소우주다. 그럼에도 불구하고 인간을 구성하는 대표적인 요소를 나는 7가지로 분류한다. 즉 모든 인간의 인간성은 영성과 도덕성과 지성과 감성과 의지와 사회성과 신체성의 조합이다. 이처럼 성장해야 하는 부분들이 다양하다. 모든 부분이 골고루 균형 있게 성장해야 한다. 어느 한쪽만 과도하게 성장하면 다양한 부작용과 역기능이 발생한다. 먼저 인간의 각 요소가 성장하는 비결을 하나씩 검토하자.

보편적인 인성

첫째, 영성의 지수(spiritual quotient) 높이기다. 인간은 영적인 존재이다. 그런데 인간의 영은 보이지도 않고 만질 수도 없고 냄새와 맛과 무게와 색깔도 없는 존재의 특이한 차원이다. 이러한 영의 성장은 어떻게 가능한가? 영은 턱걸이나 달리기나 계단 오르기로 단련할 수 있는 부위가 아니기 때문에 인간 스스로는 성장을 도모할 수 없는 차원이다. 성경은 인간의 영이 하나님을 만날 때에만 자란다고 가르친다. 그분을 만나는 최고의 방법은 기도이다. 우리가 간절한 마음으로 하나님을 찾으면 그분이 우리를 만나 주신다는 것은 성경의 약속이다(신 4:29). 주님과의 만남을 위해서는 예약이 필요하지 않다. 누구든지 언제든지 무시로 하나님께 기도할 수 있기 때문이다. 성경은 매 순간 기도해야 한다고 가르친다. 지속적인 기도의 명령은 우리의 영을

성숙하게 만들기 때문에 우리에게 유익하다.

영성은 영과의 관계가 중요한데 악한 영과 접촉하면 영성이 도태된다. 이 세상에는 악한 영들이 분명히 있다는 것을 경험도 가르치고 성경도 가르친다. 그런 영들과의 접신은 영혼을 위험에 빠뜨린다. 영혼만이 아니라 몸까지 불이나 강물에 내던진다(마 17:15). 영성의 지수는 내 안에 악한 영이 아니라 하나님의 영 즉 성령으로 얼마나 채워져 있느냐에 의존하고 있다. "그의 성령을 우리에게 주시므로 우리가 그 안에 거하고 그가 우리 안에 거하시는 줄을 아느니라"(요일 4:13). 기도의 만남을 통해 우리는 조금씩 하나님의 영으로 채워진다. 그러나 중요한 요건 하나를 충족해야 한다. 즉 회개라는 기도의 내용이다. 하나님은 절대적인 선이시기 때문에 죄악과 함께 거하지 못하신다(시 5:4). 죄를 회개하고 돌이키지 않는 자에게는 하나님이 함께 거하지 못하신다. 그러나 죄를 회개하면 용서의 하나님이 그 사람 가운데에 거하신다. "죄인 한 사람이 회개하면" 회개할 필요가 없는 하늘의 아흔아홉 의인으로 말미암아 기뻐하는 것보다 더 큰 기쁨이 하나님께 있기 때문이다(눅 15:7). 하나님은 우리와 함께 거하기를 원하신다. 그런데 우리의 죄 때문에 늘 기다리며 참으신다. 그러나 우리가 회개를 하고 죄 용서를 받으면 지체하지 않으시고 하나님의 영을 선물로 베푸신다(행 2:38). 그런 방식으로 하나님은 우리에게 임하시고 우리 가운데 거하신다. 영성의 지수를 키우려면 신의 기준 앞에 자신을 매 순간마다 세워 거리낌이 없을 정도로 죄 문제를 엄격하게 해결하는 회개의 삶이 요청된다.

영성의 지수가 높아지면 세상을 보는 안목이 달라진다. 달라진 안목으로 인해 나와 세상의 관계에 대한 규정도 달라진다. 이 세상에 하나님과 무관하고 나와 무관한 피조물은 없다. 나를 향한 신의 사랑이 깃들어 있지 않은 피조물이 없다. 온 세상은 하나님과 나 사이에

사랑을 매개하는 다양한 언어들로 가득하다. 모든 사물과 모든 사건과 모든 환경과 모든 상태와 모든 순간이 사랑의 문장으로 읽어진다. 돌맹이 하나도, 구름 한 조각도, 바람 한 줌도, 꽃 한 송이도, 먼지 한 알갱이도 그 문장에 절묘한 수식어로 참여한다. 하늘에는 붓이 없어도 새파란 문장이 빼곡하다. 땅에는 지면의 굴곡이 놀라운 언어 구사력을 과시한다. 흐르는 냇물의 문장력도 뛰어나다. 자연만이 아니라 사람에 대해서도 신적인 관점에서 상대방을 존중하게 된다. 온 세상의 모든 만물에 흩어져 있는 문장들은 성경에 기록된 진리의 의역이다. 자연의 모든 언어들은 성경 속으로 수렴된다.

영성의 지수 높이기와 관련된 학문은 신학이다. 신학은 하나님의 존재와 성품과 일들에 대해 연구한다. 하나님을 알면 알수록, 그분에게 다가가면 갈수록, 그분과 연합하면 할수록, 그분을 닮아가면 갈수록 영성의 지수는 올라간다. 인간의 가장 근본적인 영역의 성장이 일어난다. 그렇기 때문에 신학은 신학자와 목회자의 전유물이 아니라 모든 사람들의 학문이다.

둘째, 도덕성의 지수(moral quotient) 높이기다. 도덕성은 무엇인가? 영성이 하나님과 직결된 것이라면 도덕성은 인간의 관계성과 결부되어 있다. 도덕성의 집은 양심이다. 옳음과 그름의 기준이 거기에 저장되어 있다. 그런데 문제는 양심이 심각하게 일그러져 있다는 사실이다. 즉 가장 정확하고 공정하고 객관적인 기준이 일그러져 있다. 사람들은 자신에게 유리하면, 자신에게 유쾌하면, 자신에게 행복하면 옳다고 판단한다. 나에게 해롭고 불쾌하고 불행한 것이라고 판단되면 무조건 잘못된 것이라고 판단한다. 나 중심적인 판단의 주관적인 기준이 사회적인 도덕의 근간마저 훼손하고 있다. 목소리가 크면, 권력이 강하면, 지위가 높으면, 돈이 많으면 옳음과 그름을 판단하는 권한을 차지하는 사회적인 병폐가 이를 대변하고 있다. 이는 승자독

식, 약육강식, 적자생존 원리가 질서로 군림하고 있는 짐승의 세계와 유사하다.

성경이 제시하는 도덕의 기준은 무엇이고 도덕성을 자라게 하는 성경의 비결은 무엇인가? 도덕의 기준은 하나님 자신이다. 무엇이든 하나님이 옳다고 하시면 옳고 그르다고 하시면 잘못이다. 결국 도덕의 기준은 옳기 때문에 하라고 명령하고, 잘못이기 때문에 하지 말라고 명령하는 하나님의 율법이다. 그래서 4장에서 지적한 것처럼 하나님의 율법을 양심의 성문화라 하고 양심을 율법의 내면화라 한다. 구겨진 양심의 주름을 펼 유일한 도덕의 다리미는 율법이다. 나아가 그 율법을 성취하고 완성하신 예수 자신이 완전한 도덕이다.

그리고 눈에 보이지도 않고 손으로 다듬을 수도 없는 도덕성을 성장하게 하는 비결은 무엇인가? 성경은 그 비결이 자기 중심적인 도덕의 이기적인 기준이 아니라 타인 중심적인 도덕의 이타적인 기준을 함양하는 것이라고 가르친다. 자신을 위하면 위할수록 도덕성은 쇠락한다. 이기심은 도덕성을 파먹는 벌레와 같아서 삶의 모든 영역에서 굽은 판단을 유발한다. 그러나 자신을 위하지 않고 타인을 위하면 도덕성은 크게 성장한다. 주는 것이 받는 것보다 복되다는 말도 의미의 결이 동일하다. 나는 과연 타인의 어떤 유익까지 도모하는 사람인가? 도덕이 성숙한 사람은 타인의 경제적인 유익, 건강의 유익, 명예의 유익, 권위의 유익, 마음의 유익, 감정의 유익, 관계의 유익 등을 자기의 유익보다 더 도모한다. 어떠한 일을 행할 것인지 행하지 않을 것인지를 결정하는 그의 기준은 타인의 유익이다. 그래서 바울은 무엇을 하든지 "누구든지 자기의 유익을 구하지 말고 남의 유익을 구하라"(고전 10:24)고 가르친다. 하나님의 은혜와 능력을 구할 때에도 자기의 유익이 아니라 이웃 "사랑을 따라 구하라"(고전 14:1)고 하고, "너희 모든 일을 사랑으로 행하라"(고전 16:14)고 권면한다. 사랑이 동

기가 되고 사랑이 방식이 되고 사랑이 목적이 되라는 권면이다.

타인의 유익과 이웃 사랑은 이처럼 동의어다. 도덕은 이렇게 타인의 유익과 연결되어 있고 그 연결의 끝은 사랑으로 이어진다. 예수는 이 사랑의 완성이요 도덕의 완성이다. 그는 타인의 유익을 추구하되 자신의 생명이 수단으로 희생될 때에만 주어지는 최고의 유익까지 도모했다. 자신의 생명을 비용으로 지불하고 타인에게 영원한 생명을 선물하는 이것보다 더 높은 단계의 도덕성은 없다. 이는 타인을 자기 자신처럼 사랑하는 정도의 유익을 추구하는 도덕성의 절정이요 마지막 단계이기 때문이다.

윤리학은 도덕성의 지수 높이기와 관련된 학문이다. 이 학문을 통해 사람들은 옳음과 그름의 기준을 배우고 그 기준의 차원을 갱신한다. 내가 중심이던 어린 시절을 지나 점점 자신과 타인을 동등하게 여기는 성장기를 지나 원숙한 인격에 이르면 나보다 남을 낮게 여기고 나의 유익이 아니라 타인의 유익을 먼저 생각하는 도덕성의 소유자가 된다. 윤리학은 통과의례 차원에서 지나가는 학문이 아니라 일평생 연구하고 개선하고 실천해야 하는 학문이다.

셋째, 지성의 지수(intellect quotient) 높이기다. 지성의 성장을 위한 방법으로 대부분의 사람들은 독서를 강조한다. 독서의 중요성은 아무리 강조해도 지나침이 없다. 종류별로 일간지, 주간지, 월간지, 계간지, 베스트 단행본, 그리고 고전을 골고루 읽으며 지성의 모든 세포를 자극하여 깨우고 지성의 근육을 키우는 일은 대단히 중요하다. 그러나 정보의 분량을 늘이는 것이 지성의 지수 높이기를 보증하는 것은 아니라고 성경은 가르친다. 유대인의 지도자요 이스라엘 백성의 선생인 니고데모가 있다. 그는 야밤에 예수를 하나님이 보내신 선생으로 여기며 그에게 찾아왔다. 예수는 그에게 땅에서 일어난 일을 언급했다. 그것은 기초적인 진리였다. 그런데 그는 그 진리를 이해하

지 못하였다. 그래서 예수는 선생의 자격을 갖추지 못한 유대인의 지도자를 책망했다. 그리고 보다 심오한 교훈을 전하였다. "내가 땅의 일을 말하여도 너희가 믿지 않거든 하물며 하늘의 일을 말하면 어떻게 믿겠느냐"(요 3:10). 유대인의 뛰어난 선생이 된 그도 진리 되시는 예수께서 하신 하늘의 일은 물론이고 땅의 일조차도 알지 못했다는 이야기다.

지성은 많은 문자와의 만남, 다양한 책들의 방대한 독서, 교육의 오랜 경력, 지속적인 저술과 출판, 사람들의 존경을 먹고 성장하는 것이 아니라 진리를 먹어야만 성장한다. 진리가 아닌 거짓을 먹으면 지성은 염증이 생기고 약해지고 퇴화된다. 아무리 많은 책을 읽고 뛰어난 석학들과 아무리 오랫동안 토론을 하여도 지성이 성장하지 못하고 오히려 병든다면 그것은 그 책들과 석학들 안에 거짓이 있기 때문이다. 거짓은 대단히 은밀하다. 거짓은 은닉의 귀재이기 때문에 세상에서 무지하고 연약하고 가난한 사람들의 입술에 머물지 않고 대체로 박식하고 강하고 부한 사람들의 입술을 출입한다. 확실하게 많이 안다고 생각하는 자들은 마땅히 알아야 할 것을 알지 못하는 자일 가능성이 높다는 사실을 늘 주의해야 한다(고전 8:2). 최초의 사람 아담은 가장 순수한 지성을 소유했다. 그런데 그런 아담도 거짓의 아비인 마귀와 접촉했다. 그래서 분별력이 흐려졌다. 하나님의 진리를 버리고 마귀의 거짓이 진리라고 판단했고 섭취했다. 아담이 이러한데, 부패한 지성의 소유자인 우리는 얼마나 더 쉽게 거짓의 희생물이 되겠는가! 그래서 성경은 거짓을 말하는 자를 멀리하고 거짓 행위를 미워해야 한다고 가르친다(잠 30:8, 시 119:128). 거짓은 지성도 파괴하고 인생도 파괴한다.

지성은 진리의 섭취를 통해서만 성장한다. 진리를 먹는다는 것은 그 진리가 나에게 흡수되어 인격이 되고 행동이 되는 것을 의미

한다. 진리를 마음으로 알고 몸으로 지키는 사람을 온 세상은 지혜와 지식이 큰 사람으로 간주할 것이라고 모세는 선언한다(신 4:6). 이 지혜와 지식의 모든 보화는 진리 자체이신 예수 안에 감추어져 있다고 바울은 가르친다(골 2:3). 그렇다면 지성이 성장하는 비결에도 예수가 개입한다. 예수와 연합하면 예수처럼 하나님이 보내신 선생의 지성을 구비하게 된다. 생각의 피부가 거짓에 닿아 있는지, 진리에 닿아 있는지를 구분하고 진리와 자주 접촉하는 지성의 의식적인 관리가 필요하다. 진리이신 예수와 많이 접촉하고 섞이는 것이 지성의 미모를 관리하는 비결이다.

지성의 지수 높이기를 위해 필요한 기초적인 학문들이 있다. 산술학과 기하학과 음악학과 천문학과 문법학과 논리학과 수사학이 그것이다. 고대 시대에는 이것이 어린 학생들이 반드시 배워야 하는 학문의 기초였다. 왜냐하면 인간이 이 세상에서 살면서 지식을 습득하고 진리를 분별하고 그것을 다음 세대에 전수하기 위해 누구든지 익혀야 하는 학문이기 때문이다. 산술학은 관념의 세계를 공부하고, 기하학은 공간의 세계를 공부하고, 음악학은 소리의 세계를 공부하고, 천문학은 가장 중요한 빛이었던 태양과 달과 별이라는 빛의 세계를 공부한다. 이 네 가지의 학문은 주로 현상의 이해, 사리의 분별, 지식의 습득을 가능하게 하는 훈련이다. 나아가 문법학은 말의 질서를 공부하고, 논리학은 의미의 질서를 공부하고, 수사학은 언어의 미학을 공부한다. 이 세 가지의 학문은 주로 이해한 진리의 내용을 올바르고 유효하게 전달하게 하는 훈련이다.

넷째, 감성의 지수(emotional quotient) 높이기다. 감성은 내부나 외부의 자극에 대한 반응의 민감도를 의미한다. 감성이 메마른 사람은 외부의 지극히 미미한 자극에도 민감하게 반응한다. 메마른 감성의 피부는 대단히 얇고 섬세하기 때문이다. 감성의 신경과 피부가 거

의 등을 맞대고 있어 외부의 자극이 주어지면 상대방이 나의 반응을 맞이할 준비의 시간도 주지 않고 급속하게 반응한다. 타인의 감정을 할퀴고 상처를 남기는 경우가 태반이다. 타인에게 감정적인 아픔을 주었다는 마음의 죄책감과 정죄감 때문에 감성의 상태는 더욱 악화된다. 급기야 스스로에 대해 비관하는 자학적인 상태와 대인을 기피하고 스스로를 가두는 자폐적인 상태로 치닫는다. 극도의 경기를 일으키는 경우도 있고, 날카로운 괴성을 지르는 경우도 있고, 차가운 눈빛을 레이저 광선처럼 분사하는 경우도 있고, 옆차기를 하거나 주먹을 지르는 경우도 있고, 신체의 일부를 자해하는 경우도 있고, 숨통이 막혀 질식하는 경우도 발생한다. 이는 과도한 분노나 공포나 증오의 감정이 조절되지 않은 채 외출할 때에 나타나는 현상이다. 이런 현상을 경험하면 그런 감성의 소유자 곁을 피하게 되고 그런 사람과의 만남조차 경계한다. 감성의 질병들 중에는 불안장애, 공포증, 강박증, 불면증, 우울증, 자살, 조울증, 정신분열, 망상, 인격장애, 신경성 식욕부진, 대식증, 약물중독, 알코올 중독, 강박적 도박 등이 대표적인 것들이다.

감성도 생물이다. 성장해야 정상이다. 감성이 성장하는 비결은 사랑이다. 사랑은 감성의 주식이며 동시에 보약이다. 사랑을 많이 받고 사랑을 많이 줄수록 감성은 풍부하게 된다. 감성이 풍부한 사람은 외부의 다양한 자극에 대해 급하거나 뾰족하게 반응하지 않고 느긋하고 둥글게 반응한다. 사랑의 속성 때문이다. 사랑하면, "모든 것을 참으며 모든 것을 믿으며 모든 것을 바라며 모든 것을 견디"기 때문이다(고전 13:7). 어떠한 사람이 다가와도 편안하게 쉴 수 있는 시원한 그늘과 포근한 쿠션을 제공한다. 그러나 미움을 받거나 누군가를 미워하면 감성이 불안하게 되고 경직되고 차갑게 되고 건조하게 된다. 외부에서 오는 분노의 공포를 느끼거나 자기 자신이 분노를 격발

해도 감성의 동일한 악화가 일어난다. 미워하고 분노하면 자기 자신이 일차적인 피해자가 되고, 타인에게 나타나는 피해의 내용은 죽음이다. 성경은 아직 행동으로 옮겨지지 않은 증오와 분노도 살인의 행위로 간주한다(요일 3:15). 미움과 분노는 감성의 독약인 동시에 인류전체의 숙적이다. 이 감정들은 자신에게 피해나 불쾌나 불행을 끼친 자에 대한 보복의 대표적인 형식이다. 미움과 분노를 극복하는 방법은 보복의 중단이다. 원수를 갚는 일의 유일한 권한은 하나님께 있다고 성경은 가르친다. 이 사실을 믿고 우리는 어떠한 종류의 보복도 거부해야 한다. 복수의 거부는 자신도 지키고 타인도 지키는 유일한 방법이다. 공평하고 정의로운 관찰자요 판결자인 하나님은 가장 정확하고 객관적인 기준을 따라 모든 사람들의 행위를 갚으신다. 예수가 유다의 비열한 밀고로 체포될 때 베드로가 분노하여 제사장의 종 말고의 귀를 칼로 베어냈다. 그때 예수는 그의 분노를 칼집에 다시 넣으라고 명하셨고, 분노의 칼부림에 떨어진 말고의 귀를 다시 붙이셨다. 과도한 슬픔도 감성을 파괴한다. 너무 슬퍼하지 말라. 모든 것들이 합력하여 선을 이룰 것이기 때문이다. 심지어 악한 것도 선에 기여하게 만드시는 하나님의 섭리를 신뢰하라. 그러면 슬픔을 유발하는 어떠한 비극도 실패로 돌아가게 된다. 이처럼 감성의 상장은 믿을 구석이 있어야 가능하다. 기독교는 강하시고 선하시고 의로우신 하나님을 신뢰한다. 그래서 두려움과 증오와 분노와 슬픔에 매몰되지 않고 넉넉히 이겨낸다. 그리하여 감성은 단련되고 성장한다.

　　감성의 지수 높이기와 관련된 학문은 주로 예술과 문학이다. 문학은 시와 소설로 대표되는 지면의 언어적 예술을 의미한다. 예술은 시나 소설이 언어 외의 다른 재료로 만들어진 입체적인 문학이다. 예술은 주로 음악, 미술, 조형, 영상 등으로 표현된다. 그런데 예술과 문학은 사람의 마음에서 나온 인위적인 것이지만, 자연은 신의 예술

과 문학이 어우러진 감성의 원천이다. 예술을 감상하고 문학을 탐독하는 것과 동시에 자연에 파묻혀 신의 예술적인 숨결을 느끼는 것도 감성의 성장에 동일하게 필요하다. 자연은 신의 걸작들이 곳곳에 진열된 미술관과 같다. 우주와 만물 중에 눈길이 닿는 곳마다 예술이다. 식물들과 같이 열매와 향기를 가지고 바람에 부드럽게 흔들리는 예술품도 있고, 바다의 물고기와 땅의 짐승들과 하늘의 새들처럼 자유롭게 움직이는 예술품도 있고, 높은 하늘과 깊은 바다와 광활한 대지처럼 테두리가 보이지 않는 예술품도 있다. 자연의 목소리와 표정과 색상과 온도를 잘 읽으며 하나님의 사랑을 음미하면 가장 순수한 감성의 새살이 돋아난다.

다섯째, 의지의 지수(volitional quotient) 높이기다. 의지가 약한 사람들이 있다. 확고한 결단이 시급한 순간과 마땅히 해야 할 일들을 추진해야 할 순간에 주저하고 망설이는 사람들이 있다. 해서는 안되는 일인데 절제하지 못하고 저지르는 사람들이 있다. 이는 모두 의지의 근육이 약하기 때문에 발생한다. 의지도 훈련해야 하고 성장해야 한다. 의지는 영혼의 힘이요 팔뚝이다. 세상의 철학도 의지는 생명을 산출하는 근본적인 힘이며 자연에서 발생하는 모든 현상의 저변에서 작용하는 거대한 힘이라고 규정한다. 영혼의 의지력은 정의, 즉 신의 정의로운 뜻을 수행할 때에 성장한다. 신의 뜻은 의지력의 양식이다. 이는 완전한 인간으로 오신 예수의 양식을 통해 확인된다. "나의 양식은 나를 보내신 이의 뜻을 행하며 그의 일을 온전히 이루는 것이니라"(요 4:34).

신적인 정의의 대용물은 없다. 신의 의지가 인간의 의지에 필수적인 끼니라는 것은 신이 정해 놓은 질서이다. 신의 뜻을 수용하고 수행하면 할수록 의지는 더 성장하고 강해진다. 인간의 의지는 하나님의 의지를 먹고 그 의지까지 자라가야 한다. 인간이 이 땅에 태

어난 것은 자기의 의지를 실현하기 위함이 아니었다. 이것도 완전한 인간 예수의 고백에서 확인된다. "내가 하늘에서 내려온 것은 내 뜻을 행하려 함이 아니요 나를 보내신 이의 뜻을 행하려 함이니라"(요 6:38). 그런데도 사람들은 자기의 뜻을 이루지 못하고 자신의 의지가 꺾이면 상처를 받고 절망한다. 인간의 뜻과 의지는 과연 건강한 소원인가? 그것이 실현되면 과연 나에게도 너에게도 유익한가? 하나님의 정의로운 뜻이 나에게도 성취되고 사회에도 구현되는 것보다 더 우리 모두에게 유익한 것이 어디에 있겠는가! 예수는 신의 뜻을 정확하게 알았고 그 뜻을 수행하는 것이 자신의 양식이며 자신에게 자신과 온 세상에 최고의 유익이기 때문에 이렇게 고백했다. "나의 원대로 마시옵고 아버지의 원대로 하옵소서"(마 26:39). 예수는 자신의 명운이 걸린 죽음의 문턱 앞에서도 자신의 뜻이 아니라 하나님의 뜻을 추구한 사람이다. 만약 우리가 하나님의 정의로운 뜻이 아니라 불의를 행하면 의지는 변질되고 약화된다. 이것이 심해지면 불의를 좋아하게 된다. 의지 자체의 기호도 변질된다. 이는 의지의 질병이다. 정의에 목마르지 않고 불의에 목마른 의지의 소유자는 공동체의 건강한 의욕마저 위협하게 된다.

의지의 근육을 키우는 학문들 중에는 정치학과 경제학이 있다. 경제학은 한정된 자원에서 어떻게 인간에게 필요한 것들을 생산하고 분배하고 소비할 것인지를 판단하고 결정하는 의지의 훈련이다. 경제학을 통해 우리는 공동체 안에서 타인에게 실질적인 경제의 필요를 채움에 있어서 의지의 정교하고 빠른 결단이 훈련된다. 정치학은 한정된 자원을 획득하고 분배함에 있어서 여러 세력들 사이의 갈등과 분쟁이 생길 때에 공정성과 공평성에 기초한 타협의 중재안을 마련하는 훈련이다. 나를 중심으로, 내 공동체를 중심으로, 내 국가를 중심으로 생각하지 않고 타인도 고려하고, 다른 공동체도 고려

하고, 다른 국가도 고려하는 판단으로 자아라는 한계를 극복하는 정의로운 의지를 배양하기 위해서는 정치학이 필요하다. 정치에도, 경제에도 신적인 정의와 공평에 기초한 가치의 판단을 실현해야 의지가 성장한다.

여섯째, 사회성의 지수(social quotient) 높이기다. 사회성은 다양한 사람들과 긍정적인 관계를 맺으며 서로의 차이에도 불구하고 더불어 공존하며 자유롭고 평화롭게 살아가는 능력을 의미한다. 이런 사회성은 홀로 살아가지 않고 더불어 살아갈 때에만 성장한다. 인격과 인격이 만나면 서로 다르기 때문에 부딪힌다. 인격적인 충돌은 조각칼과 같아서 인격의 모난 부분을 다듬는다. 철이 철을 날카롭게 만드는 것처럼 인격도 다른 인격에 의해서만 단련된다. 다양한 인격을 많이 만날수록 인격의 다양한 부위들이 둥글고 부드럽게 다듬어져 어떠한 사람을 만나도 대립되지 않고 인격적인 관계를 쉽게 형성하게 된다. 내가 좋아하는 사람만 좋아하면 그 사람의 인격은 특정한 부위만 성장한다. 나의 강점은 더욱 강해지나 나의 약점은 더욱 약해진다. 내가 좋아하지 않는 사람과도 만나고 교류하면 그런 문제를 해소하게 된다. 만남에 있어서도 특정한 성격의 사람만 선호하는 편식은 금물이다. 다양한 인격의 소유자와 만나면 다투어서 속상할 때도 있겠으나 평소에 의식하지 못하던 인격의 부실한 부분도 의식하게 되고 성장의 필요성도 자극된다. 그래서 교제권을 선택할 때에도 다양한 인격으로 구성된 공동체를 선택함이 좋다.

사회성의 지수 높이기와 관련된 대표적인 학문은 법학이다. 법학은 더불어 살아가는 사회의 질서를 연구하는 학문이다. 나의 말과 행동이 어디까지 자유롭고 그 자유가 넘어가지 말아야 할 경계, 즉 타인의 자유가 침해되는 지점을 모든 분야에서 정리해 놓은 사회의 질서가 법학이다. 법학은 우리에게 배려를 가르친다. 상대방의 자유

를 존중하는 범위 내에서 나의 자유를 구현하는 절제된 의지의 근육을 길러준다.

일곱째, 신체성 지수(physical quotient) 높이기다. 고대에는 몸을 영혼이 잠시 걸치다가 벗어 던지는 외투 혹은 영혼이 일평생 수감된 감옥으로 여기며 홀대했다. 적잖은 사람들이 기독교도 육체를 멸시하는 종교라고 생각한다. 그러나 기독교는 인간의 몸을 소중하게 생각한다. 성경은 우리의 몸을 하나님의 작품이며 특별한 선물로 간주한다. 그렇기 때문에 소중하게 관리해야 한다. 신체를 소중하게 관리하기 위해 신체의 요구를 존중해야 한다. 신체의 대표적인 욕구는 수면욕과 식욕과 운동이다. 몸은 쉬어야 하고, 먹어야 하고, 움직여야 한다. 몸은 과하지도 않고 덜하지도 않은 적당한 수면과 적당한 영양분의 섭취와 적당한 운동을 요구한다.

성경은 몸과 직결된 활동 이외에도 간접적인 건강의 다양한 비타민을 소개한다. 주변에서 협력하는 충성된 동료는 그 자체로 보약이다(잠 13:17). 아름답고 지혜로운 말은 귀에 출입만 해도 건강이 좋아진다(잠 16:24). 평소에 마음이 즐거우면 그것이 뼈를 윤택하게 하고 마음에 근심과 걱정이 있으면 뼈가 건조하게 된다(잠 17:22). 평온한 마음의 상태는 몸에 생기를 주지만 시기와 질투는 뼈를 썩게 만든다고 한다(잠 14:30). 늘 감사하고 기뻐하고 만족하고 서로를 축하하고 격려하고 위로하고 배려하고 늘 즐거운 마음을 가지고 살면 그것이 다 건강의 심리적인 비결이다.

성경은 건강의 신앙적인 비결도 소개한다. 먼저 성경에서 우리의 몸은 하나님이 거하시는 거룩한 성전으로 간주된다(고전 3:16). 하나님의 성전인 몸을 더럽히지 말라고 가르친다. 하나님의 성전이기 때문에 몸을 더럽히지 않고 소중하게 여겨 최상의 신체를 만드는 방법은 여호와 경외와 악에서의 떠남이다. 이것은 우리의 몸에 "양

약"이 되고 존재의 가장 깊은 곳이라고 할 골수까지 윤택하게 한다(잠 3:7-8). 하나님의 말씀을 마음에 간직하면 간직한 자에게 "생명이 되며 그 온 육체의 건강"이 된다고 가르친다(잠 4:22). 다른 곳에서도 성경은 하나님이 말씀을 보내어 사람들을 고치시고 위경에서 건지시는 분이라고 소개한다(시 107:20). 하나님은 말씀으로 만물을 지으셨고 권능의 말씀으로 그 만물의 존속을 붙드신다(히 1:3). 이런 관점에서 보면, 하나님의 말씀이 질병을 치료하고 몸을 강하게 만든다는 것은 당연하다. 한센병에 걸린 분이 예수님을 찾아와 이렇게 기도했다. "주여 원하시면 저를 깨끗케 하실 수 있나이다"(마 8:2). 이에 대한 예수님의 답변이다. "내가 원하노니 깨끗함을 받으라"(마 8:3). 이처럼 진실한 믿음의 기도도 건강의 비결이다. 그리고 "예수를 죽은 자 가운데서 살리신 이의 영"이 우리 안에 있으면 죽을 우리의 몸도 살리신다(롬 8:11). 이러한 건강의 신앙적인 비결은 과학적인 원인과 결과의 고리가 없어서 설명이 어려우며 말 그대로 신앙의 영역이다. 그러나 많은 사람들이 실제로 체험하는 비결이다.

신체의 선상을 연구하고 증진하는 대표적인 학문은 의학이다. 몸의 상태를 진단하고 문제가 발견되면 그 문제의 원인을 규명하고 그 원인을 제거하기 위해 알맞은 처방을 내리고 재활하여 정상적인 삶을 살아갈 수 있도록 섬기는 학문이다.

인간은 이렇게 영성과 도덕성과 지성과 감성과 의지와 사회성과 신체성과 같은 다양한 인자들로 구성되어 있다. 인간의 성장은 이러한 인자들의 조화로운 성장을 의미한다. 그러나 영성은 깊지만 도덕성이 없어서 이기적인 종교인도 있다. 이타적인 태도를 가졌지만 지성이 부족하여 분별력이 떨어지는 도덕가도 있다. 머리에는 막대한 분량의 지식을 가졌지만 감성이 차갑고 메마르고 어린아이 같은 지성인도 있다. 마음이 따뜻하고 부드럽고 감수성도 좋고 공감

의 능력도 있지만 의지가 빈약하여 이리저리 끌려만 다니는 감성인
도 있다. 의지가 확고하고 추진력도 강하지만 주변의 이웃이나 동료
를 존중하지 않고 공감대도 형성하지 못하는 불굴의 의지인도 있다.
많은 사람들과 어울리며 더불어 살아가나 신체가 허약하여 타인에게
어려움을 주는 허약한 체질의 소유자도 있다. 인간은 특정한 부위만
비대하게 성장하지 말고 모든 부분에서 골고루 성장해야 한다.

고유한 적성

　　인간이면 누구나가 성장해야 하는 보편적인 인성도 있지만
모든 사람들이 저마다 차이를 보이는 고유한 적성과 재능의 성장도
동일하게 중요하다. 적성은 인생의 기호를 의미하고 재능은 그 기호
를 실현하는 각자의 고유한 능력을 의미한다. 문제는 자신의 고유한
적성과 재능을 발견하지 못하여 타인의 적성을 자신의 것으로 삼고
자신에게 없는 재능을 개발하기 위해 오랜 세월을 허송하는 사람들
이 많다는 사실이다. 대학 안에서든 밖에서든 나에게 가장 행복한 일
은 무엇이고, 내가 가장 잘 할 수 있는 일은 무엇이고, 내가 타인을 가
장 잘 섬길 수 있는 일은 무엇인지 발견해야 한다. 세상에는 많은 언
어와 문화와 민족과 전통과 규범이 공존한다. 세상에는 다양한 지식
과 학문과 분야와 직업이 공존한다. 이토록 다양한 세상에서 내가 가
장 좋아하고 가장 잘하고 가장 큰 유익을 끼치는 분야는 어디인가?
어떤 자리에서 어떠한 내용으로 어두운 세상의 빛과 부패한 세상의
소금이 될 수 있겠는가? 직업과 학문의 다양성을 알지 못하면 과도한
경쟁이 소수의 몇몇 직종과 전공 분야에서 발생하게 된다. 이로 인하
여 사회는 막대한 불화의 비용을 지불해야 한다. 이는 소수의 특정한

자리를 두고 서로가 유일한 태양이 되려고 다투기 때문이다. 그러나 이 세상에 존재하는 모든 사람은 중복이 없고 재탕이 없을 정도로 특별하고 고유하다. 지문만 보더라도 인류의 역사 전체에서 나와 타인이 같을 비율은 87×10-11%이다. 일란성 쌍둥이도 지문이 다르다고 한다. 혹시 같더라도 지문 이외에 다른 무수히 많은 요소들에 있어서 차이가 있기 때문에 인간은 저마다 고유하고 그래서 고유하게 소중하다. 성경은 하늘에 별들이 각자의 자리가 있듯이 모든 사람은 각자의 고유한 자리에서 특유의 아름다운 빛을 발하라고 가르친다.

    사회의 분위기와 유행의 파도에 휩쓸려 자신에게 맞지도 않는 직업의 옷을 입고 살아가는 사람은 불행하고 또 무익하다. 하기도 싫고 잘할 재능도 없는 일에 매달리는 것은 일종의 고문이다. 나의 적성에 맞고, 나의 재능에 맞고, 사회의 필요에 맞은 것이 나의 행복이고 나의 기쁨이고 나의 소명이다. 아무리 힘들어도 적성을 발견하고 적성을 따라 사는 자에게는 인생이 놀이이고 놀이가 인생이다. 자신의 고유한 적성과 재능을 발견하는 것이 행복하고 지혜로운 인생의 첩경이다. 아무리 노력해도 천부적인 재능을 따라잡는 것은 가능하지 않다. 에디슨은 천재성이 1%의 영감과 99%의 노력으로 구성되어 있다고 말하였다. 그러나 최근 미시건 주립대의 잭 햄브릭 교수 연구팀은 에디슨의 주장을 거부하며 노력의 가치를 역설하는 "10만 시간의 법칙"도 틀렸다고 주장한다. 음악이나 스포츠 분야의 실력에서 차지하는 노력의 비중은 20%에 불과하고 학술적인 분야에 있어서는 고작 4%일 뿐이라고 주장한다. 이는 어떠한 분야이든 자신의 적성과 재능을 따라 진로와 직장을 택한다면 80%의 점수를 따고 들어감을 의미한다. 적성이 맞지 않은 곳에서 노력을 하면 다른 사람보다 훨씬 더 많은 시간과 에너지를 할애해야 한다. 개인의 인생에도 큰 손실이고 사회적인 낭비도 막대하다. 이러한 사실을 인지한 국가들은 국민 개

개인의 적성과 기호와 재능을 찾아주기 위해 노력한다. 네덜란드 초등학교 교육은 예습과 복습이 필요하지 않고 아이들은 책조차도 집으로 가져오지 않기에 책가방이 필요하지 않고 공부는 학교에서 하는 것이라고 생각한다. 자율학습 같은 제도가 없어서 일찍 귀가하고 방과 후에 학생들은 자유롭다. 사교육의 빼곡한 스케줄 때문에 자신의 인생을 디자인할 기회가 박탈되지 않고 자기가 하고 싶은 다양한 활동들을 자유롭게 구성하며 한다. 초등학교 이후 인문계 중고등 학교의 진학률은 15-20%(상위 중고등 25-40%, 중하위 중고등 50-60%)이고, 인문계 안에서도 대학에 진학하는 비율은 고작 20% 미만이다. 공부에 적성과 재능이 있는 학생들은 정말 치열하게 공부한다. 그러나 기술과 예술에 적성과 재능을 가진 학생들은 그 분야에서 최선을 다하되 즐겁고 행복하게 최고의 기량을 발휘하며 중고등 시절부터 인생을 준비한다. 이는 교육의 바람직한 정책이다.

아무런 이유도 없고 아무런 목적도 없고 아무런 기능과 역할도 없이 존재하는 인간은 하나도 없다고 기독교를 가르친다. 성경은 "하나님이 그 원하시는 대로 지체를 각각 몸에 두셨다"고 설명한다 (고전 12:18). 여기에서 지체는 모든 개개인을 가리키고 몸은 온 인류를 가리킨다. 하나님은 우리 개개인을 인류라는 공동체 안에서 가장 잘 어울리는 지체로 만드셨다. 학문이나 직업이나 결혼이나 삶의 방식이나 고유한 기호와 적성을 각자에게 주셨고, 각자가 최고의 기량을 발휘할 수 있도록 고유한 재능과 은사도 베푸셨다. 성경은 하나님이 "우리에게 주신 은혜 대로 받은 은사가 각각 다르다"고 한다(롬 12:6). 그래서 하나님이 주신 기호와 적성을 발견하고 나에게 이미 주어진 재능과 은사를 개발하고 내가 가장 행복하게 잘 할 수 있는 일터에서 최고의 실력을 발휘하며 이웃에게 가장 큰 유익을 제공하는 삶을 살아가면 자신도 행복하고 타인도 행복하다. 그러므로 우리는

인생의 준비 – 인성과 개성은 무엇인가? 215

하나님께 나아가 내가 누구인지, 어떤 적성을 가졌는지, 어떤 재능을 가졌는지 깨닫게 해 달라고 기도하고 그 적성과 재능을 가지고 세상에 유익한 사람이 되도록 은혜와 능력을 주시라고 기도해야 한다. 기도에서 멈추지 않고 개개인은 자신에게 주어진 적성과 재능을 정확하게 발견하고 성실하게 개발하고 지혜롭게 활용해야 한다. 자신의 적성과 재능을 발견한 이후에는 이에 대하여 "각 사람은 부르심을 받은 그 부르심 그대로 지내라"고 성경은 권고한다(고전 7:20). 타인과 비교하지 말고 "각각 부르심을 받은 그대로 하나님과 함께 거하라"고 가르친다(고전 7:24). 자신의 고유한 적성과 은사를 모르면 타인의 적성을 가지고 부실한 재능을 가지고 엉뚱한 역할을 하며 살아가게 된다.

개개인의 적성과 재능은 자신을 위함이 아니라 공동체를 섬기라고 주어진 하나님의 선물이다. 하나님은 다양한 적성과 다양한 재능을 각 개인에게 골고루 베푸셨다. 그러나 만약 자신을 위하여 그 모든 것들을 활용하면 자신에게 주어진 한 조각의 적성과 재능만 소유하고 향유한다. 그러면 누 가지의 문제가 발생한다. 첫째, 각자에게 주어진 적성과 재능의 본래적인 용도를 벗어난다. 둘째, 본래의 용도를 벗어난 적성과 재능의 효력과 효용은 당연히 떨어진다. 각자의 적성과 재능은 본래의 목적에 맞도록 사용될 때에 최고의 효과를 산출한다. 그 목적은 바로 이웃 사랑이다. 타인을 향한 섬김이다. 이웃을 사랑하기 위해 자신의 고유한 적성과 재능을 사용하면 어떤 결과가 생기는가? 첫째, 이웃을 사랑하게 된다. 둘째, 적성과 재능의 본래적인 용도에 충실하다. 셋째, 각자는 자신의 적성과 재능을 나누면서 1인분의 유익이 아니라 공동체 전체의 유익을 창출한다. 넷째, 하나님이 인류에 베푸신 모든 적성과 재능의 수혜자가 된다. 다섯째, 하나님을 더욱 온전하게 경배하고 보다 깊이 감사하게 된다. 여섯째, 다양한

유익으로 인해 공동체 자체도 행복과 기쁨이 증대된다. 개인과 공동체 전체가 성장하게 된다. 이에 대하여 성경은 이렇게 기록한다. "온 몸이 각 마디를 통하여 도움을 받음으로 연결되고 결합되어 각 지체의 분량대로 역사하여 그 몸을 자라게 하며 사랑 안에서 스스로 세웁니다"(엡 4:16).

인생의 목적
노동과 직업을 통한 사랑은 무엇인가?

노동의 기독교적 의미

자신의 적성을 발견하고 재능을 개발한 사람은 실제로 섬김의 활동 즉 노동에 돌입해야 한다. 노동은 무엇인가? 인간이 마음과 몸을 움직여서 하는 모든 일을 의미한다. 노동의 가치는 무엇인가? 오늘날 노동의 가치는 화폐의 교환가치 크기로 결정되고 있다. 과연 월급이나 연봉의 크기가 노동이 가진 가치의 크기인가? 노동의 진정한 가치를 찾아가는 탐구가 필요하다. 결론을 말한다면, 노동의 가치는 노동의 목적에 의해 결정된다. 노동자의 직위나 노동자의 능력이나 노동의 종류나 노동의 길이나 노동의 보수가 아니라 노동을 통해 산출되는 궁극적인 결과가 노동의 의미와 가치를 결정한다. 대통령이 국민의 행복을 위하지 않고 자신이 부자가 되기 위해 국정을 수행하고 있다면 그의 노동은 수익의 수단으로 간주된다. 구두를 닦는 분이라도 돈벌이 자체를 위하지 않고 타인의 기쁨과 행복을 위한다면 그의 노동은 섬김의 수단으로 간주된다.

이제 우리의 관심은 어떠한 목적을 위해 노동할 것이냐에 있다. 목적이 노동의 가치를 좌우하는 근거라면 최고의 목적을 선택해야 한다. 노동의 가치와 목적에 대한 성경의 이해는 어떠한가? 성경에 의하면, 노동의 의미는 세 가지의 시기로 구분해서 이해해야 한다. 첫째, 타락 이전의 노동은 복이었다. 둘째, 타락 이후의 노동은 형벌인 동시에 복이었다. 셋째, 믿음 이후의 노동은 예배의 실천이다. 노

동의 목적과 가치는 복의 누림에서, 죄의 갚음에서, 예배로 이어졌다.

첫째, 타락 이전의 노동은 복이었다. 태초에 하나님은 인간에게 복을 주시는 방식 차원에서 생육하고 번성하고 충만하고 땅을 정복하고 다스리는 노동을 명하셨다(창 1:28). 이것을 기독교 안에서는 "문화명령"이라고 명명한다. 바빙크가 잘 지적한 것처럼, 인간이 온 세상을 정복하고 다스릴 수 있는 근거는 인간이 하나님의 형상을 따라 지음을 받았기 때문이다. 그리고 온 세상의 관리를 인간에게 맡기신 하나님의 위임 때문이다. 인간 외에는 세상을 다스리고 관리하고 경영할 능력과 자격과 권한을 가진 다른 피조물이 없다. 그리고 온 세상을 다스리는 방식으로 하나님을 섬길 수 있는 존재도 인간이 유일하다. 세상을 최상의 상태로 유지하고 관리하는 책임은 인간에게 있다. 성경은 세상과 인간의 관계에 관하여 특이한 표현 "경작하다, 노동하다, 일하다, 섬기다"를 의미하는 단어(עָבַד)을 언급한다(창 2:5). 이 단어에 근거하여, 나는 인간이 세상을 경작하며 하나님을 섬기는 존재라고 해석한다. "문화명령" 안에 사용된 "문화"(culture)라는 말도 "경작"(cultivate)과 무관하지 않다. 이 세상의 모든 문화는 태초에 창조자가 인간에게 부여한 사명과 무관하지 않다. 세상과 인간의 관계는 문화를 창출하는 노동의 끈으로 연결되어 있다. 온 세상을 지키고 개발하고 최상의 상태로 관리하는 문화의 창출은 본래 창조자의 활동이다. 그런데 인간이 그런 활동을 대리하는 것은 피조물 중에서 가장 큰 영광이다. 하나님의 활동을 누리는 것인 동시에 하나님의 형상이 나를 통하여 온 천하에 드러나는 최고의 기쁨이다. 이 활동으로 인해 주님은 영광을 받으시고 온 세상은 존재의 절정에 도달한다.

둘째, 타락 이후의 노동은 형벌이다. 인간이 하나님께 죄를 범한 이후에 하나님은 인간에게 다른 종류의 노동을 명하셨다. 그 노동은 이제 복보다는 생계를 위한 수단이다. 열매를 내어야 할 땅이 가시

와 엉겅퀴를 냈기 때문이다. 노동의 땀을 흘리지 않아도 생계에 아무런 문제가 없었던 질서가 무너져서 땅은 마치 공허하고 혼돈한 상황으로 돌아갔다. 그럼에도 불구하고 하나님은 자신의 은총을 중단하지 않으셔서 죄의 형벌이 된 노동도 복의 한 형식으로 만드셨다. 이러한 타락 이후의 노동에 대한 성경의 평가는 뚜렷하다. 이는 무엇보다 인생을 달관한 솔로몬의 견해에서 잘 나타난다. 솔로몬은 눈으로 보고 싶어하는 것은 무엇이든 보았으며 가고 싶은 곳은 어디이든 갔으며 먹고 싶은 것은 다 먹었으며 마음의 즐거움을 위해 필요한 모든 것을 가진 인물이다. 이 모든 것들은 "나의 모든 수고로 말미암아 얻은 몫"이라고 설명한다(전 2:10). 이렇게 "사람이 먹고 마시며 수고하는 것보다 그의 마음을 더 기쁘게 하는 것은 없"으며 이것은 비록 수고의 땀이 묻어 있지만 궁극적인 면에서는 "하나님의 손에서 나오는 것"이라고 한다(전 2:24). 즉 노동과 그것에 의한 소득은 하나님의 복이었다. 그럼에도 불구하고 강력하게 비관적인 입장도 서슴 없이 발설한다. "내 손으로 한 모든 일과 내가 수고한 모든 것이 다 헛되어 바람을 잡는 것이며 해 아래에서 무익한 것이로다"(전 2:11). 솔로몬의 이 견해에 의하면, 이 세상의 모든 노동과 그 노동이 이룩한 모든 일들은 해 아래에서 헛되고 무익하다(전 1:14). 헛되고 무익한 것에 인생을 다 소비하는 것은 무거운 형벌이다. 이 형벌은 인간이 자초한 결과인 동시에 인간으로 하여금 일평생 수고하게 하신 하나님의 결정이다(전 1:13). 여기에서 우리는 "해 아래에서 무익한 것"이라는 문구를 주목해야 한다. 성경이 말하는 무익과 유익의 기준은 영원한 유익을 주느냐 아니냐에 있다. 이 땅에서의 노동과 일이 모두 무익한 것이라고 말하는 이유는 그 모든 것의 결과와 효력과 유익이 일시적인 것이기 때문이다. 그래서 성경은 이렇게 설명한다. "음식은 우리를 하나님 앞에 내세우지 못하나니 우리가 먹지 않는다고 해서 더 못사는 것도

아니고 먹는다고 해서 더 잘사는 것도 아니니라"(고전 8:8). 이는 음식의 많음과 적음은 영원한 것에 영향을 끼치는 어떠한 변수도 되지 못한다는 내용이다. 이 땅에서 노동의 이유는 이런 음식을 마련하여 생계를 유지하기 위함이다. 만약 생계 자체가 노동의 목적이 되면 결국 무덤에 들어가게 될 인생에게 노동과 일은 무익하게 된다. 그런 유한한 인생에게 더 많이 먹고 더 적게 먹는 것이 무슨 의미가 있겠는가! 이런 맥락에서 예수는 "너희 목숨을 위하여 무엇을 먹을까 몸을 위하여 무엇을 입을까 염려하지 말라"고 가르친다(눅 12:22). 그렇다면 우리가 고민하고 집중해야 할 것은 무엇인가?

셋째, 믿음 이후의 노동은 예배의 실천이다. 허무하고 무익한 노동의 극복을 위해 성경이 제시하는 해법은 이것이다. "썩을 양식을 위하여 일하지 말고 영원히 살도록 있는 양식을 위하여 하라 이 양식은 인자가 너희에게 주시리라"(요 6:27). 이것은 우리를 하나님 앞에 세우지 못하는 타락 이후의 노동이 아니라 믿음 이후의 노동에 대한 설명이다. 예수를 믿은 사람에게 노동의 목적은 썩을 양식을 위함이 아니라 영원히 살도록 있는 양식을 위함이다. 영원한 양식은 무엇인가? 그것은 "인자"가 주시는 것이라고 한다. 인자는 그리스도 예수를 의미한다. 그가 우리에게 주시는 것은 자기 자신이다. 예수 자신이 영원한 양식이다. 그래서 자신에 대한 예수의 설명은 특이하다. "내 살은 참된 양식이요 내 피는 참된 음료로다"(요 6:55). 이 표현으로 인하여 기독교가 인육을 먹는 종교라는 오해와 핍박이 있었지만 이 표현은 상징이다. 예수가 사랑 때문에 우리에게 자신의 생명 전부를 주셨음을 의미한다. 예수를 믿고 영접하는 것이 예수라는 양식과 음료를 먹고 마심이다. 예수는 영원한 생명이다. 그분을 믿으면 영원토록 산다. 그래서 예수의 영원한 생명을 먹고 마시는 믿음은 결코 헛되거나 무익하지 않다. 우리를 하나님 앞에 세우는 양식은 바로 이분이다. 이

땅의 모든 양식들이 비유로 가리키는 참된 양식은 바로 예수였다. 양식으로 주어진 그의 피와 살은 사랑이다. 노동은 칼릴 지브란의 표현처럼 "눈에 보이는 사랑"이다(예언자, 57). 영원한 양식을 위한, 이러한 사랑의 노동은 믿음이다. 하나님의 일을 행하고자 하는 제자들을 향해 예수는 사랑의 양식으로 주어진 자신을 "믿는 것이 하나님의 일"이라고 했다(요 6:29). 그래서 예수를 믿은 의인들은 계속해서 믿음으로 산다(롬 1:17). 영원한 양식을 위한 수고는 믿음이다. 그래서 예수를 믿은 의인들은 계속해서 믿음으로 산다. 그 믿음으로 흘린 수고의 땀은 결코 헛되거나 무익하지 않다고 성경은 단언한다(고전 15:58).

이 세상의 문제는 인간이 죄를 저질러서 생계를 위한 노동과 일 이외에도 세상을 최고의 상태로 경작하는 문화의 명령을 수행할 수 없게 되었다는 사실이다. 이 명령을 수행할 수 있는 가능성은 그리스도 안에서 새로운 피조물이 된 사람들의 공동체 즉 기독교에 있다. 기독교와 문화는 무관하지 않다. 이 세상의 문화를 회복하고 완성하는 책임이 기독교에 있다고 나는 생각한다. 최고의 문화를 이 세상에 경작해야 할 태초의 사명을 하나님의 지혜와 능력으로 수행하기 위해 기독교는 노력해야 한다. 세상의 모든 영역에 관심을 기울이고 모든 영역을 최상의 상태로 유지하기 위해 가장 좋은 것을 나누어야 한다. 이 모든 노동과 일에는 방향의 회복이 중요하다.

앞에서도 살펴본 것처럼, 온 세상의 만물이 썩어짐에 종 노릇하며 무거운 신음 속에서 허무한 것에 굴복하고 있다. 이제 온 세상의 모든 문화와 자연이 인간의 부패와 탐욕으로 유린되지 않고 하나님에 의해 존재하고 하나님을 위해 존재하는 본래의 방향으로 돌이켜야 한다. 이 세상의 모든 노동과 일과 사건과 사물로 구성된 문화가 썩을 양식을 지향하지 않고 영원한 양식을 향하도록, 그리하여 하나님의 영광을 구하는 방향으로 가도록 기독교는 관여해야 한다. 먹든

인생의 목적 – 노동과 직업을 통한 사랑은 무엇인가? 223

지 마시든지 무엇을 하든지 본래의 방향을 회복하면 어떠한 것도 무익하지 않고 모두가 유익하다. 무엇을 먹을까 무엇을 마실까를 걱정하는 것은 무익한 일이지만 어떠한 목적을 위할 것이냐에 따라서 그 의미가 달라진다. 그 목적은 썩어 없어지지 않는 것이어야 한다. 그런 목적은 영원하신 하나님 자신 이외에는 없다. 사람들이 지금까지 수고의 땀을 흘려서 이룩해 놓은 모든 문화는 이런 목적의 회복을 기다리고 있다. 목적이 회복된 노동과 일은 모두 하나님을 높이는 예배의 도구로 간주된다. 온 세상이 아무리 무시하고 천대하는 일이라 하더라도 그것이 영원하신 하나님의 영광을 향한다면 최고의 노동으로 승격된다. 이러한 평가는 직업의 종류나 직위의 높이나 월급의 크기와 무관하다.

　　하나님의 영광을 추구하는 모든 노동자가 취하는 태도에 대해 성경은 "기쁜 마음으로 섬기기를 주께 하듯 하라"고 가르친다(엡 6:7). 어떠한 일을 하더라도 마음의 기쁨을 유지하는 것이 중요하다. 숙제를 하듯이 억지로 하면 본인도 불행하고 함께 일하는 사람들도 불편하고 일의 효율도 떨어진다. 눈에 보이는 사장이나 상사가 아니라 하나님을 섬기는 마음으로 하면 어떠한 상황 속에서도 기뻐하는 마음으로 일하는 것이 가능하다. 하나님의 영광을 구하는 노동의 궁극적인 보상은 위로부터 하나님에 의해 주어지기 때문이다. 물론 화폐에 의한 노동의 보상도 당연히 중요하다. 그것은 사회의 공정한 질서를 유지하는 근간이기 때문이다. 성경도 노동에 대한 "품삯을 당일에 주고 해 진 후까지 미루지 말라"고 엄격하게 금지하고 있다(신 24:15).

　　그럼에도 불구하고 이 사회에는 노동의 부당한 착취가 발생한다. 착취를 방지하기 위해 힘과 힘으로 대결하는 투쟁에도 분명히 한계가 존재한다. 이런 문제의 종교적인 해결책은 하늘의 보상이다.

사람들이 아무리 공평과 정의를 깨뜨려도 우주의 질서를 주관하고
계신 하나님은 반드시 인간의 모든 억울하고 부당한 대우를 하늘의
보상으로 교정하고 갚으신다. 그래서 인간의 미움을 사랑으로, 악을
선으로, 불화를 화목으로, 불법을 합법으로, 불의를 공의로, 불공평을
공평으로 바꾸신다. 인간은 행한 대로 보상하지 않지만 하나님은 행
한 그대로 갚으신다. 공평의 기본기 위에 은혜도 덤으로 얹으신다. 누
구도 불평하지 않고 모두가 감사하게 만드는 하늘의 공평이다.

직업의 기독교적 의미

예전에 "세상은 넓고 할 일은 많다"는 문구가 유행했다. 무수
히 많은 일들 중에는 다른 누구도 수행할 수 없는 나만의 고유한 일
이 반드시 존재한다. 내가 소원하는 일, 내가 잘하는 일, 반드시 감당
해야 하는 일은 무엇인가? 지금 세계 인구는 78억 정도이고 70%가 일
하고 있다고 본다면 54억 명의 직업인이 존재한다. 한국의 경우에 직
업의 수는 2017년 기준으로 15,936개 정도이고 2020년 4월 기준으로 고
용된 인구는 2,656만명(15-65세의 65.1%)이다. 지금은 직업의 세계에
혁명적인 변화가 일어나고 있다. 세계경제포럼(WEF)에 의하면 4차
산업혁명 때문에 올해까지 전 세계에 710만개의 일자리가 줄고 200만
개의 일자리가 생성될 것이라고 한다. 결국 510만개의 일자리가 사라
질 것이라는 예측이다. 나와 세계가 연결되는 방식이 조금씩 달라지
고 있다. 전 세계에 많은 일자리, 즉 나와 세계가 연결되는 다양한 방
식이 있지만 많은 사람들의 기호에는 쏠림 현상이 발생한다. 고교생
이 희망하는 직업의 수는 272개에 불과하다. 그 중에서도 고교생의 절
반이 19개의 직업을 선호하고 있다. 대학생의 경우에도 상황은 비슷

하다. 대학에서 배우는 학문은 대분류에 따라 인문학, 사회과학, 자연과학, 공학, 의약학, 농수해양학, 예술체육학, 복합학 등으로 구분된다. 여기에서 중분류로 세분하면 152개 분야로, 소분류는 1,551개 분야로, 세분류로 전공을 더 쪼개면 2,468개의 분야로 분류된다. 학문의 세분류를 기준으로 보더라도 한국의 직업 수(15,936)를 대학에서 다 준비할 수는 없음을 확인한다. 이는 대학 졸업자가 아니어도 세상과 연결되는 방법은 6배나 더 많다는 이야기다.

직업은 무엇인가? 사전적인 정의에 따르면, "생계를 유지하기 위하여 자신의 적성과 능력에 따라 일정한 기간 동안 계속하여 종사하는 일"이 직업이다. 이처럼 생계와 일은 개념의 단짝이다. 성경에도 일하기 싫어하는 자는 먹지도 말게 하라는 말로 일과 생계의 필연적인 관계를 강조하고 있다(살후 3:10). 그리고 부지런한 노동도 없이 게으른 태만 속에서도 "속히 부하고자 하는 자는 형벌을 면치 못한다"고 가르친다(잠 28:2). 이러한 생계와 부는 직업의 개인적인 측면이다. 그러나 공동체적 관점에서 보면, 모든 사람은 저마다의 고유한 적성과 재능을 가지고 자신의 그 주특기를 타인과 공유하며 사회 공동체에 기여한다. 나에게 남들보다 더 많이 주어진 것이 적성이고 재능이다. 직업은 개인적인 생계의 수단만이 아니라 소명(vocatio)과도 동의어다. 나를 중심으로 보면 직업이 소득을 취하는 손이지만 타인을 중심으로 보면 나의 재능을 나누는 섬김이다. 공동체 안에서는 후자의 의미가 더 중요하다. 나누는 것은 손해가 아니라 영광이다. 이런 영광은 아무나 가지지 못하고 부자에게 주어지는 선물이다. 그러므로 자신의 적성과 재능에 있어서 우리 모두가 부자가 되도록 노력해야 한다. 부자가 되는 방법은 간단하다. "손을 게으르게 놀리는 자는 가난하게 되고 손이 부지런한 자는 부하게 되느니라"(잠 10:4). 성실이 해법이다. 면밀하게 관찰해서 자신의 적성과 재능을 발견하고 치열하

게 성실해서 개발해야 한다.

직업은 개개인의 적성과 재능을 타인에게 공유하는 현장과 방식이다. 자신의 부요한 것으로 타인의 부족한 것을 채우고 타인의 부요한 것으로 자신의 부족한 것을 채우는 사랑의 활동이 바로 직업이다(고후 8:14). 모든 사람들은 부요함과 부족함을 동시에 가지고 있기 때문에 서로가 도움을 주고 받는 것은 필연이다. 나에게 돈이 있다면 어떤 사람의 돈보다는 많고 다른 어떤 사람의 돈보다는 적다. 내 재산의 규모를 떠나서 나보다 적게 가진 사람에게 나의 재물을 나누는 것은 아름다운 사랑이며 마땅히 이루어야 할 소명이다. 지식도 그러하다. 나의 지식은 반드시 어떤 사람의 지식보다 적고 다른 누군가의 지식보다 많다. 그렇다면 지식을 나누는 직업을 선택하여 지식이 적은 사람에게 나의 지식을 나누는 것은 사랑이며 소명이며 행복이며 기쁨이다. 감성의 경우에도 나의 감성은 어떤 누군가의 감성보다 풍부하고 섬세하다. 그는 자신의 넘치는 감성을 타인과 공유할 수 있는 직종을 찾아서 취업하고 그곳에서 감성이 메마르고 딱딱한 사람에게 나의 감성을 나누는 것은 우리에게 행복과 보람을 주는 사랑이며 소명이다. 사회성이 남들보다 뛰어난 경우에는 사회성이 나보다 떨어지는 사람에게 공유할 수 있는 직장에서 자신의 소명을 완수하면 사회와 개인 모두에게 행복과 기쁨의 증진이 일어난다. 행정력이 남들보다 뛰어난 사람의 경우, 행정의 책임이 주어지는 직장과 자리에서 공동체의 행정적인 필요를 채워주는 것이 존재의 이유이며 인생의 소명이다. 신체적인 조건이 남들보다 좋은 사람은 신체의 장점을 살리고 타인에게 도움을 제공할 수 있는 직업을 택하여 사랑의 소명을 감당하면 된다. 언변이 남들보다 뛰어난 사람은 타인에게 화술로 도움을 줄 수 있는 직종에 들어가서 사랑의 소명을 즐거운 마음으로 수행하면 된다. 직업을 통하여 자신의 부요한 것을 나누는 것은 하

인생의 목적 – 노동과 직업을 통한 사랑은 무엇인가? 227

나님이 정하신 질서이며 그 질서가 존중될 때에 사회의 모든 구성원
은 삶의 보람과 행복을 공유하게 된다.

만약 자신에게 주어진 재능과 소유의 잉여를 나누지 않으면
어떤 일이 생기는가? 다양한 부작용이 발생한다. 첫째, 어떤 사람에
게 소유가 많으면 그것을 취하려는 도둑이 발생하고 이로 인하여 소
유한 사람은 불안의 희생물이 되고 도둑은 탐욕의 희생물이 된다. 이
러한 병폐가 발생하지 않도록 성경은 재물을 이 땅에 비축하지 말고
하늘에 두라고 가르친다. 재물을 하늘에 비축하는 최고의 방법은 나
눔이다. 다산 정약용은 "무릇 재물을 비밀스레 간직하는 것으로 베풂
만한 것이 없다"는 말로 나눔을 강조했다. 나누면 "내가 능히 죽은 뒤
에까지 지니고 가서 아름다운 이름이 천 년토록 전해진다. 천하에 이
같은 큰 이익이 어디에 있겠느냐!" 그런데 성경은 필요한 사람에게
나누면 사람들의 오랜 기억만이 아니라 그것을 하늘에 저장하는 것
이라고 가르친다. 하늘은 재물을 갉아먹는 좀 벌레도 없고 훔치는 도
둑도 출입할 수 없는 가장 안전한 금고이며 천 년보다 더 오래 지속
된다(마 6:20). 둘째, 잉여 물은 썩어서 벌레가 생기고 악취를 풍기고
그 악취로 인해 주변에는 파리가 들끓는다(출 16:20). 남들보다 더 많
이 가진 것 때문에 나 자신과 내 주변에는 부패와 악취가 진동하고
해괴한 파리들이 득실댄다.

남들보다 많은 자신의 재능과 소유를 그대로 두면 그것의 직
접적인 피해자는 이처럼 자기 자신이다. 자신에게 해로움을 끼칠 정
도로 소유하는 현상을 솔로몬은 "해 아래에서 큰 폐단 되는 일"이라
고 규정한다(전 5:14). 나눔은 자신과 타인 모두에게 이익이고, 나누
지 않음은 자신과 타인 모두에게 유해하다. 그래서 어떤 지혜자는 자
신을 빈 하게도 말고 부하게도 말고 오직 필요한 양식으로 먹고 살게
해 달라고 기도했다(잠 30:8). 이는 자신에게 필요한 양식 이외의 모든

잉여는 타인과 나누며 살게 해 달라는 소망이다. 자신의 생명도 나눔의 내용으로 우리에게 베푸신 예수는 우리가 나누면 하늘의 상속자가 된다고 가르치며, 배고픈 자에게는 양식을, 목마른 자에게는 물을, 나그네 된 자에게는 영접을, 헐벗은 자에게는 옷을, 병든 자에게는 돌봄을, 옥에 갇힌 자에게는 친밀한 교제를 나누라고 한다(마 25:35-36). "땅에는 언제든지 가난한 자가 그치지" 않을 것이라고 모세는 단언한다. 실제로 모든 사람의 주변에는 반드시 어떤 차원이든 도움을 주어야 할 가난한 사람들이 있다. 이들에 대한 모든 사람의 사명은 이것이다. "너는 반드시 네 땅 안에 네 형제 중 곤란한 자와 궁핍한 자에게 네 손을 펼지니라"(신 15:11). 가난한 자에게 나누는 것은 선택이 아니라 명령이다. 직업은 이 나눔의 명령을 실행할 최고의 수단이다. 온전한 나눔이 낳는 결과는 무엇인가? 가난이 없어지는 기적이 일어난다. 이런 일은 초대교회 안에서 일어났다. 이는 사람들이 자신의 "모든 물건을 서로 통용하고 자기 재물을 조금도 자기 것이라 하는 이가 하나도 없었으며"(행 4:32), 지도자는 이를 횡령하지 않고 "각 사람의 필요를 따라" 나누었기 때문에 가능했다(행 4:34-35).

　　노동의 기독교적 의미는 하나님께 감사와 찬양을 드리는 예배의 실천이다. 직업의 기독교적 의미는 각자에게 주어진 적성과 재능, 즉 남들보다 많이 가진 것을 나누는 사랑의 소명을 수행하는 섬김의 현장이다. 돈을 많이 주거나 대우가 좋다는 것은 직업을 선택하게 만드는 매력적인 조건이다. 그러나 직업을 결정하는 궁극적인 변수는 위로부터 하나님에 의해 주어진 자신의 고유한 적성과 재능이다. 그것을 필요로 하는 곳이 나의 직장이다. 그러므로 나의 적성과 재능을 빨리 발견하고 성실하게 개발하여 필요한 모든 사람에게 나눌 직장으로 가서 그 적성과 재능을 주신 하나님의 뜻을 이루어 그분께 영광을 돌리고 이웃에게 최고의 유익을 제공하고 이로 말미암아 나 자

신은 최고의 행복과 기쁨을 얻는 것이 직업의 목적이다.

기독교가 노동과 직업을 이렇게 이해하는 이유는 하나님의 소유와 주권 때문이다. 하나님은 하늘과 땅과 그 가운데에 있는 모든 것들의 소유권과 처분권을 홀로 가지시고 자유롭게 행사하실 수 있는 절대자다(시 24:1). 그래서 다윗은 이렇게 고백한다. "부와 귀가 주께로 말미암고 또 주는 만물의 주재가 되사 손에 권세와 능력이 있사오니 모든 사람을 크게 하심과 강하게 하심이 주의 손에 있나이다"(대상 29:12). 재물과 존귀와 재물 얻을 권세와 능력과 높음과 강함도 주님께서 주셨기 때문에 비로소 우리에게 있다. 이는 우리에게 있는 것 중에 하나님에 의해 주어지지 않은 것이 하나도 없음을 의미한다(고전 4:7). 그렇기 때문에 나에게 있는 모든 것들(재물, 체력, 시간, 젊음, 지식, 분별력, 판단력, 의지력, 행정력, 사회성, 도덕성, 감성, 경건, 언변, 필력, 인맥 등)을 나의 뜻대로 사용하지 않고 주신 하나님의 뜻대로 사용하는 것이 마땅하다. 주님의 뜻은 하나님과 이웃 사랑이다. 사랑의 방식은 나눔이다. 나눔의 도구는 노동이고 나눔의 현장은 직장이다.

12

인생의 절정
소망은 무엇인가?

최고의 인생을 위한 마지막 학습의 내용은 죽음이다. 인생은 생명만이 아니라 죽음도 포함한다. 최고의 인생은 죽음에 대한 올바른 이해를 전제한다. 인생의 오늘은 출생과 죽음 사이의 어느 한 지점이며, 죽음으로 다가가는 하나의 걸음이다. 이러한 사실을 의식하며 살아가는 사람들은 희박하다. 오늘날 장례 문화의 발전으로 죽음의 현실은 은폐되고 있다. 이런 문화는 죽음을 싫어하고 거부하는 현대인의 심기를 대변한다. 인간은 죽음의 그림자가 어떤 가시적인 방식으로 다가와야 그때부터 비로소 죽음을 강하게 의식한다. 그 죽음은 어떠한 일이 있어서 나에게 다가오지 말아야 할 저주와 재앙과 불행과 슬픔의 원흉으로 간주된다. 우리 모두는 나에게서 죽음이 멀어질 수 있다면 어떠한 대가나 비용도 지불한다. 대체로 인간은 하루라도 더, 일 분이라도 더 살려고 노력한다. 오래 사는 장수(長壽)는 어느 나라와 시대를 막론하고 모든 사람들이 소망하는 복의 일 순위를 차지한다. 특별히 현대인은 적당한 음식과 수면과 운동의 유지에 대단한 관심을 기울인다. 서점의 다이어트 코너는 가장 잘 보이는 곳에 위치하고 가장 많은 사람들이 출입한다.

현대인이 선망하는 세상에서 가장 오랜 산 사람은 누구인가? 공식적인 기록에 따라 출생과 사망의 시기가 입증된 최장수의 인물은 프랑스의 잔 깔망(Leanne L. Calment, 1875-1997)이다. 그러나 국가의 행정처리 능력이 미비한 시대에 공식적인 자료로는 증명되지 않았으나 장수한 인물들 중 가장 오래 산 사람은 중국의 리칭위안(李慶遠)이다.

1933년 5월 6일자 뉴욕타임즈(The New York Times) 신문의 기록에 의하면, 그는 1677년에 태어나 1933년에 사망하여 256세까지 산 인물이다. 그가 후손에게 남긴 장수의 비결은 이러하다. "인체는 삼통, 즉 혈통, 뇨통, 변통 등을 유지해야 한다…평온한 마음자세 유지하며 거북처럼 앉고, 새처럼 움직이고, 개처럼 잔다." 동시에 그는 채식을 오랫동안 즐겼으며 평온하고 낙관적인 마음의 자세를 가졌으며 연잎과 결명자와 구기자를 차로 마셨다고 한다. 그가 평소에 강조한 것은 인자와 자애를 의미하는 자(慈), 절약과 절제를 의미한 검(儉), 화목과 조화를 의미하는 화(和), 안정과 평안을 의미하는 정(靜)이었다고 한다.

그런데 아무리 몸과 마음을 잘 관리한 사람도 결국에는 사망한다. 태어난 모든 사람은 하나도 예외 없이 모두가 무덤으로 들어갔고, 지금 생존해 있고 앞으로 태어날 모든 사람들도 인생의 마지막 종착지는 무덤이다. 이것은 어떤 면에서 모든 사람에게 일종의 평등과 공평이다. 이 세상의 모든 슬픔과 모든 기쁨도 죽음과 함께 소멸된다. 빈과 부도 함께 무덤으로 들어간다. 명예와 불명예도 무덤으로 들어간다. 이 땅에서는 긍지의 빳빳한 명함을 내밀던 지혜와 지식과 명예와 지위와 업적과 인기와 재물도 무덤 앞에서는 무기력한 먼지처럼 가볍게 날아간다. 아무리 아름답고, 아무리 부하고, 아무리 강하고, 아무리 유명하고, 아무리 지혜롭고, 아무리 의롭고, 아무리 착하고, 아무리 정의롭고, 아무리 똑똑해도 죽으면 그 모든 것들이 거품처럼 사라진다.

이 땅에서의 인위적인 기준에 근거한 모든 차이와 차별이 죽음 앞에서는 안개처럼 소멸된다. 죽음 앞에서의 이러한 평등은 죽음의 긍정적인 측면이다. 이것은 인간의 어떠한 노력도 필요하지 않다. 이는 지혜로운 자의 죽음과 어리석은 자의 죽음, 부요한 자의 죽음과 가난한 자의 죽음, 높은 자의 죽음과 낮은 자의 죽음, 잘생긴 자의 죽

음과 못생긴 자의 죽음, 유식한 자의 죽음과 무지한 자의 죽음이 동일한 것은 노력의 산물이 아니기 때문이다. 인간의 개입 없이 저절로 성취되는 것은 인생의 질서이며, 이에 대하여 모든 인간은 순응해야 한다. 동시에 그 질서의 의미도 깨달아야 한다. 그러나 죽음 앞에서의 평등과 공평은 좋은 것이지만 죽음 이전의 삶에 대한 일종의 공평한 평가가 있어야 되는 것 아니냐는 의문이 제기된다. 이는 이 땅에서의 모든 악행과 모든 선행도 죽음과 더불어 종식되는 것처럼 보이기 때문이다. 정직하고 진실하게 살았으나 부당한 대우를 받은 가난한 사람과 불의하고 거짓되게 살았으나 과분한 대우를 받은 부한 사람이 죽음으로 마치 없던 것처럼 끝난다는 것은 너무도 정의롭지 못한 일이기 때문이다. 그래서 사람들은 죽음의 의미와 죽음 이후의 세계를 알고 싶어한다.

죽음은 무엇인가? 죽음의 겉옷은 호흡과의 결별이다. 그러나 죽음의 실체는 그것보다 심오하다. 동양의 공자는 자신의 제자 계로에게 이런 질문을 받고 논어에서 이렇게 답하였다. "미지생 언지사 (未知生 焉知死), 즉 삶도 아직 모르는데 어찌 죽음을 알겠느냐!" 공자는 정직하다. 죽음의 세계는 입구만 있고 출구가 없어서 한번 들어가면 나오지를 못하기 때문에 그 세계에 대해 증언해 줄 목격자가 없다. 서양의 철학자들 중에 하이데거는 죽음을 모든 불가능한 것들이 끝나고 모든 가능성의 문이 열리는 자유의 사건이라 한다. 아마도 이 것은 그리스 철학의 대부와 같은 소크라테스의 죽음관을 차용한 듯한 표현이다. 그에게 몸은 영혼의 감옥이고 죽음은 영혼이 몸이라는 감옥에서 해방되는 것이었다. 이와는 달리 레비나스(Emmanuel Levinas, 1906-1995)는 죽음을 모든 가능성의 종식이고, 모든 자유의 박탈이고, 모든 힘의 종결로 이해한다. 나는 죽음을 이 세상의 출구이며 동시에 새로운 세상의 입구라고 생각한다. 죽음은 이 세상의 모든 것들 과의

인생의 절정 – 소망은 무엇인가?　235

결별이고 새로운 세상과의 만남이다. 죽음은 존재의 끝과 소멸이 아니라 분리이다. 모든 사람이 맞이하는 죽음은 육체와 영혼의 분리이다. 육체는 부패하여 흙으로 돌아간다. 그러나 영혼은 소멸이나 변경 없이 동일한 영혼으로 존재한다. 그 영혼은 죽음 이후의 세계로 들어간다. 그 세계가 나는 궁금하다. 그러나 나도 죽음이 두렵고 나에게 다가오지 않기를 소원한다.

　　사실 성경도 오래 사는 장수의 복을 취하라고 가르친다. 성경은 중국의 리칭위안 나이보다 더 오래 산 사람들을 소개한다. 에녹은 365년 동안 하나님과 동행하며 살다가 하늘도 올라갔다(창 5:22-23). 오늘날의 관점에서 보면 에녹은 장수한 사람처럼 보이지만 당시의 기준으로 보면 새파란 청년의 때에 인생을 마감한 사람이다. 성경에 나오는 인물들 중에 가장 오래 산 사람인 므두셀라(Methuselah) 경우에는 969세를 생존했다(창 5:27). 에녹이 장수에 대해 명함도 내밀지 못하는 당시의 분위기가 충분히 짐작된다. 대체로 100세를 살지 못하는 지금의 사람들은 장수하던 그 시대를 흠모한다. 그러나 성경이 가르치는 장수의 진정한 의미는 이 땅에서 오래 살고 늦게 죽는 것이 아니라 영원한 인생이다. 천년을 하루, 혹은 밤의 한 순간으로 여기시는 하나님의 영원한 관점에서 보면 1,000년의 므두셀라 인생도 고작 하루에 불과하다(시 90:4).

　　만약에 우리가 하루 정도를 산다면 하나님께 구하고 싶은 우리의 소원은 무엇인가? 솔로몬의 경우, 하나님은 그에게 원하는 것을 물으셨다. 이에 솔로몬은 백성을 잘 섬기기 위하여 모든 사안에 대하여 "분별하는 지혜"를 구하였다. 이에 하나님은 "부나 재물이나 영광이나 원수의 생명 멸하기를 구하지 아니하며 장수도 구하지 아니하고" 백성을 섬기는 왕의 지혜를 구한 것에 대해 하늘의 칭찬을 그에게 쏟으셨다(대하 1:11). 장수도 후순위로 밀어내는 솔로몬의 가치관

에 하나님의 칭찬이 주어졌다. 하나님은 영원한 분이시다. 하나님은 우리가 그에게 영원한 것 구하기를 원하신다. 장수에 있어서도 이 땅에서의 상대적인 수명을 늘이는 것이 아니라 영원한 장수 구하기를 원하신다. 우리가 하나님께 생명을 구하면 "영원한 장수"를 주신다고 시인은 확신한다(시 21:4). 모세는 심지어 하나님 자신을 "너의 날들의 길이"(אֹרֶךְ יָמֶיךָ) 즉 우리의 "장수"라고 명명한다(신 30:20). 이는 하나님이 우리에게 영원한 생명의 근원이 되신다는 것을 의미한다.

하나님께 분별하는 지혜를 추구한 솔로몬은 다른 글에서 출생과 삶과 죽음을 특이한 관점으로 비교한다. 학대와 핍박으로 인해 슬픔과 아픔이 가득한 이 세상에서 "아직 살아 있는 산 자들보다 죽은 지 오랜 죽은 자들이 더 복되다고 하였으며 이 둘보다도 아직 출생하지 아니하여 해 아래에서 행하는 악한 일을 보지 못한 자가 더 복되다"고 했다(전 4:2-3). 솔로몬에 의하면, 출생하지 않은 자가 가장 행복하고, 일찍 죽은 자가 덜 행복하고, 아직 살아 있는 자는 가장 불행하다. 여기에서 우리는 행복한 인생의 순위가 생존의 길이와 비례하지 않음을 확인한다. 사실 오래 산다는 것이 인생의 행복과 가치를 보증하지 않는다는 것은 모두가 동의하는 사실이다. 억울하게, 아프게, 슬프게, 고달프게, 악하게, 불의하게, 거짓되게 오래 사는 인생에 과연 무슨 의미가 있겠는가! 그런 장수는 자신과 타인 모두에게 불행과 아픔과 슬픔이다. 인생은 생존의 길이보다 어떻게 사느냐가 더 중요하다. 예수는 33세의 꽃다운 나이에 죽임을 당하였다. 그의 짧은 삶은 불행한 인생인가 아니면 행복한 인생인가? 예수는 죽을 때에 자신에게 주어진 인생의 사명을 다 이루었기 때문에 죽음의 때를 피하려고 저항의 칼을 뽑지 않고 오히려 "영광의 때"라고 해석하며 기꺼이 죽음을 맞이했다(요 12:23).

바울도 인생의 가치를 생존의 길이에 두지 않은 사람이다. 그

는 이 세상을 떠나서 그리스도 예수와 함께 하늘에 거하는 것이 자신에게 "훨씬 더 좋은 일이라"고 생각했다(빌 1:23). 그런데도 이 세상에 남아 있는 이유는 자신에게 맡겨진 사명을 완수하기 위해서다. 그에게 인생의 사명은 이웃에게 최고의 사랑을 나눔이다. 영원한 장수를 주는 예수의 복음을 전파하기 위해 자신의 목숨조차 조금도 귀한 것으로 여기지 않을 정도로 바울은 이웃 사랑을 실천했다. 영원한 장수를 소유한 사람은 이 땅에서의 자기 생명을 섬김의 수단이요 사랑의 도구라고 생각한다. 이런 가치관은 오직 죽음 앞에서만 형성된다. 타인의 생명을 도구로 여기는 것은 올바르지 않지만 자신의 생명을 그렇게 여기는 것은 아름다운 희생이다.

천사의사 박준철(1966-2011)은 자신의 생명을 이웃 사랑의 도구로 삼은 아름다운 희생의 대표적인 인물이다. 그는 자신의 의술을 돈벌이의 수단이 아니라 이웃을 섬기는 도구라고 생각한 의사였다. 그는 평소에 "좋은 의사는 환자의 질병만이 아니라 환자의 마음까지" 이해하고 치료해야 한다고 생각했다. 그런 정신을 가지고 의료의 불모지를 찾아 아프리카, 필리핀 그리고 국내의 여러 오지들을 찾아가 의료봉사 활동에 매진했다. 그러던 어느 날 불청객과 같이 찾아온 심근경색 때문에 그는 황망한 죽음을 맞이했다. 그런데 그는 장기만이 아니라 인체의 모든 조직을 기증하여 100명의 환자를 살리는 일에 쓰여졌다. 인체의 모든 조직을 기증한 의사로서 그는 국내의 최초였다. 가난한 이웃을 사랑하는 그의 나눔과 섬김의 삶은 죽음도 말리지 못하였다. 오히려 죽음은 살아서는 나눌 수 없는 것까지도 나누고 베풀 수 있는 사랑의 기회였다. 박준철 의사는 평소에 이 땅에서의 삶을 잠깐 왔다가 떠나는 나그네 인생으로 간주했다. 그의 아내 송미경 씨는 인체조직 기증을 이런 태도로 결정했다. "남편의 영혼은 천국에 거할 것이고 그의 기억은 가족의 마음 속에 언제나 남아 있을 것이기 때문

에 어려운 결정은 아니었다."

한국의 슈바이처 장기려 박사(1911-1995)는 가난하고 소외된 자들에게 자신의 인생을 기증했다. 그는 1951년 부산 영도에 내려가 복음병원 설립으로 본격적인 나눔의 삶을 시작했다. "이 환자에게 닭 두 마리 값을 내주시오." 먹지를 못하여 허약해진 환자에게 내린 처방전의 하나였다. 그를 찾아온 환자들은 대부분 가난했기 때문에 무료로 진료해 주는 것은 일상적인 일이었다. 그러나 무료에도 비용이 따르는 법이었다. 입원비나 치료비를 지불할 수 없는 그들의 병원비를 장 박사는 자신의 월급으로 메꾸었다. 손봉호 박사에 증언에 의하면, 그의 뛰어난 업적 중의 하나는 감정에 기반한 개인적인 섬김을 넘어 제도에 기반한 사회적 섬김을 가능하게 만든 "청십자 의료조합" 설립이다. 일평생 자신에 대해서는 죽음의 십자가를 짊어지고 타인에게 생명을 선물한 장기려 박사의 이름은 허준에 이어 두번째로 과학기술인 명예의 전당에 등재된다. 그가 죽을 때에는 집 한 칸도 없었고 자신이 묻힐 땅 한 평도 없었다고 한다. 비문에 새겨진 글귀처럼, 장기려 박사는 "주님을 섬기다 간 사람"이다. 이 땅에 와서 어떠한 것도 소유하지 않고 자신에게 있는 모든 것을 내어주되 생명까지 많은 사람에게 나누어준 예수처럼 산 인물이다.

죽음은 인생을 개혁하고 새로운 가치관을 가지고 살아가게 만드는 최고의 에너지다. 우리는 죽음의 이런 긍정적인 면과 함께 죽음 이후의 세계도 이해해야 한다. 성경은 영혼과 육체의 분리인 죽음을 존재의 소멸로 보지 않고 새로운 세계로 들어가는 입구라고 가르친다. 죽음 너머의 새로운 세계에서 모든 사람은 죽기 전까지 산 인생을 절대적인 기준에 근거하여 결산해야 한다. 이런 입장과는 달리 죽음의 전문가로 소문난 물질주의 학자 셸리 케이건(Shelly Kagan)은 죽음을 존재의 소멸이며 모든 것의 끝이라고 규정한다. 모든 것의 끝이

기 때문에 죽음은 좋음도 아니고 나쁨도 아니라고 한다. 인생에 대한 죽음 이후의 결산도 그의 사상에는 없다. 그러나 성경은 모든 사람들이 자신이 산 인생에 대하여 평가를 받는다고 가르친다. 평가의 결과에 따라 들어가는 새로운 세계에 대해 성경은 두 종류를 가르친다. 하나는 하나님과 영원히 함께하는 천국이다. 그곳은 영원한 기쁨과 행복과 만족이 있는 세계이다. 다른 하나는 하나님과 영원히 함께하지 않는 지옥이다. 그곳은 영원한 슬픔과 불행과 고통이 있는 세계이다.

기독교는 성경에 근거하여 사후의 세계를 인정한다. 사람이 죽은 이후에 두 종류의 세계로 갈라지는 결산의 기준은 무엇인가? 성경은 이렇게 가르친다. "무덤 속에 있는 자가 다 그의 음성을 들을 때가 오나니 선한 일을 행한 자는 생명의 부활로, 악한 일을 행한 자는 심판의 부활로 나오리라"(요 5:29-30). 선악이 바로 천국과 지옥으로 갈라지게 하는 원인이다. 태초에 인간은 하나님이 금지하신 선악과, 즉 선과 악을 알게 하는 나무의 열매를 따먹으며 신의 뜻을 져버렸다. 하나님의 권위에 도전한 인간은 결국 가시와 엉겅퀴가 나오는 곳으로 추방을 당하였다. 그곳은 지옥 자체가 아니었고 지옥의 소박한 맛보기 같은 곳이었다. 문제는 선악을 알게 하는 열매를 따먹어서 선악을 분별하는 자가 되었어도 선을 행하지 않고 악을 행한다는 사실이다. 비록 선악을 분별하는 행위를 하지만 인간은 선의 기준도, 선의 올바른 분별도, 그 선을 행하는 능력도 없다는 한계에 봉착한다.

선은 무엇이고 악은 무엇인가? 성경은 하나님 자신이 선 자체이고, 선의 원천이고, 최고의 선이라고 가르친다. 그런 분만이 선의 기준이 되고, 선의 분별이 가능하고, 선의 실천이 가능하다. 이에 대하여 거부감을 가지는 사람들도 있지만 합리적인 생각을 해 보면 결국 수긍하게 된다. 사람이 생각하는 선은 대체로 나의 유익이다. 그러나 더 선한 것은 타인의 유익이다. 여기에서 타인은 주변에 있는 소수

의 타인을 의미한다. 하지만 더 선한 것은 유익을 누리는 타인의 범위가 넓어지는 경우이다. 그런데 문제는 인간이 자신에게 진정한 유익이 어떤 것인지를 모르고 타인의 참된 유익은 더더욱 모른다는 사실이다. 나의 유익이 타인에게 유해한 것이기도 하고, 나와 가까운 타인들의 유익이 나에게서 먼 타인들의 손해가 되기도 하다는 사실에 무지하다. 그래서 선악의 정확한 구분은 인간의 능력을 벗어난다.

그러나 하나님은 모든 것을 알고 모든 사람의 상태와 필요를 알고 모든 일이 가능하고 모든 것을 주관하고 모든 것을 행하시고 이루신다. 그런 분만이 나와 타인과 다른 타인 모두에게 최고의 유익이 무엇임을 알고 그 유익을 실제로 발생하게 만드는 것도 가능하다. 그래서 예수는 이렇게 선언한다. "하나님 한 분 외에는 선한 이가 없느니라"(막 10:18). 그 하나님이 우리에게 원하시는 선은 무엇인가? "오직 공의를 행하며 인자를 사랑하며 겸손히 네 하나님과 함께 행하는 것이 아니냐"(막 6:8). 공의와 사랑 그리고 신과의 겸손한 동행이다. 이것을 행한 자는 영원한 생명의 세계로 들어가고 이것을 행하지 않은 자는 영원한 죽음의 세계로 들어간다. 그런데 제한적인 지식과 능력을 가진 인간이 어떻게 이 세 가지를 온전히 행할 수 있겠는가! 이 문제의 유일한 해결책은 예수에게 있다. 이는 오직 그리스도 예수만이 이 모든 선을 완벽하게 이루었기 때문이다.

하나님의 선을 완전하게 행하신 예수를 믿으면 우리가 예수 안에 거하고 예수는 우리 안에 거하신다. 그래서 비록 우리는 선을 행하지 못한 자이지만 예수와의 연합 때문에 우리는 결산의 때에 선을 행한 자로 간주된다. 그리고 죽음 이후에 우리는 영원한 생명의 세계로 들어간다. 이처럼 죽음은 시간의 세계에서 영원의 세계로 들어가는 관문이다. 예수를 믿으면, 우리는 시간의 세계 속에서도 살고 죽음 직후에 영원의 세계로 들어가서 영원히 살기 때문에 영원히 죽지 않

는다고 성경은 가르친다(요 11:26). 그런 우리에게 죽음은 어느 책의 제목처럼 "아름다운 안녕"이다.

시간의 세계에 있던 것이 영원의 세계에도 존속하는 것은 무엇인가? 성경은 영원의 세계에도 존속되는 피조물은 하나도 없다고 가르친다. 앞에서 언급한 돈과 재물과 명예와 부분적인 지식과 불완전한 지혜와 인기와 스펙은 영원의 세계로 가져갈 수 없는 것들이다. 비록 땅에서는 이러한 것들로 말미암아 다양한 차별과 부당한 대우를 받았지만 영원의 세계에 들어가면 모든 차별들이 사라진다. 우리의 몸은 어떠한가? 성경은 우리의 몸이 다시 살아날 것이라고 가르친다(롬 8:11). 그러나 부활의 몸은 지금 우리가 가지고 있는 몸과 다르다고 한다. 바울은 부활의 몸을 가리켜 "육적인 몸"(σῶμα ψυχικόν)이 아니라 "영적인 몸"(σῶμα πνευματικόν)이라고 표현한다. 신체적인 약점과 열등감은 영원의 세계로 들어가는 순간 순식간에 사라진다. 우리의 몸까지 포함하여 이 땅의 만물은 영원의 세계에서 어떠한 위력도 발휘하지 못하는 것들이다.

죽음은 우리에게 대단히 중요한 것을 가르친다. 영원의 세계에 가지고 가지 못할 것들에 지나친 관심과 시간과 에너지를 탕진하지 않고 영원히 지속되는 것, 즉 죽음 이후에도 존재하는 것의 가치와 의미를 숙고하게 한다. 이 세상에는 재화가 유한하고 사람들의 욕심이 무한하기 때문에 대립과 갈등과 싸움과 탈취의 현상이 발생한다. 그런데 그 모든 욕심의 내용들은 시간의 세계 안에서만 의미를 가지고 영원의 세계 속에서는 무익한 것들이다. 그러한 것들에 우리의 소중한 젊음과 재능과 관심과 의식과 감정과 의지와 지성을 허비하는 것은 어리석다. 그렇다면 무엇에 집중해야 할까? 바울은 영원히 있는 것으로서 세 가지를 제시한다. 믿음과 소망과 사랑이다. 하나님과 우리 사이의 신뢰는 영원하다. 우리가 소망하는 보이지 않는 것들은 영

원하다. 하나님과 이웃 사랑은 영원하다. 이 중에서도 제일은 사랑이다. 그래서 기독교는 사랑이다. 이 사랑이 없으면 기독교는 헛되고 무익하다. 아무리 아름다운 사람의 수사학과 천사의 언어를 구사해도 사랑이 없으면 울리는 꽹과리의 소음에 불과하다. 모든 비밀과 모든 지식을 구비한 지성인이 되어도 사랑이 없으면 아무것도 아니며, 산을 옮길 정도로 놀라운 역대급 신앙의 소유자가 되어도 사랑이 없으면 아무것도 아니며, 자신의 몸까지 불살라서 내어주고 가난한 자를 구제한다 할지라도 사랑이 없으면 무익하다. 모두 영원하지 않는 것들의 화려한 속임수에 불과하다. 기독교가 유의미한 존재가 되고 온 세상에 빛과 소금의 유익을 제공하기 위해서는 사랑해야 한다. 하나님을 사랑하고 이웃을 사랑하는 사명을 위해 기독교는 존재해야 한다. 영원의 세계를 알기 때문에 그런 사랑의 사명을 억지로 수행하지 않고 기쁘고 즐거운 마음으로 기꺼이 수행해야 한다.

개인의 죽음이 아니라 우주의 죽음 즉 역사의 끝자락에 이르면 "처음 하늘과 처음 땅"은 없어지고 바다도 없어지고 새로운 하늘과 새로운 땅이 주어질 것이라고 성경은 가르친다(계 21:1). 거기에서 예수를 믿은 자들은 "하나님의 백성이 되고 하나님은 친히 그들과 함께 계셔서 모든 눈물을 그 눈에서 닦아 주시니 다시는 사망이 없고 애통하는 것이나 곡하는 것이나 아픈 것이 다시 있지"아니할 것이라고 한다(계 21:3-4). 이것은 개개인의 상황에 대한 설명이다. 공동체의 문화도 갱신된다. 여기서의 공동체는 인간만이 아니라 만물을 의미한다. 하나님은 만물을 새롭게 하실 것이라고 한다(계 21:5). 즉 "이리가 어린 양과 함께 살며 표범이 어린 염소와 함께 누우며 송아지와 어린 사자와 살진 짐승이 함께 있어 어린 아이에게 끌리며 암소와 곰이 함께 먹으며 그것들의 새끼가 함께 엎드리며 사자가 소처럼 풀을 먹을 것이며 젖 먹는 아이가 독사의 구멍에서 장난하며 젖 뗀 어린

아이가 독사의 굴에 손을 넣을 것이라 내 거룩한 산 모든 곳에서 해됨도 없고 상함도 없을 것이"라고 한다(사 11:6-8). 이는 어떠한 존재도 다른 존재에게 해를 입히지 않고 해를 당하지도 않는 평화의 세계, 샬롬의 문화를 의미한다. 영원의 세계 속에서는 갑질의 가해자도 없고 갑질의 피해자도 없다.

기독교는 이러한 영원의 세계를 흠모한다. 그러나 그러한 흠모 때문에 시간의 세계에서 함부로 살아도 된다고 가르치지 않는다. 오히려 시간의 세계 속에서도 영원의 세계가 드러날 수 있도록 샬롬의 문화를 이루려고 목숨을 아끼지 않고 노력한다. 이 세상에서 사람들이 샬롬의 문화를 체험할 수 있도록 만드는 기독교의 방법은 무엇인가? 이사야는 진정한 평화를 이루는 근거에 대해 이렇게 설명한다. "이는 물이 바다를 덮음 같이 여호와를 아는 지식이 세상에 충만할 것이기 때문이라"(사 11:9). 여호와를 아는 지식의 세계적인 보편화가 관건이다. 그래서 교회는 온 천하에 다니며 만민에게 여호와를 아는 지식을 선포하고 가르친다. 하나님을 알지 않으면 샬롬의 문화는 가능하지 않기 때문이다. 평화는 힘의 균형에서 오는 것이 아님은 칸트가 잘 말하였다. 진정한 평화의 확립은 인간의 욕심을 제거해야 가능하다. 그 욕심의 절정은 신과 같아지고 싶음이다. 지식과 지혜와 능력이 전혀 신적이지 않으면서 욕망만 타오른다. 스스로 신이 되지 못하니까 타인의 것을 빼앗는 탈취의 방식으로 재물과 지식과 명예의 바벨탑을 세워 하늘까지 닿으려고 한다. 거기에서 갑을의 관계가 형성되고 대립과 갈등이 조장되고 폭력과 전쟁이 발생한다. 진정한 평화는 신에게 내민 도전장을 철회해야 가능하다. 하나님과 인간의 화해를 통해서만 평화가 주어진다. 그 화해를 완전한 하나님과 완전한 인간이신 예수께서 이루셨다. 태초부터 하나님과 인간 사이에 쌓인 벽을 허무셨다. 그래서 기독교는 그 예수를 선포한다. 이로써 화해의 세

계화를 도모한다. 하늘과 땅과 그 사이에 있는 모든 사람들의 진정한 평화를 시도한다. 이 시도는 시간의 세계에서 결코 이루어질 수 없는 일이지만 영원의 세계에서 이루어질 그 평화의 수혜자가 되도록 이곳에서 맛보기를 보여주기 위해서다.

인간은 죽음 이후의 영원한 세계를 의식하며 오늘을 살아갈 때, 예수로 말미암아 시간의 세계에서 샬롬의 문화를 미리 맛보고 그것을 타인에게 공유할 때 최고의 인생을 향유하게 된다. 천상적인 샬롬의 맛은 사랑에 의해서만 경험된다. 그래서 나는 단언한다. 사랑은 곧 최고의 인생이고 최고의 인생은 곧 사랑이다. 그리스도 예수는 그 사랑의 근원과 내용과 완성이다.

결론

성경에 따르면 인간은 최고의 피조물, 만물의 영장이다. 이는 하나님의 모습을 따라 지어졌기 때문이다. 그러나 죄로 말미암아 짐승보다 못한 최악의 피조물로 전락했다. 그래서 본래의 인간은 누구이며, 최고의 인생은 무엇이며, 어떻게 왜 무엇을 위해 살아야 하는지에 대해 전적으로 무지하게 된다. 만물의 영장이 무너지니 만물의 질서도 무너진다. 인간의 부패로 말미암아 만물도 부패의 노예로 전락했다. 하나님은 인간과 온 우주에 질서를 주셨으나 인간은 죄로 말미암아 자신과 만물을 무질서의 희생물로 만들었다. 이러한 문제의 해결책은 인간에게 없다. 그래서 사랑의 하나님은 인간에게 해결책을 보내셨다. 자신의 아들 그리스도 예수였다. 예수는 하나님의 형상의 본질이다. 그는 본래의 인간은 누구이며, 최고의 인생은 무엇이며, 그 인생의 주인공이 되는 방법은 무엇인지 보여 주었으며 본인이 그 모든 것들의 해답이다. 인간과 만물을 창조하신 하나님의 고유한 해법이다.

예수는 완전한 하나님인 동시에 완전한 인간이다. 하나님께 저질러진 인간의 죄는 오직 그분만이 해결한다. 죄의 비용 혹은 대가는 사망이다. 죽어야만 죄 문제가 해결된다. 예수는 온 세상의 죄를 짊어지고 십자가에 달려 죽으셨다. 그 예수는 생명이기 때문에 사망에 무릎 꿇지 않고 사망을 이기셨다. 우리의 죄를 사하시기 위해 죽으셨고 우리를 하나님 앞에서 의롭다 하시려고 다시 사셨다. 이 사실을 믿으면 누구든지 죄의 빚이 탕감되고 하나님 앞에서 의롭다 하심을

받는다. 죄의 탕감과 의롭다 하심은 성별, 국적, 가문, 직업, 신분, 빈부와 무관하게 누구든지 믿기만 하면 주어지는 하나님의 선물이다. 예수를 믿으면 예수처럼 된다. 예수는 하나님의 아들이기 때문에 그를 믿는 사람은 누구든지 하나님의 아들이다. 아들이면 상속자가 된다. 예수를 믿는 자는 그와 함께 아버지 하나님의 나라를 상속하게 된다. 하나님의 아들과 상속자가 되는 것보다 더 행복하고 즐겁고 만족스런 복이 이 세상에 어디에 있겠는가!

하나님의 자녀가 된 모든 사람은 하나님의 나라라는 공동체 즉 교회에 소속된다. 그는 독립된 존재로 살아가지 않고 태초부터 남자와 여자라는 공동체를 만드신 하나님의 뜻을 따라 타인과 더불어 살아간다. 그 공동체를 하나의 자아로 묶어주는 것은 사랑이다. 그 사랑은 타인을 자신보다 더 소중하게 여겨 자신의 생명도 수단으로 삼을 정도의 사랑이다. 예수가 타인을 위해 태어나고 타인을 위해 죽은 것처럼 본래의 인간은 자신을 위해 살지 않고 타인을 위해 살아간다. 모든 사람은 타인에게 유익이 되는 그 무언가를 더 많이 소유하고 있다. 그것이 적성과 재능이다. 적성과 재능은 공동체 안에서 사랑을 실천하기 위한 수단이다. 발견하고 개발하여 최고의 상태에 이르고 최대의 기량을 발휘하여 타인을 유익하게 만들어야 한다. 그게 사랑의 소명이다. 최상의 상태에 이른 적성과 재능을 타인에게 나누는 행위가 노동이고, 그 나눔이 펼쳐지는 현장이 직장이다.

이 소명의 끝은 죽음이다. 쾌락, 명예, 업적, 관계, 재산, 권력, 지위도 다 지나간다. 우리가 죽으면 그 모든 것들을 반납해야 하기 때문이다. 우리는 죽음의 자리에 앞질러 가서 오늘을 돌아보며 인생을 다시 해석해야 한다. 죽음은 옥석을 가리고 본질과 비본질을 구분하는 가장 객관적인 인생의 전망대다. 죽음에 의해서도 소멸되지 않는 것이 인생의 본질이다. 성경은 세 가지를 특정한다. 믿음, 소망, 사랑

이다. 이 세상에서 예수를 믿고 영원한 하나님의 나라를 소망하고 자신보다 타인을 더 소중하게 여기며 나의 모든 것을 나누고 베풀며 사랑하는 것은 죽음 이후에도 지속되기 때문이다. 그래서 최고의 인생은 바로 믿음과 소망 때문에 나의 생명조차 아끼지 않는 사랑이다. 생명과 바꾸어도 아깝지 않은 인생이 진정으로 최고의 인생이다.

참고문헌

Adolf Hitler, Mein Kampf (München: Franz Eher Nachfolger, 1934)

Immanuel Kant, "Beantwortung der Frage: Was ist Aufklärung?" In Berlinische

Monatsschrift (1784): 481–494.

Immanuel Kant, Kritik der reinen Vernunft (Leipzig: Leopold Voss, 1868)

Isaac Newton, Principia (Berkeley: University of California Press, 1999)

Simon Greenleaf, A Treatise on the Law of Evidence (Grand Rapids:

Kregel Classics, 1995)

Simon Greenleaf, The Testimony of the Evangelists (Grand Rapids:

Kregel Classics, 1995)

Thomas H. Huxley, Evolution in Action (London: Chatto and Windus, 1953)

댄 리스킨,《자연의 배신》, (서울: 부키, 2015)

레오 톨스토이,《톨스토이 인생론 》, (서울: 홍신문화사, 1991)

_____,《톨스토이 참회록》,(서울: 크리스찬다이제스트, 2011)

리차드 도킨스,《이기적 유전자》, (서울: 을유문화사, 2006)

마틴 부버,《나와 너 》, (서울: 대한기독교서회, 2000)

몰트만,《생명의 영》, (서울: 대한기독교서회, 2017)

버나드 로 몽고메리,《전쟁의 역사》,(서울: 책세상, 2004)

블레즈 파스칼,《팡세》, (서울: 서울대학교출판문화원, 2015)

아브라함 카이퍼,《칼빈주의 강연》, (서울:CH북스, 2017)

알버트 아인쉬타인,《나는 세상을 어떻게 보는가》, (서울: 도서출판 한겨레, 1994)

이연주, 《시전집》, (서울: 최측의농간, 2016)

임번삼,《창조과학 원론》, (서울: 한국창조과학회, 2007)

칼릴 지브란,《예언자》, (서울: 민음사, 2018)

타키투스,《연대기 》, (서울: 종합출판범우, 2005)

프리드리히 니체,《선악의 저편, 도덕의 계보》, (서울: 책세상, 2011)

_____,《차라투스트라는 이렇게 말했다》, (서울: 책세상, 2016)

프리드리히 헤겔,《종교철학》, (서울: 지식산업사, 1999)

플라비우스 요세푸스,《유대 고대사》, (서울: 생명의 말씀사, 2006)

피코 델라 미란돌라,《인간 존엄성에 관한 연설》, (파주: 경세원, 2009)

_____,《개혁교의학》, (서울: 부흥과개혁사, 2016)

_____,《계시철학》, (서울: 다함, 2019)

_____,《기독교 세계관》, (서울: 다함, 2020)

헤르만 헤세,《데미안》, (서울: 더스토리, 2020)